MW01634725

金融经济学原理

斯蒂芬·F.勒罗伊(Stephen F.LeRoy)
简·沃纳(Jan Werner) 著

汪建雄
何雪飞 译

清华大学出版社
北 京

PRINCIPLES OF FINANCIAL ECONOMICS, **1e, 978-0-521-58605-4** by **Stephen F. LeRoy，Jan Werner,** first published by Cambridge University Press **2001**

北京市版权局著作权合同登记号　图字：01-2010-8147

图书在版编目（CIP）数据

金融经济学原理/（美）勒罗伊（LeRoy，S.F.），（美）沃纳（Werner，J.）著；汪建雄，何雪飞译.

—北京：清华大学出版社，2012.4

ISBN 978-7-302-27543-5

I. ①金…　II. ①勒…　②沃…　③汪…　④何…　III. ①金融学　IV. ①F830

中国版本图书馆 CIP 数据核字（2012）第 268404 号

责任编辑：金书羽
封面设计：张　岩
版式设计：文森时代
责任校对：王　云
责任印制：李红英

出版发行：清华大学出版社
网　　址：http://www.tup.com.cn，http://www.wqbook.com
地　　址：北京清华大学学研大厦 A 座　**邮　　编：**100084
社 总 机：010-62770175　**邮　　购：**010-62786544
投稿与读者服务：010-62776969，c-service@tup.tsinghua.edu.cn
质 量 反 馈：010-62772015，zhiliang@tup.tsinghua.edu.cn
印 刷 者：清华大学印刷厂
装 订 者：三河市新茂装订有限公司
经　　销：全国新华书店
开　　本：185mm×230mm　**印　张：**20.25　**字　　数：**394 千字
版　　次：2012 年 4 月第 1 版　**印　　次：**2012 年 4 月第 1 次印刷
印　　数：1～5000
定　　价：39.80 元

产品编号：035553-01

简　介

金融经济学通常被当成是微观经济理论的一个分支；往大了说，则是一般均衡理论的一个分支。在货币经济学和环境经济学的研究中，如果涉及时间和不确定性问题，金融经济学的分析方法也常常会被引入。

本书旨在为经济学、金融学专业的研究生介绍金融经济学的知识，侧重于揭示金融经济学与均衡理论之间的联系，对于纯粹属于金融学领域的主题（如衍生品定价）则涉及较少。学生们通常觉得这一联系很难理解和掌握，而本书所确立的一个目标就是要确保这一联系在本书的所有章节中都得到清晰、明了的体现。本书把重心放在了两期模型上，因为绝大多数金融经济学的原理都可以在两期条件下展开。本书分析论证之严密，与最优秀的微观经济学著作相比，也丝毫不显逊色。而且作者还提供了大量的讨论和例题，以帮助学生理解书中的概念和原理。

斯蒂芬·F.勒罗伊是加州大学圣塔芭芭拉分校的经济学教授。1991－1996 年间，他曾在明尼苏达大学卡尔森管理学院就任卡尔森金融学教授。此前他还曾任教于芝加哥大学、加州大学伯克利分校和加尼福尼亚技术研究所。勒罗伊教授曾在许多一流专业期刊上发表过文章，其中包括《International Economic Review》、《American Economic Review》、《Journal of Political Economy》、《Econometrica》、《Journal of Economic Theory》、《Journal of Finance》、《Review of Financial Studies》和《Economic Theory》等。

简·沃纳是明尼苏达大学的经济学副教授。曾任教于波恩大学和庞培法布拉大学巴塞罗纳分校。他曾在许多一流专业期刊上发表过文章，其中包括《International Economic Review》、《Econometrica》、《Journal of Mathematical Economics》、《Journal of Economic Theory》、《Economic Theory》和《Review of Financial Studies》等。

推荐序

目前，我们非常需要有一本反映最新研究成果的金融经济学原理方面的教材，以适 XIII
应博士新生的教学需要。作为一本精心构建的严谨而优秀的教科书，本书完全满足了这一要求。本书同时在离散时间设定下从严格证明和直觉说明两个角度，对金融经济学的有关概念、原理进行了介绍。这是一项艰巨的工作，因为前者需要严密的、形式化的论证，而后者则如同闲谈般随意，要在二者之间求得一个平衡，非常困难。在严格的离散时间设定下学习金融经济学的有关原理，对于初学者而言绝对是一个绝佳的起点。虽然在连续时间条件下对有关理论进行表述似乎更为容易些，但这是建立在更高深的数学基础之上的。如果一开始就学习连续时间金融的话，学生们很可能陷于复杂的数学形式当中，而难以对所要学习的经济原理有深刻的理解。

本书有着非常合理的篇章结构。全书开篇就介绍了现代金融理论的基石——无套利及无套利在定价中的应用。随之介绍了风险和效用理论，并进而进入了对资产组合问题的讨论。资产空间及其完备性问题在本书中也得到了很好的介绍，虽然很多类似的教材都未给予它们应有的重视。看来作者跟我一样，都很重视这方面的内容。

当随着对希尔伯特空间的介绍而引入均值方差分析和资本资产定价模型(CAPM)时，学生也能很好的理解，因为它们是作为此前已经介绍过的一般理论的一个特例来处理的。毫无疑问，初学者一定会为这部分所提出的理论结构的优美和普遍性而震惊不已。而这样的结构安排也是很有好处的，因为很多经济学专业的学生只对金融略有了解，根本无法完全理解均值方差分析的价值所在。本书最后介绍了跨期分析和鞅定价，为学生学习更高深的定价课程和理解现实金融世界打下了良好的基础。

在学过本书之后，学生们将会对作为金融学基石的所有工具和思想都有一个全面的 XIV
了解，并能很自然地过渡到对连续时间估值方法的学习中去，而且会感觉容易得多。而连续时间金融中所要用到的大量高深数学，自然也不再显得那么艰深、突兀了。另一方面，通过对本书的学习，也为读者在金融实证和公司金融方面的进一步学习打下了很好的基础。

对金融专业的学习总是从一门基础理论课开始，而后才进入到一系列高深的定价理论。例如，金融专业的博士课程一般都是先学金融经济学，然后再一个挨一个地学习连续时间金融、金融实证和公司金融。

本书恰好可以作为这一系列课程的起点。实际上，我本人就在麻省理工学院教授金融经济学。多年来一直都在为该课程苦苦找寻合适的教材，却总无所得。不过，在见到勒罗伊和沃纳写的这本教科书的那一刻，我知道终于可以松下一口气来，心无挂碍、满怀热情地投入到教学工作中去了！

斯蒂芬・A.罗斯
2000 年 5 月

序　言

与几年前不同，目前在对经济学者的训练过程当中，对金融经济学的学习已经居于 XV
一个非常重要的地位了。这一转变主要是由于近年来在金融市场上所发生的类似改变。现在，每天都有价值数万亿美元的诸如期权、远期协议这样的衍生证券在市场上不断地交易着。可就在十年前，这些衍生证券却依然还处在一种可有可无的地位。

不过，这一变化的重要性并没有规模上的变化那么明显。目前在市场上交易的衍生证券全都可以通过套利方法来定价，而它们只是对基础证券的复制而已。例如，假如用于进行期权定价的布莱克－斯科尔斯模型（或者任何新近出现的该模型的扩展版本）所设定的假设条件全都成立，则整个期权市场就都是多余的了，因为该模型假定期权的收益完全可以用股票和债券的收益来复制。这一结论也同样适用于其他的衍生证券市场。因此，金融市场的变化并不会对最重要的变量——“消费配置”有多大的影响。沿着这一思路，你就不会因为金融市场巨大的交易量而认为它有多重要了；相比之下，超市收银员和银行柜员手中每天也有大量的现金在流动，你能因此而认为他们的工作很重要吗？

如果你问“金融理论的蓬勃发展和金融衍生品市场的爆发性增长之间有何联系？”的话，我们的答案和物理学家在面对新闻记者所提出的“爱因斯坦的理论非常重要，因为它们导致了电视机的发明”这一观点时所持有的立场是一致的：这二者之间，根本就风马牛不相及！

类似地，在评价约翰·纳什对经济理论的贡献时，麦耶森（Myerson[1]）也极力反对记者们“用联邦通信委员会对无线频宽进行拍卖的做法，来说明纳什的工作成果的重要性”的做法。至少对于学习物理学和经济学的人来说，爱因斯坦和纳什的工作要远比电视和联邦通信委员会拍卖重要得多！金融理论也是这样：金融理论的快速发展与衍生品市场的高速扩张根本毫无关联。其实，远程通信和计算机技术的发展对衍生品市场的影响要远远大于金融理论对它的影响！

要想合理地解释金融经济学的地位为何日趋重要，最好还是从快速发展的该学科本 XVI
身去找原因吧。我们的上一代人所学到的金融理论，其实只是对金融机构的描述和业务操作规则的介绍而已，基本上没有什么分析性的内容，因此也没什么用处。尽管当时的金融经济学家们原则上都同意采用严肃的经济理论去分析证券价格，但实际上却很少有人试图用经济学原理去解释该领域。

XVII 相比之下，当需要用经济学去分析涉及时间和不确定性的问题时，金融经济学总是处在最核心的位置。很多以前用非金融方法进行研究的问题，现在都进入了金融研究的视野。利率的期限结构就是个很好的例子：过去它被当作是货币经济学的研究主题，而现在它已经是金融学的研究主题了。毫无疑问，这一转变使得对该问题的分析比以前深入了很多。金融方法正越来越多地被用在涉及时间和不确定性的领域，而不仅仅只限于分析证券价格和资产组合选择问题。例如，关于实物期权，便有大量的文献。在这些文献中，为分析金融期权而开发出来的许多金融工具，都已被用来分析诸如环境经济学等方面的问题。这些领域虽不是每分每秒都在与期权打交道，但却存在很多与期权有关的问题。

金融经济学是金融学和经济学的连接桥梁。不过，这两个领域之间的差异要远大于相似性。而这也恰恰与以下事实相符：在大学里，金融系主要设在商学院，主要培养金融实务人才；而经济系则一般设在更为学术化的机构之下，主要培养学术人才。对于刚进入金融领域的经济学家来说，这二者之间最重要的区别便在于：金融学家们一般都用连续时间模型，而经济学家则在用离散时间模型。

学生们总是发现，连续时间金融在数学上要比离散时间金融难得多，但让人搞不懂的是，金融学家们却为何偏偏那么喜欢前者？这一问题很少被论及。当然，研究的问题各有差别是一种解释，而且据以抬高金融领域的门槛也是一个不能忽视的因素。不过，金融学家偏爱连续时间方法的最主要原因其实还是在于：相对于经济学所研究的问题，金融领域的问题如衍生证券的定价等，采用连续时间方法处理起来要方便很多。而技术上的原因，则与由金融市场模型得出的均衡证券价格中所反映出的风险厌恶效应有关。在很多情况下，对用以估计证券收益价值的概率测度（measure）作一定的变换，就可以很方便地对风险厌恶问题进行处理了。在某些很弱的限定条件下，连续时间下的变换会影响据以刻画证券价格演化趋势的随机过程的漂移程度（drift），但却不会影响证券价格的波动率（吉尔桑奥威定理）。这一点，在布莱克—斯科尔斯期权定价公式的推论中也很容易看出来。

相比之下，在离散时间模型中，通过举例就能很容易地揭示出：波动率和漂移程度都会随着据以计算的测度的变换而发生改变。而且虽然该效应在连续时间条件下会消失不见，但在离散时间条件下在某一时间间隔之中却还是二阶的。这些高阶条件的存在，常常使得离散时间条件下的估值问题变得很难处理。而在连续时间条件下分析这些问题就容易得多了，尽管为了得出数值解，最终还是要把偏微分方程的结果离散化。因而对于想要认真学好金融的学生来说，没有任何办法可以用以逃避对连续时间方法的学习，无论它有多难!

尽管如此，最好还是从离散时间和离散时间模型——亦即本书所采用的体系——开始学习。因为在离散时间条件下，可以采用在一般的经济理论中惯用的标准数学模型对金融问题中存在的经济学思想加以分析。本书的大多数章节（1～6 篇）都是在单期间隔（one time interval）（只有两期）和单一商品（consumption good）的假设下展开的。这一设定非常适合于研究证券的风险、收益之间的关系和证券在风险配置中的作用。剩下的章节（7～8 篇）则是在多期（有限期）的假设下展开的。在多期模型下，随着新信息的逐渐引入，允许对不确定性逐步地加以处理（gradual resolution of uncertainty），也允许对证券进行再交易。

十多年前，金融经济学方向的博士新生还别无选择，只能通过拜读专业期刊上的论文来学习。这种学习方式存在很多明显的缺陷。在这些文章中，一般都不会有对相关思想的系统阐述，因为作者通常都假定读者对此前的文献已非常了解，尽管这一假定通常是不现实的。另一方面，在这类文章中，虽然对于经常用到的文献也会略作回顾，但通常都太过简略。而且在论文注解中，也经常会从一篇文章跳到另一篇文章。因此，这一学习方式的效率低下是显而易见的。

现在，这方面的形势已经大有改观：市面上至少有十多本优秀的图书可用作金融经 XVIII
济学的入门教材。与本书相类似的图书有 Krouse[2]、Milne[3]、Ingersoll[4]、Huang and Litzenberger[5]、Pliska[6] 和 Ohlson[7]。更注重金融实务，因而更多地介绍估值和套利，较少进行均衡分析的图书有 Hull[8]、Dothan[9]、Baxter and Rennie[10]、Wilmott、Howison and DeWynne[11]、Nielsen[12] 和 Shiryaev[13]。当然，Hull 更强调对连续金融工具的使用，而不太注重数学上的严格证明。Wilmott 和 Howison and DeWynne 则通过偏微分方程而非风险中性概率来表述连续时间金融，这样做有利也有弊。Baxter and Rennie 对于连续时间金融中的数学思想给出了卓越的直觉呈现，但对于其中的经济学思想则未作深入探讨。其他的图书里面，如 Campbell、Lo and MacKinlay[14] 则更强调金融经济学中的实证和计量经济学问题。当然，Duffie[15] 无疑是最权威的教材。不过，由于 Duffie 对读者的数学要求过高，不太适合初学者使用。

另外，还有很多优秀的主题与金融经济学相近的图书，如介绍不确定性经济学的 Laffont[16]、Hirshleifer and Riley[17]。Magill and Quinzii[18] 则是一本很好的介绍不完全市场经济学的图书，不过该书是在一个远比金融经济学中需要处理的问题所基于的条件更为一般的设定下展开的。

不过，我们认为以上引述的图书都没有充分地强调金融经济学和一般均衡理论之间的联系，也没有采用最简单、最直接的方式对金融经济学的思想加以表达。而这则是我们想要实现的目标。当然，我们也理解不同的读者有着不同的目标和需求。例如，金融实务人士就不太关心证券定价与一般均衡理论之间的联系，只想尽快地直接学习连续时间金融。对于这类读者，选择其他图书作为学习的起点，而非本书，或许更好一些。

本书中的材料曾先后在加州大学圣塔芭芭拉分校、明尼苏达大学、明尼苏达州立大学卡尔森管理学院被用作金融专业的入门教材。本书的第二作者也曾在庞裴法布拉大学和波恩大学采用本书中的材料进行过教学工作。如今，在明尼苏达州立大学，本书正被作为一门共要讲授两个学期的课程的教材。而在加州大学圣塔芭芭拉分校，本书则被用作一门为期一个季度的课程的教材。想让学生在为期一个季度的课程中完全掌握本书的内容，是不太现实的。不过，这样设置课程的本意只在于仅从直觉层面向学生介绍金融经济学中的主要思想。而等到学过该课程的数年之后，在准备其毕业论文时，学生们一定还会坐下来认认真真地自学一遍书中的内容。很难区分，这两种方式到底哪种更好。

我们的学生一般在博士层次的微观经济学上均有较为扎实的基础，但是对经济学研究的经验却还是很欠缺，因此很难建立起强烈的直觉来洞察经济模型的运作原理。通常，在学习本课程之前，他们一般都没有接触过金融知识和不确定条件下的经济学。有鉴于此，在学习之初，我们通常会建议他们先阅读一些本科程度的金融专业教科书和前面所曾提到过的那些讨论不确定条件下的经济学的文献。为了帮助学生提高对金融经济学原理的理解，相比于对技术的强调，我们在本书中更加注重对结论的分析和探讨。

经过再三踌躇，我们最终决定还是采用“定理－证明”的写作风格。虽然改用不那么正式的写作风格能够提高本书的可读性，但在那样的风格下，很难实现我们想要在本
XIX 书中力求达到的分析的精确水平，而后者对于金融经济学的教科书而言更为重要。虽然我们在适当的地方都提供了大量的实例，不过读者会发现如果在学习的过程中能自己举出一些实例来，他们将能更好地掌握本书中的内容。本书中所提供的简单模型均可以用 Mathematica 和 Mathcad 求出数值解[①]。虽非必需，但如果读者能掌握这些模型的数值解的求解办法，其学习效果将会好很多。

我们痛切地注意到由理论模型所描述的看似有序的金融市场，与读者从《华尔街日报》上所读到的动荡不定的真实市场的差距有多大。更糟糕的是，对理论模型进行实证检验所得出的结论往往也不总是尽如人意。毫无疑问，这些模型一定遗漏了什么。但问题是，该怎么来改进呢？关于哪类模型才是最好的模型，目前尚无共识，所以我们只好将注意力放在那些相互关联的、互不相左的文献资料上。我们相信，即便有了更好的模型，本书所讨论的主题（风险配置和风险定价）也依然会在金融经济学中处于中心地位。

---

① Mathematica 是一款科学计算软件，是世界上通用计算系统中最强大的系统。自从 1988 年发布以来，它已经对如何在科技和其他领域运用计算机产生了深刻的影响。Mathcad 是由 MathSoft 公司推出的一款交互式数值计算软件。——译者注

我们非常希望本书的读者能在这一方向上做出贡献，对现有模型做一些改进。

我们需要感谢许多曾同我们一起探讨过书中内容的各位在加州大学圣塔芭芭拉分校和明苏尼达大学的同事。尤其是杰克·卡勒肯，他细细品读了本书的系列手稿，并给出了许多很有价值的评论。他的热心关注为本书的顺利完成提供了很大的帮助。不过，我们也并不会耽于他所认为的“本书已经达到了其能达到、应达到的明晰程度”的幻想。除此之外，我们最应该感谢的是我们在加州大学圣塔芭芭拉分校和明苏尼达大学所教授过的一批又一批的博士生。其中，来自亚历山大·巴提斯塔的评论尤为有用。这些学生让我们相信：通过对本书的学习，既能学到知识，也能获得乐趣。而且很显然，这一效果能够延续到他们学完该门课程，甚至是完成毕业论文之后。我们总是要求学生帮忙指出书中的错误，每次都能得到他们热烈的回应。我们非常感激他们为本书的改进所做出的巨大贡献。更让我们高兴的是，现在已经有好几个学生都对我们书中所介绍的理论独立地做出了各自的贡献。我们希望本书也能帮助更多没被我们教过的学生做出跟他们一样的贡献！

参考文献

1. Myerson, R. Nash equilibrium and the history of economic theory. Journal of Economic Literature, xxxvII: 1067-82, 1999.

2. Krouse, C.G. Capital Markets and Prices:Valuing Uncertain Income Stream. North-Holland, New York, 1986.

3. Milne, F. Finance Theory and Asset Pricing. Clarendon Press, Oxford, UK, 1995.

4. Ingersoll, J.E. Theory of Financial Decision Making. Rowman and Littlefield, Totowa, NJ, 1987.

5. Huang, Chi-fu and Litzenberger, R.Foundations for Financial Economics. North-Holland, New York, 1988.

6. Pliska, S. R. Introduction to Mathematical Finance: Discrete Time Models. Oxford University Press, Oxford, 1997.

7. Ohlson, J.A. The Theory of Financial Markets and Information. North-Holland, New York, 1987.

8. Hull, J. C. Options, Futures and Other Derivative Securities. Prentice-Hall, 1993.

9. Dothan, M. U. Prices in Financial Markets. Oxford U.P., New York, 1990.

10. Baxter,M. and Rennie, A. Financial Calculus. Cambridge University Press, Cambridge, 1996.

11. Wilmott, P., Howison, S., and DeWynne, H. The Mathematics of Financial Derivatives. Cambridge University Press, Cambridge, UK, 1995.

12. Nielsen, L. T. Pricing and Hedging of derivative Securities. Oxford University Press, Oxford, UK, 1999.

13. Shiryaev, A. N. Essentials of Stochastic Finance: Facts, Models, Theory. World scientific Publishing Co., River Edge, NJ, 1999.

14. Campbell, J. Y., Lo, A. W., and MacKinlay A. C. The Econometrics of Financial Markets. Princeton University Press, Princeton, NJ, 1996.

15. Duffie, D. Dynamic Asset Pricing Theory, Second Edition. Princeton University Press, Princeton, NJ, 1996.

16. Laffont, J.-J. The Economics of Uncertainty and Information. MIT Press, Cambridge, MA, 1993.

17. Hirshleifer, J. and Riley,J.G. The Analytics of Uncertainty and Information. Cambridge University Press, Cambridge, 1992.

18. Magill, M. and Quinzii, M. Theory of Incomplete Markets. MIT Press, 1996.

CONTENTS 目录

第1篇 均衡与套利

第 2 篇 估 值

第3篇 风 险

第 4 篇 最优资产组合

第5篇 均衡定价和配置

第6篇　均值—方差分析

第 7 篇 多期证券市场

第 8 篇 证券价格的鞅性质

第 1 篇

均衡与套利

第 1 章 证券市场中的均衡

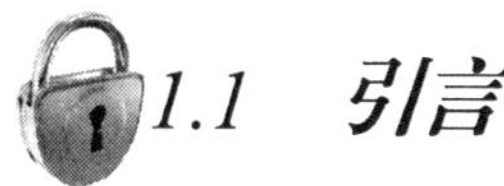

1.1 引言

本书所讨论的经典金融模型的分析框架与一般均衡理论大致相同：均由作为价格接 3
受者，通过交换其消费需求来实现各自效用的最大化的个体构成。不过，由于金融经济学与主流经济学所关注的问题有所差别，故而本书在某些方面会比普通的经济学教科书更一般化一些，而在另一些方面则会牺牲一定程度上的一般化来求得简洁的效果。

作为比主流经济学更为一般化的方面，在金融经济学中，通常会假定市场是不完备的：有关完备市场的阿罗－德布鲁假设只是一个重要的特例，但通常情况下我们并不总是假定个体可以在证券市场上买到任意设想的收益模式（payoff pattern）。另一方面是不确定性被明确地引入到了分析中来。并不是说这样做有什么特别值得一提之处，原因很简单：在经济学中也同样会分析金融问题，只是更为关注生产而非不确定性而已，这一分支即为资本理论（capital theory）。

而作为比主流经济学更简化的方面，本书通常都假定只有一种商品可供购买，并且没有生产部门存在。同样，这一单商品交换经济假设的给出，也仅仅只是为了更好地将精力集中于金融问题而非微观经济学和资本理论上。在研究微观经济学时，我们通常会假定存在大量的商品（其中有一部分是被生产部门生产出来的产品）；而资本理论则通常在跨期（intertemporal）设定下对产品经济（production economies）进行分析。

尽管出于学科的特点而对经济现实作了不少简化，但许多存在于瓦尔拉斯均衡分析中的假设条件在经典金融理论中也依然存在：假定个体是市场结构的接受者，亦即没有人会试图创造新的交易机会；而交易价格则由抽象的瓦尔拉斯拍卖者（Walrasian 4
auctioner）确立；假定市场充分竞争，没有交易成本（除了因对交易施加了某些限制而产生的成本之外，具体见第 4 章），并且能在瞬间实现市场出清；最后，我们还假定所有个体都有着相同的信息集。经典金融理论一词中的“经典”所称的范围主要是由最后这条假设划定的。目前金融领域的许多卓越研究都基于信息不对称的假设，也因此已经超出了本书所探讨的经典金融理论的范围。

不过，即使对于兴趣主要在信息不对称经济学上的学生，在进一步学习更为复杂、更为一般的情形之前，我们也仍然建议他们应该花些精力先弄懂对称信息条件下金融市场的运作原理，以为进一步的学习和研究打下坚实的基础。

1.2 证券市场

假定证券均在 0 期进行交易，其收益（payoff）在 1 期得以实现。在 0 期，即当前时刻，一切都是确定性的；而在 1 期时，状态集 S 中的任何一个状态都有可能会发生，它代表着不确定的未来。

证券 j 由其收益 x_j 所确定，是 S 维向量空间 $\Re^S$ 的一个元素。用 x_{js} 表示在 1 期时，1 单位证券 j 的持有者在状态 S 下所能获得的收益。收益的数量用消费品（consumption good）的数量来表示，它可能是正值，也有可能是零和负值。假设存在有限（J）种证券，各自的收益分别为 $x_1,\cdots,x_J$；其中，$x_j \in \Re^S$。

由所有证券的收益所构成的 $J \times S$ 阶矩阵 X：

$$X=\begin{bmatrix} x_1 \\ x_2 \\ \vdots \\ x_J \end{bmatrix} \tag{1.1}$$

称作收益矩阵（payoff matrix）。在这里，向量 x_j 视作行向量。在本书中，一般来说，向量 x_j 既可被理解为行向量，也可被理解为列向量，视具体情形而定。

资产组合（portfolio）则由一定数量的证券构成。其具体的数量既可以为正，也可以为负、为零。某一特定证券的持有量为正，表示持有该证券的多头头寸；而持有量为负，则表示持有了其空头头寸（对其进行了卖空）。因此，在本书中假定卖空行为是被允许的（除了第 4 章和第 7 章）。

资产组合由 J 维向量 h 表示，用 h_j 表示资产组合中的证券 j 的持有量。资产组合收益（portfolio payoff）向量则是 $\sum_j h_j x_j$，它也可表示为 hX。

通过对证券市场上存在的各种证券进行交易，所能得到的所有可能的收益的集合，称之为**资产张成（asset span）**，以 M 表示：

$$M=\left\{z\in\Re^{S}:z=hX,\quad h\in\Re^{J}\right\} \tag{1.2}$$

因此，M 是由证券收益所张成的空间，它是 $\Re^{S}$ 的一个子空间，同时也是收益矩阵 X 的行向量空间。如果 $M=\Re^{S}$，那么市场便是**完备的（complete）**。如果 M 是 $\Re^{S}$ 的真子空间（proper subspace），那么市场便是不完备的（incomplete）。如果市场是完备的，则 1 5
期的任意消费计划（亦即 $\Re^{S}$ 的任意元素）都可以作为某一资产组合的收益而获得，当然该资产组合未必是唯一的。

定理 1.2.1　当且仅当收益矩阵 X 的秩为 S 时，市场是完备的[①]。

证明：当且仅当包含着 J 个未知量 h_j 的方程 $z=hX$ 对于任意的 $z\in\Re^{S}$ 均有解时，资产张成 M 才等于空间 $\Re^{S}$。其充分必要条件是 X 的秩等于 S。　□

如果某一证券的收益可以由其他证券所构成的资产组合的收益来表示，便称该证券是**冗余的（redundant）**。当且仅当收益矩阵 X 的秩为 J 时，市场上才没有冗余证券存在。

在 0 期时，所有证券的价格都可以用一个 J 维向量 p 来表示：$p=(p_1,\cdots,p_J)$。由价格为 p 的证券所构成的资产组合 h 的价格为：$ph=\sum_j p_j h_j$。

而证券 j 的**回报（return）**r_j 则可通过收益 x_j 除以价格 p_j（假设其价格不为零，因为价格为零时，回报的定义就没有意义了）而求出。

$$r_j=\frac{x_j}{p_j} \tag{1.3}$$

因此，这里的“回报”指的是总回报（gross return），而净回报（net return）则等于总回报减去 1。需要提醒读者注意的是，本书中所使用的回报，全部都指总回报。

在金融领域的专业文献中，通常用证券回报代替证券收益来描述资产张成。此时，资产张成是由各种证券的回报所张成的 $\Re^{S}$ 的一个子空间。

下面的例子正好用到了前面所引入的概念。

例 1.2.2　假设有两种证券，存在三种状态（state）。其中，证券 1 是无风险的，其收益为 $x_1=(1,1,1)$；证券 2 是有风险的证券，其收益为 $x_2=(1,2,2)$。于是有收益矩阵：

$$\begin{bmatrix}1&1&1\\1&2&2\end{bmatrix}$$

此时，资产张成是 $\Re^{3}$ 的一个二维子空间，即有：

---

① 在本书当中，“A 当且仅当 B”蕴涵着“A 等价于 B”或者是“B 是 A 为真的充要条件”。因此，“A 当且仅当 B”就表示“A 蕴涵着 B”且“B 蕴涵着 A”。

$$M=\{(z_1,z_2,z_3):z_1=h_1+h_2, z_2=h_1+2h_2, z_3=h_1+2h_2, \text{对于任意}(h_1,h_2)\}$$

由观察可知，$M=\{(z_1,z_2,z_3):z_2=z_3\}$。当 $p_1=0.8$，$p_2=1.25$ 时，证券 1 和证券 2 的回报分别为：$r_1=(1.25,1.25,1.25)$，$r_2=(0.8,1.6,1.6)$。 □

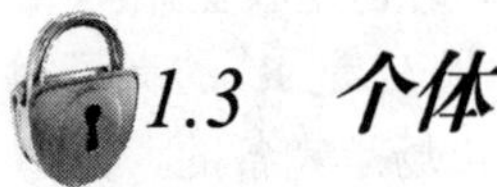

1.3 个体

6 在大多数情况之下（直到进入对多期模型的探讨为止），均假定个体在 0 期和 1 期都会进行消费。其在 0 期的消费量用标量 c_0 表示，在 1 期的消费量则用 S 维向量 $c_1=(c_{11},\cdots,c_{1s})$ 表示；其中，c_{1s} 表示个体在状态 s 下的消费量。在不引起误解的情况下，我们会将 c_{1s} 简记为 c_s。

有时候，我们会对可行的消费计划做一些限制。其中，最常用到的限制条件是：假定 c_0、c_1 均为正[①]。不过，当用到某些特定的效用函数时，在“假定消费量为正”之外，通常还要对消费计划做出其他必要的限定。例如，对于对数效用函数，就要假定消费量严格为正；而对于二次效用函数 $u(c)=-\sum_{s=1}^{S}(c_s-\alpha)^2$，便要假定 $c_s\leqslant\alpha$。不过，不同于对数效用函数的是，在二次效用函数中，“消费量为零”与“消费量为负”也都是允许的。

假定存在有限（I）数量的个体。个体 i 的偏好由其连续效用函数 $u^i:\Re_+^{S+1}\to\Re$ 所给定。个体 i 的可行消费集被限定为正，且用 $u^i(c_0,c_1)$ 表示消费计划 (c_0,c_1) 所带来的效用。个体 i 在 0 期的禀赋（endowment）为 ω_0^i，在 1 期的禀赋为 ω_1^i。

证券市场经济（securities market economy）指的是一个所有个体的禀赋均落在资产张成上的经济体系，这样的话就可以将“个体的禀赋”视作一个“初始证券资产组合”了（参见 1.7 节）。

如果对于任意 c_1，当 $c_0'\geqslant c_0$ 时，均有 $u(c_0',c_1)\geqslant u(c_0,c_1)$，则称效用函数 u 在 0 期是**递增的（increasing）**。如果对于任意 c_1，当 $c_1'\geqslant c_1$ 时，均有 $u(c_0,c_1)\geqslant u(c_0,c_1')$，则称效用函数 u 在 1 期是**递增的（increasing）**。如果对于任意 c_1，当 $c_0'>c_0$ 时，均有 $u(c_0',c_1)>u(c_0,c_1)$，则称效用函数 u 在 0 期是**严格递增的（strictly increasing）**。如果对于任意 c_1，当 $c_1'>c_1$ 时，均有 $u(c_0,c_1)>u(c_0,c_1')$，则称效用函数 u 在 1 期是**严格递增的（strictly increasing）**。如果 u

---

① 我们对不等号的使用约定如下规则：对于两个向量 $x,y\in\Re^n$，$x\geqslant y$，表示对于 $\forall i$，均有 $x_i\geqslant y_i$，亦即 x 大于 y；而 $x>y$，则表示 $x\geqslant y$ 且 $x\neq y$，亦即 x 大于且不等于 y；而 $x>>y$，则表示对于 $\forall i$，均有 $x_i>y_i$，亦即 x 严格大于 y。

对于某一向量 x，“为正”（positive）表示 $x\geqslant 0$，“为正且不为零”（positive and nonzero）表示 $x>0$，而严格为正（strictly positive）则表示 $x>>0$。这些定义对于标量同样适用。只不过对于标量而言，“为正且不为零”便等价于“严格为正”。

在 0 期和 1 期都是（严格）递增的，那么我们就称 u 是（严格）递增的。

不同个体的效用函数和禀赋水平通常都是不同的。不过，在不引起误解的情况下，我们通常会把 u^i 的上标 i 略去。

1.4　对消费和资产组合的选择

在 0 期时，个体会将其 0 期禀赋中的一部分用于购买证券，其余部分则用于消费。 7
而在 1 期，个体则会将其在 1 期获得的全部禀赋都用于消费，并且还会将其在 0 期所购买的证券在 1 期所产生的收益也消费掉。个体的消费－资产组合选择问题（consumption-portfolio choice problem）为：

$$\max_{c_0, c_1, h} u(c_0, c_1) \tag{1.4}$$

s.t.[①]

$$c_0 \leqslant \omega_0 - ph \tag{1.5}$$

$$c_1 \leqslant \omega_1 + hX \tag{1.6}$$

如果消费量被限制为正，约束条件还要加上：$c_0 \geqslant 0$，$c_1 \geqslant 0$。

在第 11 章和 13 章中将分析存在跨期消费选择时的个体最优资产组合。为简化分析，将在这两章中引入一个简化模型。在该模型的效用函数中，个体在 0 期的消费量为 0。这样，个体的选择问题就变成了：

$$\max_{c_1, h} u(c_1) \tag{1.7}$$

s.t.

$$ph \leqslant \omega_0 \tag{1.8}$$

$$c_1 \leqslant \omega_1 + hX \tag{1.9}$$

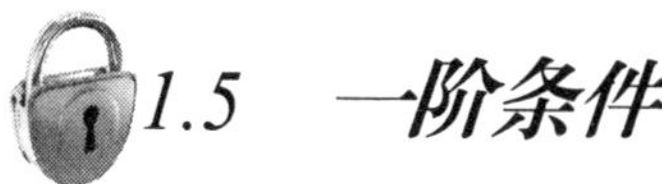

1.5　一阶条件

如果效用函数 u 可微（differentiable），则消费－资产组合选择问题（式（1.4）～（1.6））的解的一阶条件为（假定存在约束条件：$c_0 \geqslant 0$，$c_1 \geqslant 0$）[②]：

① s.t.是 subject to 的简写，意即“约束条件为……”。为简洁起见，下文中将多次使用该符号。——译者注

② 由库恩－塔克定理求得。——译者注

$$\partial_0 u(c_0,c_1)-\lambda\leqslant 0\text{，}[\partial_0 u(c_0,c_1)-\lambda]c_0=0 \tag{1.10}$$

$$\partial_s u(c_0,c_1)-\mu_s\leqslant 0\text{，}[\partial_s u(c_0,c_1)-\mu_s]c_s=0\text{，}\forall s \tag{1.11}$$

$$\lambda p = X\mu \tag{1.12}$$

其中，λ 和 $\mu=(\mu_1,\cdots,\mu_s)$ 为正的拉格朗日乘子[①]（Lagrange multipliers）。

8 当 u 是拟凹函数（quasi-concave）时，以上条件也是最优解的充要条件。当其解是内点解，且 $\partial_0 u>0$ 时，式（1.10）和（1.11）中的不等式的两端相等，此时等式（1.12）可化为：

$$p = X\frac{\partial_1 u}{\partial_0 u} \tag{1.13}$$

其典型方程（typical equation）为：

$$p_j=\sum_S x_{js}\frac{\partial_s u}{\partial_0 u} \tag{1.14}$$

在这里（以及后续章节中），在分析一阶条件时，都略去了 u 的自变量。等式（1.14）表示："证券 j 在 1 期的各个状态下的收益"与"该状态下的消费相对于 0 期消费的边际替代率"的乘积之和，即为证券 j 的价格（以增持一单位的证券 j 所需要减少的 0 期消费量来衡量）。

对于 0 期不发生消费的情形（式（1.7）），其一阶条件为：

$$\partial_s u-\mu_s\leqslant 0\text{，}(\partial_s u-\mu_s)c_s=0\text{，}\forall s \tag{1.15}$$

$$\lambda p = X\mu \tag{1.16}$$

对于内点解，等式（1.16）可化为：

$$\lambda p = X\partial_1 u \tag{1.17}$$

其典型元素（typical element）为：

$$\lambda p_j=\sum_S x_{js}\partial_s u \tag{1.18}$$

由于证券价格是以抽象的计量单位来标记的，在这里我们只能讲：证券价格与将该

---

① 如果 f 是个单变量函数，其一阶导数可用 $f'(x)$ 表示，如果不会引起误解，也可以用 f' 表示。类似地，其二阶导数可用 $f''(x)$ 或 f'' 表示。具有两个自变量 x 和 y 的二元函数 $f(x,y)$ 对 x 的偏导数可用 $\partial_x f(x,y)$ 或 $\partial_x f$ 表示。

在本书中经常用到的函数是效用函数 u，其自变量为 (c_0,c_1)；其中，c_0 是个标量，而 c_1 则是个 S 维向量。对于效用函数 u，我们将对 c_0 的偏导数记作 $\partial_0 u(c_0,c_1)$ 或 $\partial_0 u$，将对 c_s 的偏导数记作 $\partial_s u(c_0,c_1)$ 或 $\partial_s u$，将对 S 个 c_s 的偏导数所构成的向量记作 $\partial_1 u(c_0,c_1)$ 或 $\partial_1 u$。

这一标记方法存在一些缺陷：下标"1"既可以表示对 1 期的消费求偏导数所得的向量，也可以表示对 1 期的单个状态求偏导数所得的数值（标量）。不过，当放到上下文语境中去理解时，读者还是能够很方便地区分具体的 $\partial_1 u(c_0,c_1)$、$\partial_1 u$ 各自所表示的意思。

证券所对应的收益采用各状态下的边际效用加权求和所得之值成比例。

1.6　矩阵的左逆和右逆

当且仅当收益矩阵 X 是个满秩的方阵（$J=S$）时，它才是可逆的。但在通常情况下，这两个条件并不总是成立。不过，即使 X 不是方阵，它也可以是**左逆（left inverse）**的。亦即存在矩阵 L，使得 $LX=I_S$；其中，I_S 是一个 $S\times S$ 阶的单位矩阵。

当且仅当 X 的秩为 S 时，X 才是左逆的。此时 $J\geqslant S$，而且 X 的所有列向量都线性独立。当且仅当 X 的左逆矩阵存在时，资产张成 M 与 1 期的消费空间（consumption space）$\Re^S$ 相重合，此时市场是完备的。

如果市场完备，则所有个体（最优消费量是内点解的个体）的边际替代率向量均相 9
同，而且能从证券价格中求出其唯一解。为揭示这一点，我们可以在等式（1.13）两端同时乘上 X 的左逆矩阵 L，而得到：

$$Lp=\frac{\partial_1 u}{\partial_0 u} \tag{1.19}$$

如果市场是不完备的，则不同个体的边际替代率向量将各不相同。

类似地，当存在一个满足 $XR=I_J$ 的矩阵的 R 时，我们便说 X 是**右逆（right inverse）**的。只有当 X 的秩为 J 时，X 才是右逆的。此时 $J\leqslant S$，而且 X 的所有行向量都线性独立，而且不存在冗余证券。任何 1 期的消费计划 c_1 所对应着的资产张成中的向量 $c_1-\omega_1$ 均对应着一个独特的资产组合：

$$h=(c_1-\omega_1)R \tag{1.20}$$

该资产组合可通过在不等式（1.6）两端右乘 R 而得到。

左逆矩阵和右逆矩阵（如果存在）可由下面的表达式给出：

$$L=(X'X)^{-1}X' \tag{1.21}$$

$$R=X'(XX')^{-1} \tag{1.22}$$

其中，X' 中的上标表示转置。这两个表达式告诉我们：当且仅当 $X'X$ 可逆时，左逆矩阵 L 存在；当且仅当 XX' 可逆时，右逆矩阵 R 存在。

当且仅当左逆矩阵和右逆矩阵均存在时，收益矩阵 X 才是可逆的。而且对于某一矩阵而言，以下四种情况必具其一：

（1）左逆矩阵和右逆矩阵同时存在。

（2）左逆矩阵存在，但右逆矩阵不存在。

（3）右逆矩阵存在，但左逆矩阵不存在。

（4）左逆矩阵和右逆矩阵均不存在。

1.7　一般均衡

证券市场**均衡**（**equilibrium**）由满足下述两个条件的证券价格向量 p 、资产组合配置方案 $\left\{h^i\right\}$ 和消费计划 $\left\{(c_0^i,c_1^i)\right\}$ 共同构成。这两个条件是：

（1）资产组合 h^i 与消费计划 (c_0^i,c_1^i) 是个体 i 的消费－资产组合问题（1.4）在价格 p 下的一个解；

（2）市场出清，亦即：

$$\sum_S h^i = 0 \tag{1.23}$$

10 且

$$\sum_i c_0^i \leqslant \bar{\omega}_0 \equiv \sum_i \omega_0^i \quad , \quad \sum_i c_1^i \leqslant \bar{\omega}_1 \equiv \sum_i \omega_1^i \tag{1.24}$$

资产组合的市场出清条件（1.23）隐含着将所有个体的预算约束加总，便可得到由式（1.24）所表示的消费市场出清条件。如果所有个体的效用函数均严格递增，则所有表示个体预算约束的不等式的两端均取等号。而如果不存在冗余证券（ X 存在右逆矩阵），则以上命题的逆命题也同样成立。在另一方面，如果有冗余证券存在，则对于某一市场出清消费配置，有可能会有许多资产组合配置方案与之相对应。在这些资产组合配置方案当中，至少有一个是（资产组合）市场出清的。

在由 0 期无消费发生的效用函数所构成的简化模型中，每一个体的均衡资产组合和 1 期的消费计划均是式（1.7）所示的个体选择问题的解。此时，所有个体在 0 期的禀赋均为 0，因此在 0 期的消费供给和消费需求也都为 0。

正如等式（1.23）所示：证券的总供给量为 0。这与“所有个体的禀赋均以消费的形式赋予”这一假设相一致。不过，模型设定也可以用来分析个体存在初始证券资产组合，亦即证券的初始供给量大于 0 的情形。

在这种情况下，均衡资产组合配置方案 $\left\{h^i\right\}$ 可被理解为“证券市场上的净交易量的配置”。具体地，我们假定（在一个证券市场经济中）个体在 1 期的禀赋均等于某一**初始资产组合** $\hat{h}^i$（**initial portfolio**）的收益，亦即 $\omega_1^i = \hat{h}^i X$ 。当考虑其持有的所有资产组合时，市场均衡由一个证券价格向量 p 、一个所有资产组合配置方案 $\left\{\overline{h}^i\right\}$ 和一个消费计划

$\{(c_0^i,c_1^i)\}$ 构成。此时，对于每一个体而言，其净资产组合持有量 $h^i=\bar{h}^i-\hat{h}^i$ 和消费计划 (c_0^i,c_1^i) 是问题（1.4）的一个解。而且，有：

$$\sum_i \bar{h}^i=\sum_i \hat{h}^i \tag{1.25}$$

和

$$\sum_i c_0^i \leqslant \sum_i \omega_0^i \quad , \qquad \sum_i c_1^i \leqslant \sum_i \hat{h}^i X \tag{1.26}$$

1.8 均衡的存在性和唯一性

证券市场的一般均衡的存在性，可通过“消费量为正”和“效用函数为拟凹函数”这两条标准假设来加以保证。

定理 1.8.1 如果所有个体的可行消费计划均被限定为正，所有个体的效用函数是严 11
格递增的拟凹函数，其初始禀赋均严格为正，并且市场上存在一个为正且非零的资产组合收益，那么，该证券市场存在均衡。

这里我们就不给出该定理的证明过程了，感兴趣的读者可到本章末尾的评注部分所引述的文献中去找。

如果不对个体的效用函数、初始禀赋和证券的收益施加进一步的限定，则证券市场上将有可能存在多个均衡价格和均衡配置方案。如果所有个体在不同状态、不同时期的消费之间有着相同的边际替代率（gross substitutability），并且证券市场是完备的话，那么将存在唯一的均衡价格和均衡消费配置方案。这是因为，正如第 15 章所揭示的，完备证券市场上的均衡配置是一个瓦尔拉斯均衡配置。进而，如果没有冗余证券存在，则均衡状态下的资产组合配置方案也是唯一的。否则，如果存在冗余证券的话，可能会有无限多个资产组合配置方案与该均衡消费配置方案相对应。

1.9 代表性个体模型

本书的很多地方都采用了**代表性个体模型**（**representative agent models**）。该模型假定所有个体均具有相同的效用函数和禀赋。由于所有个体都是相似的，那么当所有个体都不愿意进行交易时的证券价格便是均衡价格。此时市场出清，均衡消费计划等于禀赋。

在代表性个体模型中，证券市场的具体特征并不重要。因为在均衡状态下，无论证券市场是怎样的，所有个体都会花光他们的禀赋。通常我们会假定市场是完备的，因为这样便于所有证券的均衡价格。

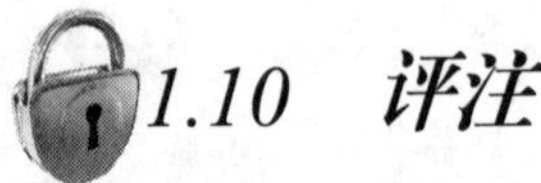

1.10 评注

对于读者来说，尽量多地举出实例，并对之进行分析，对学好金融经济学是大有帮助的。这一方法对于学好偏好的效用表示非常有用。在本书的绝大多数章节中，我们都仅仅只采用了有限的几类效用函数，因为这些效用函数有许多易于处理的特征。鉴于这些特征只有在了解了大量的预备知识之后才能看得出来，我们将这些效用函数的引入放到了第 9 章。尽管这有些麻烦，但在效用函数上多花些工夫还是非常值得的。

12 本章中对证券收益所进行的详尽描述，其实只是为了确定资产张成 M。此前也曾提到过，在用证券的收益进行描述之外，资产张成也可以用证券的回报来描述。但当存在价格为 0 的证券时，资产张成 M 就无法由回报进行描述了，因为对于价格为 0 的证券，回报是无法定义的。如果 M 的所有基向量组中至少有一个基向量组所对应的证券价格全部不为 0，那么，所有的基向量组所对应的证券价格全都不为 0。此时，所有证券在回报这一度量标准之下将有唯一的价格。读者需要时刻铭记：回报不像收益一样，可以任意给定；收益是外生的，而回报却是内生的，是由收益除以均衡价格而得到的。

本章所用到的模型基于由阿罗 Arrow[1] 和德布鲁 Debreu[2] 所提出的一般均衡理论。在某种程度上，本章的模型比阿罗－德布鲁的模型还要更为一般化一些。最明显的一点是，我们假定个体可以在不完备的证券市场上进行交易，而他们的模型仅基于完备市场的情形。而在另一方面，我们的模型中只有一种消费品，而阿罗－德布鲁的模型中则允许多种商品存在。因此，我们的模型可看作是“在不完备市场条件下的一般均衡模型”（the general equilibrium model with incomplete markets，GEI）在单商品条件下的简化形式。如果读者想对 GEI 模型作进一步的了解，可以参阅由 Geanakoplos[3] 提供的 GEI 方面的文献回顾，也可以参见 Magill and Quinzii[4]、Magill and Shafer[5]。

定理 1.8.1 的证明可在 Milne[6] 中找到，Geanakoplos 和 Polemarchakis[7] 中也有。当允许卖空时，我们这里所假定的信息对称（不同个体对各个状态下的证券收益有着相同的预期）和单一消费品对于均衡的存在性来说是必不可少的。还有一些文献专门探讨个体对证券收益有着不同预期时的证券市场均衡的存在性，参见 Hart[8]、Hammond[9]、Nielsen[10]、Page[11] 和 Werner[12]。在另一方面，“禀赋严格为正”的假定也可以被放松。另外，还有一些文献是专门探讨正消费计划集之外的消费集的，具体参见 Nielsen、Page 和 Werner。如果你想了解在多商品设定下的均衡的存在性（GEI 模型），可以参阅 Geanakoplos、Magill 和 Shafer。

第 1.8 节所提到的边际替代率相同的一个充分条件是：所有个体都有着基于相同概率预期的严格凹的期望效用函数，并且其相对风险厌恶（relative risk aversion，参见第 4 章）的阿罗－普拉特测度（Arrow-Pratt measure）在任何一处均小于 1。也有一些文献是关于均衡的唯一性的。例如，Mitiushin 和 Polterovich[13]（以俄文发表的）就给出了其条件：所有个体均有着相同概率预期的严格凹的期望效用函数，其相对风险厌恶的阿罗－普拉特测度在任何一处均小于 4，其禀赋具有共线性（collinear）（即每个个体的禀赋均是总禀赋的一定比例，该比例在所有的状态下均相同），且证券市场是完备的。他们得出的结论是：若满足以上条件，则存在唯一的均衡。Mas-Colell[14] 对 Mitiushin 和 Polterovich 的结论进行了进一步的推广，探讨了更一般条件下的均衡的唯一性。Dana[15] 也对金融模型中的均衡的唯一性进行了探讨。

正如本章的引言中所讲的，本书只讨论交换经济下的情形。原因在于生产理论、跨 13
期经济、资本理论等，通常都不在金融学的研究范围之内，而且将分析资产定价的理论置于用以分析资源配置的框架之下也得不出什么新鲜成果。而在分析资源的均衡配置的理论模型中，一般都含有生产函数（或生产集），而且都会假定个体的禀赋是以生产资料（productive resource）的形式赋予的，而不像我们这里是以消费品的形式赋予的。由于这些分析中所采用的生产函数与效用函数的性质大致相同，分析生产资料配置的理论与分析消费品配置的理论大体上也很相似。

在金融文献中，还有很多文献专门讨论：在不完备市场下，当公司股份被具有不同效用函数的股东所持有时，公司的行为将如何被决定。当然，在完备市场上，这毫无困难：即便股东们有着不同的偏好，但他们一定都同意公司应该以利润最大化为目标。不过，当市场不完备，而公司的产出也不在资产张成上时，公司产出的价值便很难被清晰地估算出来了。此时，如果将产出按股东各自所持股份的比例分配给所有股东的话，股东们将很难对产出的产品的优劣顺序得出一致的意见。

不过，这并不是一个需要认真考虑的问题，至少在本书所提供的经济模型中是这样的。原因在于，在本书的体系里，诸如规模经济、外部性、协同效应、代理问题、激励等问题都不在分析之列，因而本书也不去考虑有关公司的问题。众所周知，在新古典生产经济（neoclassical production economies）中，如果假定大家均能采用相同的技术的话，在利润为 0 的条件下，个体出租其资源禀赋和雇佣其他个体所能获得的收益是相等的。

因此，在这种情况下，就没有理由不去考虑每个生产资料的所有者自己运营公司的可能了。当然，这也就是说，如果公司在经济中只扮演着一个无足轻重的角色的话，有关公司应该如何运作的问题同样也就变得无足轻重了。而在公司扮演着重要角色的设定之下，公司治理问题是非常重要的。

参考文献

1. Arrow, K.J. The role of securities in the optimal allocation of risk bearing. Review of
14 Economic Studies, pages 91-96, 1964.

2. Debreu, G. Theory of Value. Wiley, New York, 1959.

3. Geanakoplos, J. An introduction to general equilibrium with incomplete asset markets. Journal of Mathematical Economics, 19:1-38, 1990.

4. Magill, M. and Quinzii, M. Theory of Incomplete Markets. MIT Press, 1996.

5. Magill, M. and Shafer, W. Incomplete markets. In Werner Hildenbrand and Hugo Sonnenschein, editors, Handbook of Mathematical Economics, Vol. 4. North Holland, 1991.

6. Milne, F. Default risk in a general equilibrium asset economy with incomplete markets. International Economic Review, 17:613-625, 1976.

7. Geanakoplos, J. and Polemarchakis, H. Existence, regularity, and constrained sub-optimality of competitive allocations when the asset markets is incomplete. In Walter Heller and David Starrett, editors, Essays in Honor of Kenneth J. Arrow, Volume III. Cambridge University Press, 1986.

8. Hart, O.D. On the existence of equilibrium in a securities model. Journal of Economic Theory, 9:293-311, 1974.

9. Hammond, P. Overlapping expectations and Hart's condition for equilibrium in a securities model. Journal of Economic Theory, 31:170-175, 1983.

10. Nielsen, L.T. Asset market equilibrium with short-selling. Review of Economic Studies, 56:467-474, 1989.

11. Page, F. On equilibrium in Hart's securities exchange model. Journal of Economic Theory, 41:392-404, 1987.

12. Werner, J. Arbitrage and the existence of competitive equilibrium. Econometrica,

55:1403-1418, 1987.

13. Mitiushin, L. G. and Polterovich, V. W. Criteria for monotonicity of demand functions, vol. 14. In Ekonomika i Matematicheskie Metody. 1978.

14. Mas-Colell, A. On the uniqueness of equilibrium once again. In William A. Barnett, Bernard Cornet, Claude d'Aspremont, Jean Gabszewicz, and Andreu Mas-Colell, editors, Equilibrium Theory and Applications: Proceedings of the Sixth International Symposium in Economic Theory and Econometrics. Cambridge University Press, 1991.

15. Dana, R.-A. Existence, uniqueness and determinacy of Arrow-Debreu equilibria in finance models. Journal of Mathematical Economics, 22:563-579, 1993.

第2章

线性定价

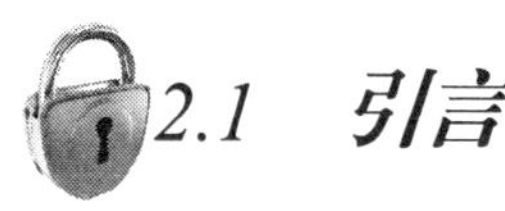

2.1 引言

在分析证券价格时，有两个概念是居于核心地位的，即线性（linearity）和正性（positivity）。本章将对线性定价进行讨论，它是一价法则（the law of one price）的结果。一价法则的意思是：具有相同收益的资产组合，应该有着相同的价格。一价法则在对个体偏好施加了弱限制（weak restrictions）的证券市场均衡中成立。而正性定价将在第3章进行分析。

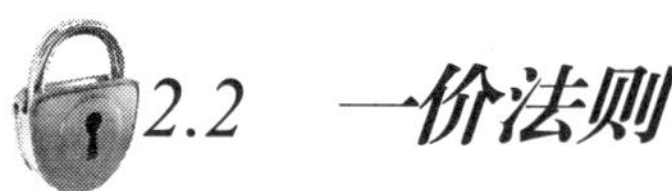

2.2 一价法则

一价法则即具有相同收益的资产组合，应该有着相同的价格。亦即，对于任意两个资产组合h和h'，均有：

$$\text{如果 } hX = h'X \text{，则 } ph = ph' \tag{2.1}$$

如果没有冗余证券存在，那么对于某一给定的收益，只有唯一的资产组合与之相对应，此时一价法则显然成立。

一价法则成立的充要条件是：对于所有收益为0的资产组合，其价格均为0。如果一价法则不成立，则资产张成中的任何收益均可以任意价格购得。为揭示这一点，让我们先来看一下收益为0的资产组合：显然，如果收益为0的资产组合的价格不为0的话，则该资产组合可以以任意价格购得，因为对任意收益为0的资产组合做组合之后，其收益仍然为0。若是0收益可以以任意价格购得，那么任何收益都可以以任意价格购得。

2.3 收益定价泛函

对于任意证券价格 p，可以定义一个算子（mapping）$q:M\to\Re$。它将每一个收益映射为能产生该收益的资产组合的价格。正式地有：

$$q(z)\equiv\{\omega:\omega=ph,\text{其中，}h\text{满足}z=hX\}\tag{2.2}$$

16 一般情况下，q 是一个对应（correspondence），而非单值函数。只有当一价法则成立时，q 才是个单值函数。

此时，q 还是一个线性泛函（linear functional）。

定理 2.3.1 当且仅当 q 是资产张成 M 上的线性泛函时，一价法则成立。

证明：如果一价法则成立，很显然，q 必是一个单值函数。为证明其是线性的，可以来考虑两个收益 z，$z'\in M$。假定这两个收益分别等于资产组合 h 和 h' 的收益，亦即 $z=hX$，$z'=h'X$。则对于任意 λ，$\mu\in\Re$，收益 $\lambda z+\mu z'$ 均可由价格为 $\lambda ph+\mu ph'$ 的资产组合 $\lambda h+\mu h'$ 所产生。由于 q 是个单值函数，则定义（2.2）也就隐含着：

$$q(\lambda z+\mu z')=\lambda ph+\mu ph'\tag{2.3}$$

式（2.3）的右端正好等于 $\lambda q(z)+\mu q(z')$，因此 q 是线性的。

反之，如果 q 是个泛函，由该泛函的定义便可推出一价法则成立。 □

当一价法则成立时，称 q 为**收益定价泛函（payoff pricing functional）**。

收益定价泛函 q 是相互关联的三个算子之一[①]。每一个资产组合均是一个 J 维向量，它是由全部证券所构成的一个头寸。而所有资产组合所构成的集合 $\Re^J$，则是**资产组合空间（portfolio space）**。另外，证券的价格向量 p 可被视作是一个由资产组合空间到实数域上的一个线性泛函（**资产组合定价泛函**）：

$$p:\Re^J\to\Re\tag{2.4}$$

它为每一个资产组合 h 指定了一个价格 ph。请注意，有时用 p 表示泛函，有时则用它表示价格向量，视具体情况而定。类似地，收益矩阵 X 可被理解成一个从资产组合空间 $\Re^J$ 到资产张成 M 上的线性算子（linear operator）（**收益算子**）：

$$X:\Re^J\to M\tag{2.5}$$

它为每一个资产组合 h 指定了一个收益 hX。假定 q 是一个泛函，则对于每一个资产组合 h，都有：

[①] 另两个算子是 p 和 X，具体参见下文。——译者注

$$p = q \circ X \tag{2.6}$$

或者，更明确地说有：

$$ph = q(hX) \tag{2.7}$$

如果没有冗余证券存在，则收益矩阵 X 存在右逆矩阵 R 。这样的话，对于所有的 17
$z \in M$ ，都有：

$$q(z) = zRp \tag{2.8}$$

2.4　线性均衡定价

与均衡证券价格相对应的收益定价泛函称之为**均衡收益定价泛函**（**equilibrium payoff pricing functional**）。在均衡状态下，如果一价法则成立，则由定理 2.3.1 可知，此时均衡收益定价泛函必是资产张成 M 上的一个线性泛函。我们有：

定理 2.4.1　如果所有个体的效用函数都在 0 期严格递增，那么一价法则在均衡状态下成立，并且均衡收益定价泛函是线性的。

证明：如果在均衡价格 p 下，一价法则不成立，则存在一个收益为 0 的资产组合 h_0 ，即有 $h_0X=0$ ；不过，h_0 的价格不为 0。我们不妨假定 $ph_0<0$ 。于是，相对于每一对预算可行（budget-feasible）的资产组合 h 和消费计划 (c_0,c_1) ，资产组合 $h+h_0$ 和消费计划 (c_0-ph_0,c_1) 在预算上也是可行的，并且个体会严格偏好于后者。此时，任何个体的最优消费方案和最优资产组合选择皆不存在。 □

请注意，无论消费量是否被限定为正，定理 2.4.1 均成立。在第 4 章中将会看到，当对资产组合头寸做出某些限定时，一价法则将会失效。

如果个体在 0 期的消费量为 0，则定理 2.4.1 的严格单调性条件不成立。在这种情况下，一价法则在以下条件下成立。

定理 2.4.2　如果所有个体的效用函数在 1 期均严格递增，并且存在收益“为正且非 0”（positive and nonzero）的资产组合，那么一价法则在均衡状态下成立，且均衡收益定价泛函是线性的。

证明：如果一价法则不成立，那么，如同在证明定理 2.4.1 时一样，也可以假设存在一个收益为 0 但价格不为 0 的资产组合 h_0 ，以及任意一个 1 期预算可行的消费计划 c_1 和资产组合 h 。同时，假定 $\hat{h}$ 是一个收益“为正且非 0”的资产组合。那么，一定存在数字 α ，使得 $\alpha ph_0 = p\hat{h}$ 。于是得出了另一个预算可行的资产组合 $h+\hat{h}-\alpha h_0$ 和 1 期的消费计
划 $c_1+\hat{h}X$ ，显然个体会严格偏好于该资产组合与消费计划。因此，此时对于任何个体， 18
最优消费计划和资产组合选择均不存在。 □

下面的两个例子说明了：当定理 2.4.1 和定理 2.4.2 的条件不满足时，在均衡状态下，一价法则也有可能会不成立。

例 2.4.3 假定存在两个状态，三种证券，其收益分别为：$x_1=(1,0)$，$x_2=(0,1)$，$x_3=(1,1)$。代表性个体的效用函数为：

$$u(c_0,c_1,c_2)=-(c_0-1)^2-(c_1-1)^2-(c_2-2)^2 \tag{2.9}$$

其在 0 期的禀赋为 1，在 1 期的禀赋为 $(1,2)$。由于其初始禀赋正好是一个餍足点（satiation point），三种证券的任何价格 p_1、p_2 和 p_3 均是均衡价格。当 $p_1+p_2\neq p_3$ 时，一价法则不成立。在这里，“效用函数严格递增”这一条件没有得到满足。 □

例 2.4.4 假定存在两个状态，两种证券，其收益分别为：$x_1=(1,-1)$，$x_2=(2,-2)$。代表性个体的效用函数仅与 1 期的消费有关；对于 $(c_1,c_2)>>0$，有如下效用函数：

$$u(c_1,c_2)=\ln(c_1)+\ln(c_2) \tag{2.10}$$

代表性个体在 0 期的禀赋为 0，在 1 期的禀赋为 $(1,1)$。

假定证券价格为 $p_1=p_2=1$。则在该价格下，个体的最优资产组合为 0[①]资产组合。因此，尽管一价法则不成立，但该组价格依然是均衡价格。在这里，条件“1 期的效用函数严格递增”满足，但不存在“收益为正且非 0”的资产组合。 □

2.5 完备市场中的状态价格

用 e_s 表示依存权益（contingent claims）[②]空间 $\Re^S$ 的第 s 个基向量。e_s 的第 s 个分量的值为 1，其余分量的值都为 0，我们把它称作“状态 s 的**状态权益（state claim）**”或“与状态 s 相对应的**阿罗证券（Arrow security）**”。当处在状态 s 时，e_s 具有取得 1 单位消费的权利。如果市场是完备的，并且一价法则成立，则收益定价泛函将为每个状态权益指定一个特定的价格。我们用：

$$q_s\equiv q(e_s) \tag{2.11}$$

表示状态 s 的状态权益的价格。将 q_s 称作状态 s 的**状态价格（state price）**。

19 由于 $\Re^S$ 上的任何线性泛函都等价于其在 $\Re^S$ 的基向量组下的值，于是对于任意 $z\in\Re^S$，收益定价泛函均可表示为：

---

① 此处，0 是一个二维零向量。——译者注

② contingent claims 一词，国内流行的译法还有“未定权益”和“或有权益”，但这两个词都很难让人直观地体会到 contingent claims 所要表达的内涵。鉴于该词表示的是一类其价值依存于特定状态的实现情况的权益，故此改译为“依存权益”，以便理解。——译者注

$$q(z) = qz \tag{2.12}$$

而式（2.12）右端中的 q 是个 S 维的状态价格向量。请注意，用相同的符号来表示“泛函”和“用以表示泛函的向量”。

由于每一种证券的价格均等于其在收益定价泛函下的值，有：

$$p_j = qx_j \tag{2.13}$$

或者，以矩阵的形式表示为：

$$p = Xq \tag{2.14}$$

等式（2.14）是一个线性方程系统，它将状态价格和给定的证券价格联系在了一起。如果引入收益矩阵的左逆，则该式可化为：

$$q = Lp \tag{2.15}$$

本节的结论是建立在“市场完备”的假设之上的。因为不然的话，状态权益 e_s 可能就不会落在资产张成 M 上，进而 $q(e_s)$ 也就无法定义了。在第 6 章中将引入不完备市场下的状态价格。

2.6　对最优化问题的重述

当一价法则成立时，收益定价泛函为个体的消费－资产组合选择问题提供了一个便利的表达方式。由于 $z = hX$，$q(z) = ph$，用 z 代替 hX，用 $q(z)$ 代替 ph，问题式（1.4）～（1.6）便可改写为：

$$\max_{c_0, c_1, z} u(c_0, c_1) \tag{2.16}$$

s.t.

$$c_0 \leqslant \omega_0 - q(z) \tag{2.17}$$

$$c_1 \leqslant \omega_1 + z \tag{2.18}$$

$$z \in M \tag{2.19}$$

从上式可以很清楚地看到：个体在证券市场上的消费选择仅取决于资产张成和收益定价 20
泛函。任何两组证券收益和价格，如果能产生相同的资产张成和收益定价泛函，则必将导致相同的消费选择。

如果市场是完备的，则限定条件（2.19）便可有可无，此时可以用状态价格来代替收益定价泛函。问题（2.16）～（2.19）将简化为：

$$\max_{c_0, c_1, z} u(c_0, c_1) \tag{2.20}$$

s.t.

$$c_0 \leqslant \omega_0 - qz \tag{2.21}$$

$$c_1 \leqslant \omega_1 + z \tag{2.22}$$

该问题可被理解为是基于阿罗证券的消费－资产组合选择问题。

问题（2.20）的一阶条件蕴涵着：

$$q = \frac{\partial_1 u}{\partial_0 u} \tag{2.23}$$

因此，此时状态价格与边际替代率相等。于是，证券价格可通过式（2.14）而由状态价格得出。等式（2.23）也可通过在等式（1.13）的两端同时左乘 L 或者是通过等式（2.15）而得到。

下面的例子揭示了在完备市场下，如何用状态价格来决定均衡证券价格。

例 2.6.1 假定存在两个状态，有两种证券，其收益分别为：$x_1 = (1,1)$，$x_2 = (2,0)$。对于 $(c_0, c_1, c_2) >> 0$，代表性个体的效用函数为：

$$u(c_0, c_1, c_2) = \ln(c_0) + \frac{1}{2}\ln(c_1) + \frac{1}{2}\ln(c_2) \tag{2.24}$$

代表性个体在 0 期的禀赋为 1，在 1 期的禀赋为 $(1,2)$。均衡证券价格是使得个体的最优资产组合为 0 资产组合的证券价格。通过简单的变量代换，则个体的消费－资产组合选择问题（1.4）～（1.6）可改写为：

$$\max_{h_1, h_2} \ln(1 - p_1 h_1 - p_2 h_2) + \frac{1}{2}\ln(1 + h_1 + 2h_2) + \frac{1}{2}\ln(2 + h_1) \tag{2.25}$$

在 $h_1 = h_2 = 0$ 时，由问题（2.25）的一阶条件可求得均衡证券价格为 $p_1 = 3/4$，$p_2 = 1$。

21 这一价格也可通过收益定价泛函算出。由于市场是完备的，收益定价泛函可由状态价格给出（即式（2.23）），并且还等于均衡消费计划下的边际替代率。此时，均衡消费计划为 $(1,1,2)$，而且 0 期消费的边际效用为 1。于是，状态 1 下的消费的边际效用为 $1/2$，状态 2 下的消费的边际效用为 $1/4$。因此，边际替代率为 $(1/2, 1/4)$。进而，

$$q = (1/2, 1/4) \tag{2.26}$$

由此可求出均衡证券价格：$p_1 = qx_1 = 3/4$，$p_2 = qx_2 = 1$。 □

2.7 评注

通过观察定理 2.4.1 的证明即可发现：唯有当对应于均衡消费计划的个体效用函数上

的函数值，正好是非厌足点时，线性均衡定价才存在。非厌足是一个比严格单调更为宽松的限定条件。

收益定价的线性属性是一个非常重要的结论。它在初级金融教材中非常重要，在这类教材中，它一般被称作**价值可加性（value additivity）**。价值可加性的一个隐含结论是米勒—莫迪利亚尼定理（Miller-Modigliani theorem）（Miller and Modigliani[1]），其含义是：即使负债—权益结构存在差异，两家未来盈利前景相同的公司的市场价值也依然相等。它的另一个隐含结论是：企业的管理人员不存在进入无关业务的激励。因为假如以市场价值进行并购的话，那么将两企业的现金流合并到一块的价值也只是正好等于其各自的价值之和罢了，不多也不会少。因此，并购行为并不会创造价值，因为它并不能像减少现金流的波动性等活动一样，使公司对于其股东来说变得更有吸引力。当然了，如果合并后的现金流量通过成本降低和管理上的协同效应而得以增加的话，则合并是确实可以创造价值的。

平价关系（parity relations）也是一价法则的重要隐含结论。其中包括利率平价、买卖平价（put-call parity）以及其他的一些平价关系。

重在分析状态价格在证券定价分析中的作用的文章有 Hirshleifer[2、3]。

参考文献

1. Miller, M. and Modigliani, F. The cost of capital, corporation finance and the theory of investment. American Economic Review, 48:261-297, 1958.

2. Hirshleifer, J. Investment decision under uncertainty: Choice theoretic approaches. Quarterly Journal of Economics, 79:509-536, 1965.

3. Hirshleifer, J. Investment decision under uncertainty: Application of the state preference approach. Quarterly Journal of Economics, 80:252-277, 1966.

第 3 章

套利和正定价

3.1 引言 22

证券市场中不可能存在套利机会，该原则是金融经济学中最基本的思想之一。而是否存在套利机会，则是由证券价格决定的。本章将揭示：如果证券价格排除了套利机会，收益定价泛函将是严格为正的。而且对于有着严格递增的效用函数的个体，无套利是最优资产组合存在的必要条件（如果消费被限定为正，则该条件同时也是充分条件）。更进一步，如果个体具有严格递增的效用函数，则在均衡价格下，将没有套利机会存在。

本章还给出了在特殊情况下（完备市场或只有两种证券），若要保证无套利机会存在，证券价格所要满足的条件。对该问题的全面分析，将在第 5 章中展开。

3.2 套利和强套利

强套利[①]（**strong arbitrage**）指的是一个收益为正，并且价格严格为负的资产组合。**套利**（**arbitrage**）则指的是这样一个资产组合，该资产组合要么是强套利，要么价格为 0 并且收益为正且非 0。正式地，我们说，强套利是一个满足 $hX \geqslant 0$ 和 $ph < 0$ 的资产组合 h，而套利则是一个满足 $hX \geqslant 0$ 和 $ph \leqslant 0$（两个不等式中至少有一个取不等号）的资产组合 h。

资产组合可以是套利，但并非强套利。

例 3.2.1 假定有两种证券，其收益分别为：$x_1 = (1,1)$，$x_2 = (1,2)$；其价格为 $p_1 = p_2 = 1$。于是，资产组合 $h = (-1,1)$ 就不是强套利。实际上，在由这两种证券所组成的资产组合中，

---

① 作者在原文之中便是如此定义强套利的概念的，虽然叫起来比较生硬。不过，称强套利为强套利资产组合，似乎更容易理解些。——译者注

根本就没有强套利存在。 □

23 如果收益为正且非 0 的资产组合不存在的话，那么任何套利都是强套利。而且在这种情况下，当且仅当一价法则不成立时，强套利才存在。并且，强套利是一个收益为 0 且价格严格为负的资产组合。

例 3.2.2 假定证券的收益为：$x_1=(-1,2,0)$，$x_2=(2,2,-1)$。则当

$$-h_1+2h_2\geqslant 0 \tag{3.1}$$

$$h_1+h_2\geqslant 0 \tag{3.2}$$

且

$$-h_2\geqslant 0\text{时} \tag{3.3}$$

资产组合 $h=(h_1,h_2)$ 有着为正的收益。

实际上，只有 0 资产组合才满足以上不等式。因此，此时不存在收益为正且非 0 的资产组合。进而，对于任意证券价格，均不存在套利。 □

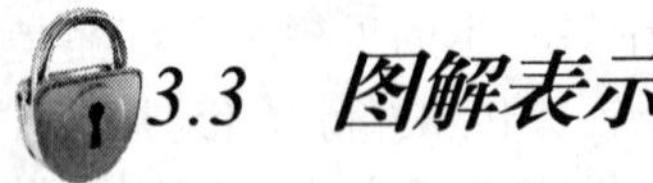

3.3 图解表示

将排除了套利机会的证券价格的集合用图解方式加以呈现，将能大大地帮助我们理解其含义。假定存在两种证券，其收益分别为 x_1 和 x_2，在每个状态下的收益偶对[①]为 (x_{1s},x_{2s})。我们将这些偶对标记为 $x_{\cdot 1},\cdots,x_{\cdot S}$。图 3.1 是在假定对于所有的 j 和 s 均有 $x_{js}>0$ 成立的条件下画成的，不过该分析结论的有效性并不受这一条件的约束。

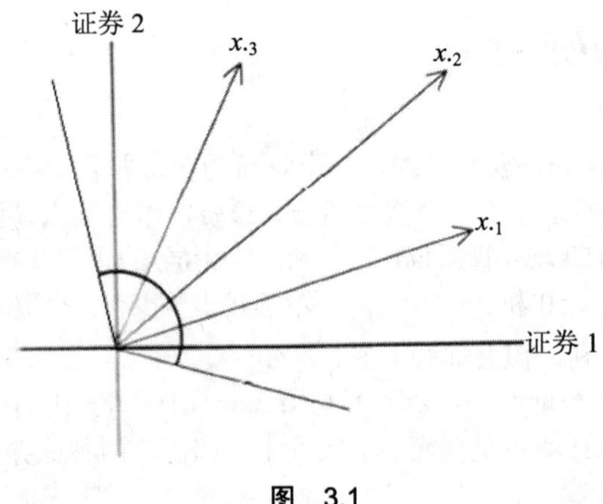

图 3.1

① 在某一状态下，由两种证券在该状态下的收益所组成的有序偶对，也可以将其理解为一个向量。——译者注

图 3.1 中，由 $x_{\cdot1}$、$x_{\cdot2}$ 和 $x_{\cdot3}$ 所标记的向量表示证券 1 和证券 2 在状态 1、2、3 下的收益情况。由弧线所划定的圆锥形区域中的资产组合，在所有的状态下的收益均为正。

图 3.2 中，处于阴影区域的资产组合的价格小于 0。 24

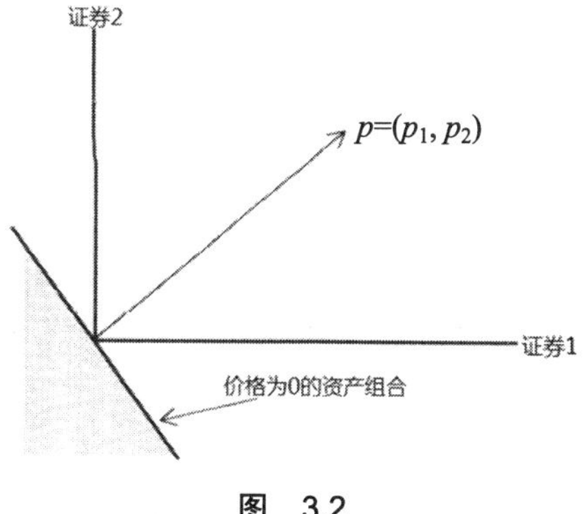

图　3.2

现在假定两条坐标轴表示资产组合中 h_1 和 h_2 的权重，这样一来，坐标图上的任何一点均恰好对应着一个资产组合 (h_1,h_2)。对于任意 $x_{\cdot s}$，过原点作它的垂线，则位于该垂线右上方的点均为在状态 s 下收益为正的资产组合。对所有的状态均作类似的垂线，则所得出的在各个状态下收益为正的资产组合集合的交集，即为在所有状态下，收益均为正的资产组合的集合。而该集合中的资产组合，即为以原点和 h 为端点并且与图中的弧线相交的向量所表示的资产组合。

假定证券价格由向量 $p=(p_1,p_2)$ 给出，如图 3.2 所示。则价格为 0 的资产组合构成的集合，即为经过原点并且与 p 相垂直的直线。将图 3.1 和图 3.2 相结合，便可得到图 3.3。由该图可见，收益为正的资产组合的集合与收益为负的资产组合的集合仅相交于原点，因此无套利存在。

该结论其实是 p 落在由 $x_{\cdot s}$ 所定义的锥形区域之中的自然结果。如果 p 落在锥形区域的边界上，则存在套利，但不存在强套利[①]（参见图 3.4）；而如果 p 落在锥形区域之外，则存在强套利（参见图 3.5）。

以上分析是在二维情形下进行的，只有在当个体所持的非零头寸中最多只包含两种证券的情况下，方才成立。值得指出的是：如果市场上不止有两种证券，那么即使在资产组合被限定为最多只能包含两种证券时不存在套利，在取消对资产组合的限制之后，也还是有可能会存在套利的。这一点可以通过下面的例子看出来。

① 根据对套利和强套利的定义，此处的资产组合指的是满足 $hX>0$ 且 $ph=0$ 的资产组合。——译者注

25

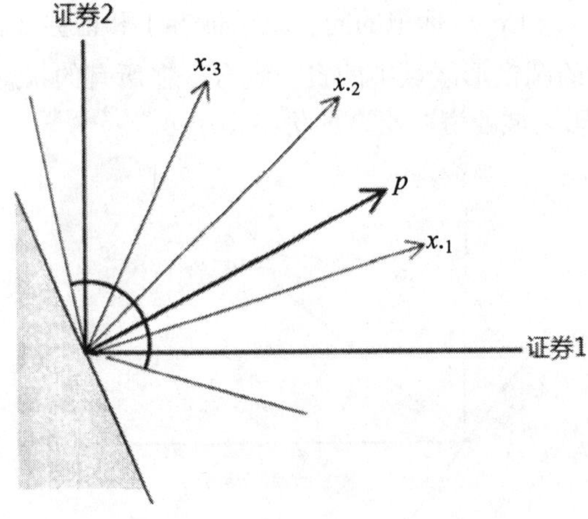

图 3.3

图 3.3 中，锥形区域中的资产组合的收益为正；阴影区域的资产组合的价格为负。这两个区域仅相交于原点，表示无套利存在。该结论是由 p 落在由证券收益所构成的锥形区域之中而得出的。

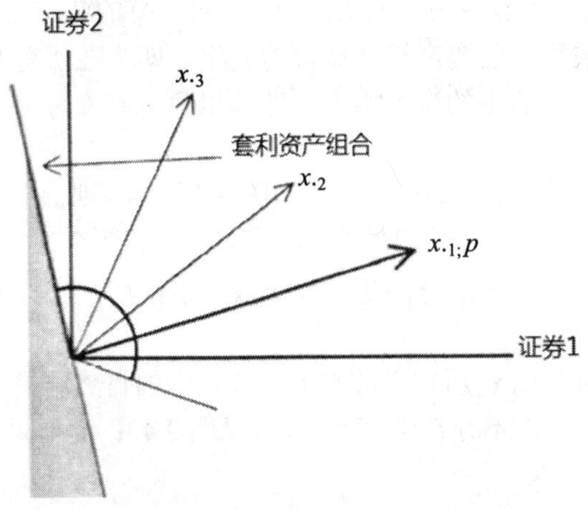

图 3.4

图 3.4 中，向量 p 落在由证券收益所构成的锥形区域的某一条边界上。经由分析可知，此时存在套利，但不存在强套利。

例 3.3.1 假设有三种证券，其收益分别为：$x_1=(1,1,0)$，$x_2=(0,1,1)$ 和 $x_3=(1,0,1)$。而三种证券的价格分别为 $p_1=1$，$p_2=p_3=1/2$。尽管在由这三种证券中的任意两种证券所构成的非零资产组合当中并不存在套利，但资产组合 $h=(-1,1,1)$ 却是一个套利。 □

图 3.5 中，如果向量 p 落在由证券收益所构成的锥形区域之外，则落在图中所示区域 26
的资产组合为套利。

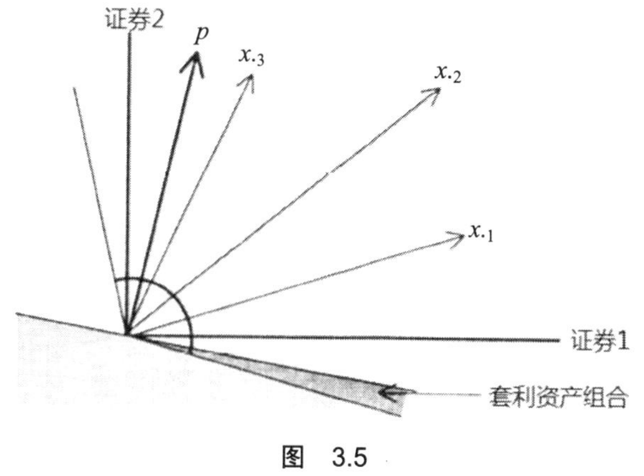

图　3.5

3.4　收益定价泛函的正性

如果某一泛函的定义域中每一个为正的元素均指向一个同样为正的数值，那么，我们便说该泛函是**正的**（**positive**）。如果定义域中每一个为正且非零的元素均指向一个严格为正的数值，那么，我们说该泛函是**严格正的**（**strictly positive**）。应该指出的是，如果泛函的定义域中没有为正（严格为正且非 0）的元素，那么泛函便是显然（严格）为正的。我们关于正泛函和严格正泛函的术语与正向量及严格正向量的术语，从下述意义上来说是一致的：线性泛函 $F:\Re^l \to \Re$ 可用标量积（scalar product）$F(x)=fx$ 表示，其中 f 是个向量，且 $f\in\Re^l$。当且仅当对应的向量 f 严格为正（为正）时，泛函 F 才严格为正（为正）。

而在给定的证券价格下的无套利或无强套利，则恰恰与严格为正或为正的收益定价泛函相对应。

定理 3.4.1　当且仅当无套利时，收益定价泛函是一个严格正的线性泛函。

证明：该命题的必要性显然成立。为证明其充分性，我们需要注意到不存在套利隐含着一价法则成立。而一价法则成立，则隐含着 q 是个线性泛函（参见定理 2.3.1）。如果 $z\in M$，那么对于使得 $hX=z$ 的 h，都有 $q(z)=ph$。另外，不存在套利便隐含着如果 $z>0$，则有 $q(z)>0$；因而 q 是严格为正的。　□

我们还能得出：

定理 3.4.2　当且仅当不存在强套利时，收益定价泛函是一个正线性泛函。 27

该定理的证明类似于定理 3.4.1。

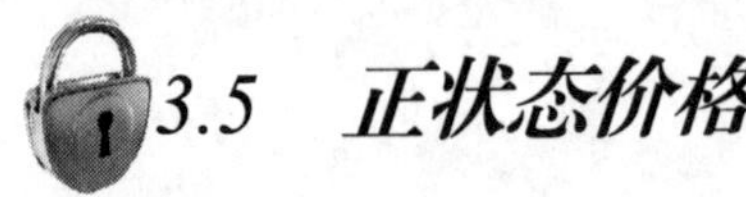

3.5 正状态价格

在第 2 章中曾指出过：如果市场是完备的，则资产张成与 1 期的依存权益空间（contingent claims space）相重合，进而一价法则隐含着存在一个使得：

$$p = Xq \tag{3.4}$$

的状态价格向量 q。

由于收益矩阵 X 在完备市场条件下是左可逆的，因而方程式（3.4）的解向量 q 便是唯一的。鉴于：

$$q(z) = qz \tag{3.5}$$

不存在套利便等价于状态价格严格为正（$q >> 0$），而不存在强套利则等价于状态价格为正（$q \geqslant 0$）。

到此为止，已经揭示了状态价格在描述排除了套利的完备市场下的证券价格时所起的作用。在不完备市场下，经过一些特殊的处理，也能得出类似的性质。

3.6 套利和最优资产组合

如果某一个体的效用函数是严格递增的，则无套利将是最优资产组合存在的必要条件。我们有：

定理 3.6.1 如果在给定的证券价格之下，某一个体的最优资产组合存在，且个体的效用函数是严格递增的，则无套利存在。

证明： 假定在给定的价格 p 下[①]，有套利资产组合 $\hat{h}$。则对于每一个预算可行的资产组合 h 和消费计划 (c_0, c_1)，$h + \hat{h}$ 必是一个预算可行的资产组合。而且由于个体的效用函数是严格递增的，相对于消费计划 (c_0, c_1)，消费者会严格偏好于 $h + \hat{h}$ 所对应的消费计划 $(c_0 - p\hat{h}, c_1 + \hat{h}X)$。因此，最优资产组合将不存在。 □

28 如果个体的效用函数虽递增，但并非严格递增的话，定理 3.6.1 的结论就可能不成立。

例 3.6.2 假定有两个状态和两种证券。这两种证券的收益分别为：$x_1 = (1,0)$，$x_2 =$

[①] 这里指的是所有证券的价格，p 是由这些证券价格构成的价格向量。——译者注

$(0,1)$。个体的效用函数为：

$$u(c_0,c_1,c_2)=c_0+\min\{c_1,c_2\} \tag{3.6}$$

假定他（她）在 0 期的禀赋为 1，在 1 期的禀赋为 $(1,2)$。则当证券价格为 $p_1=1$，$p_2=0$ 时，最优资产组合是 0 资产组合，证券 2 是一个套利。此时，效用函数 u 递增，但并非严格递增。 □

在弱单调（weaker monotonicity）假设下，强套利不存在是最优资产组合存在的必要条件。

定理 3.6.3　如果在给定的证券价格下，某一个体的最优资产组合存在，并且其效用函数在 0 期严格递增、在 1 期递增，则强套利不存在。

该定理的证明与定理 3.6.1 的证明方法相同。下面的例子可以说明该定理中为何需要效用函数在 0 期严格单调的假设。

例 3.6.4　与例 2.4.4 中一样，假定有两种证券，其收益分别为：$x_1=(1,-1)$，$x_2=(2,-2)$。假定代表性个体的效用函数仅与 1 期的消费有关，其效用函数为：

$$u(c_1,c_2)=\ln(c_1)+\ln(c_2) \tag{3.7}$$

其中，$(c_0,c_1)>>0$。他（她）在 0 期的禀赋为 0，在 1 期的禀赋为 $(1,1)$。当价格为 $p_1=p_2=1$ 时，资产组合 $h=(-2,1)$ 是一个强套利。不过，此时存在最优资产组合：0 资产组合。此时，效用函数式（3.7）在 0 期时不是严格递增的，因为效用函数中并不包括 0 期消费。 □

定理 3.6.1 和定理 3.6.3 需要有在 0 期时严格递增的效用函数，因此不适用于 0 期时没有消费存在的情形（参见例 3.6.4）。如定理 2.4.2 所示，效用函数在 0 期严格递增的假设可被另一个假设所替换：存在收益为正且非 0 的资产组合，并且效用函数在 1 期时严格递增。

如果消费被限定为正，则“不存在套利”还将是“最优资产组合存在”的充分条件。

定理 3.6.5　如果在给定的证券价格下不存在套利，并且个体的消费被限定为正，则 29
最优资产组合存在。

证明：不存在套利隐含着一价法则成立。如果存在冗余证券，那么其价格应与由其他证券构成资产组合的价格相等。这样一来，限定在一个更小的、排除了冗余证券的证券集合上的消费资产组合问题的解，也同样适用于包含了所有证券的情形。进而，我们可以假定不存在冗余证券，因为这样并不会降低结论的普遍适用性。

由于个体的效用函数是连续的，由维尔斯查斯定理（Weierstrass theorem）（该定理的内容是：每个紧集上的连续函数均有最大值）可知只要能证明个体的预算集（由式（1.5）和（1.6）给出）是紧集（亦即是个有界闭集），本定理的结论便足以成立了。而其预算集显然是个闭集，因此只需证明它有界便可以了。

如果做出相反的假设，假设预算集并非有界集，那么将存在一个无界的预算可行的消费计划序列(sequence)和与其相对应的资产组合序列$\{c^n,h^n\}$。不等式$0\leqslant c_0^n\leqslant \omega_0-ph^n$和$0\leqslant c_1^n\leqslant \omega_1+h^nX$将隐含着资产组合序列$\{h^n\}$一定是无界的，因为不然的话，价格序列$\{ph^n\}$和收益序列$\{h^nX\}$都将有界，进而消费计划序列也将是有界的了。

用$\|h^n\|$来表示欧几里德范数（Euclidean norm）。我们有$\lim\|h^n\|=+\infty$，且每一个形如$h^n/\|h^n\|$的资产组合均有着单位范数（unit norm），因而序列$\{h^n/\|h^n\|\}$是有界的。如有必要，还可以进一步假定该序列收敛于某一非0的资产组合$\hat{h}$。

由于消费计划c^n被限定为正，由预算约束（1.5）和式（1.6）有：

$$ph^n\leqslant \omega_0 \tag{3.8}$$

和

$$h^nX+\omega_1\geqslant 0 \tag{3.9}$$

在不等式（3.8）和（3.9）的两端同时除以$\|h^n\|$，并对n趋于无穷求极限，得：

$$p\hat{h}\leqslant 0 \tag{3.10}$$

和

$$\hat{h}X\geqslant 0 \tag{3.11}$$

由于资产组合$\hat{h}$是非零的，并且不存在冗余证券，因而其收益不等于零，并且不等式（3.10）和（3.11）隐含着$\hat{h}$是一个套利。 □

30 如果消费计划不受限制，则排除套利并不能保证最优资产组合存在。这一点可以通过下面的例子看出来。

例 3.6.6 假设有两个状态，只有一种证券存在，其收益为(1,1)。个体的效用函数为：

$$u(c_0,c_1,c_2)=c_0+c_1+c_2 \tag{3.12}$$

如果消费不受限制，则不存在最优资产组合，除非证券价格等于2（此时，所有的资产组合均为最优资产组合）。不过，在证券价格等于严格为正的任意值时，均不存在套利。如果消费被限定为正，则对于每一严格为正的证券价格，均有最优资产组合存在。 □

3.7 正均衡定价

由定义可知，任意一个个体的均衡资产组合均是最优资产组合。我们可对均衡证券价格应用定理 3.6.1，再将其结果与定理 3.4.1 相结合，便有：

定理 3.7.1　如果所有个体的效用函数均严格递增，则在均衡证券价格下，将没有套利存在。并且，均衡收益定价泛函是一个严格正的线性泛函。

再一次地，例 3.6.2 揭示了对严格单调性的需要。定理 3.7.1 中“0 期时有着严格递增的效用函数”的假设可被替换为：假定所有效用函数在 1 期时均严格递增，并且存在收益为正且非 0 的资产组合。

类似地，定理 3.4.2 和定理 3.6.3 蕴涵着：

定理 3.7.2　如果所有个体的效用函数均在 0 期时严格递增，在 1 期时递增，则在均衡证券价格下将无强套利存在，并且均衡收益定价泛函是一个正线性泛函。

3.8　评注

无套利假设在金融学中居于核心地位。例如，在分析衍生证券的定价时，金融分析师们通常会将其回报作为原始证券的回报看待，并进而在无套利的条件下得出衍生证券的价格。在分析问题时，假定无套利存在，与假定个体存在严格递增的效用函数的效果是一样的，而且不必去指定效用函数的具体形式。因此，即便没有明确提出证券市场的均衡模型，但无套利本身就意味着市场已经实现了均衡。

在经济学中，无套利假设的地位就不像在金融学中那般重要了。这也许是由于经济 31
学更专注于进行均衡分析的缘故。因此，经济学家一般都会给出一些关于偏好、禀赋的条件。而且在经济学中，也没有必要特别去假设无套利存在，因为经济学中通常明确提出的效用函数严格递增的假设，已保证了在均衡状态下无套利存在。

因而，金融学中的无套利假设相当于经济学中的效用函数严格递增假设。前者适合进行估值分析，后者则适合用于均衡分析。

套利有时表示“无风险套利”(risk-free arbitrage)，此时，它指的是有着**状态独立（state independent）**的非零正收益并且价格为负的资产组合，或者是一个收益为零且价格严格为负的资产组合。无风险套利显然是一个比本书中所采用的定义更强的定义，因而不存在无风险套利是一个很弱的限定条件。实际上，如果资产张成中没有非零的无风险权益（risk-free claims）存在，则无风险套利就不可能存在；并且在这种情况下，排除了无风险套利，便等价于一价法则成立。

在给定的证券价格下，如果收益定价泛函严格为正，则无套利存在；如果收益定价泛函为正，则无强套利存在。如果资产张成中存在非零的无风险收益，则只要各个状态的价格之和严格为正，无风险套利就不存在。这一结论，即使在某些状态的价格为负时也是成立的。而依照我们的定义，此时是存在套利的。一般来说，在无套利情况下成立的绝大多数有趣结论，在仅排除了无风险套利的条件下是难以显现出来的。

其实，金融分析师们也是慢慢地才认识到无套利假设的核心地位的。对套利问题的主要研究文献有 Black and Scholes[1]、Ross[2、3]。Varian[4] 也对套利进行了清晰而直观的探讨，但该文的分析仅限于强套利。Werner[5] 研究了无套利与某一大类市场的均衡存在性之间的联系。

3.3 节中的图解分析源于 Garman[6]。定理 3.6.5 则与 Bertsekas[7] 和 Leland[8] 的研究成果密切相关。

参考文献

1．Black, F. and Scholes, M. The pricing of options and corporate liabilities. Journal of Political Economy, 81:637-654, 1973.

2．Ross, S.A. Risk, return and arbitrage. In Irwin Friend and James Bicksler, editors, Risk and Return in Finance. Ballinger, Cambridge, Massachusetts, 1976.

3．Ross, S.A. A simple approach to the valuation of risky streams. Journal of Business, 51:453-475, 1978.

4．Varian, H.R. The arbitrage principle in financial economics. Journal of Economic
32 Perspectives, 1:55-72, 1987.

5．Werner, J. Arbitrage and the existence of competitive equilibrium. Econometrica, 55:1403-1418, 1987.

6．Garman, M.B. A synthesis of the pure theory of arbitrage. reproduced, University of California, Berkeley, 1978.

7．Bertsekas, D. Necessary and sufficient conditions for existence of an optimal portfolio. Journal of Economic Theory, 8:235-247, 1974.

8．Leland, H. On the existence of optimal policies under uncertainty. Journal of Economic Theory, 4:35-44, 1972.

第4章 资产组合约束

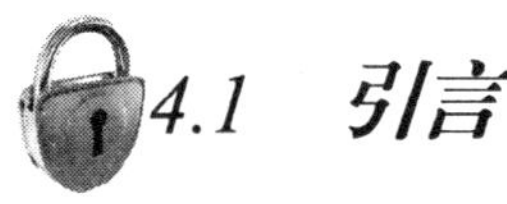

4.1 引言

到目前为止，我们一直都假设个体可以对任意的资产组合进行交易，而没有给出任何明确限制。亦即个体可以选择任意资产组合，只要其对应的消费符合个体的可行消费所要满足的限定条件（如可行消费为正）。此时，如果存在卖空限制的话，那么它也一定隐含在对消费的限制之中。

卖空限制和交易成本是真实证券市场的两大重要特性。本章我们将对资产组合引入明确的限制，并在此基础上验证第2、3章所得出的结论是否依然有效。其中，最简单的资产组合限制便是“限定不准卖空”。本章将对资产组合限制进行一般性的讨论，通过对本章的学习，将会了解到卖空限制会带来什么样的后果，还能学会一些可据以分析更为复杂的资产组合限制的模型。如对买卖价差（bid-ask spread），即买方出价与卖方要价之间所存在的一定幅度的差额加以分析的模型。

4.2 卖空限制

最为典型的一种**卖空限制（short sales restriction）**是“限定对某一证券的最低持有量”。亦即：

$$h_j \geqslant -b_j \tag{4.1}$$

其中，b_j是个正数，并且对于不同个体，该数值也不一样。可以仅对某一证券，或是某些证券施加卖空限制，并不一定要对所有的证券都施加该限制。我们将被施加了卖空限制的证券所构成的集合标记为J_0。如果某一资产组合中所有的$j \in J_0$（该资产组合中被施加了卖空限制的所有证券）均满足式（4.1），则该资产组合在个体的可行资产组合集内。

用限定条件（4.1）来表示的“卖空组合限制”，在这里应该澄清一点：严格来说，卖34 空证券仅适用于个体在某一证券上的禀赋为 0 的情况。设想一下，假如将个体的消费禀赋（consumption endowments）看作是某一初始资产组合的收益。与 1.7 节一样，我们可以设定 $\omega_1 = \hat{h}X$，其中 $\hat{h}$ 是个体的初始资产组合。我们假定 $\hat{h} \geqslant 0$。如果某一证券 j 的头寸（holding）h_j 小于 0，并且满足 $h_j < -\hat{h}_j$，则表示个体卖出的证券 j 的数量多于他（她）对该证券的持有量；亦即个体对该证券进行了卖空。

因此，将限定条件（4.1）中的下限 b_j 设定为 $\hat{h}_j$，则表示个体出售的证券 j 不能超出其禀赋的数量。当下限 b_j 小于 $\hat{h}_j$ 时，表示个体只被允许卖出其在该证券上的禀赋的一部分；而下限 b_j 大于 $\hat{h}_j$，则表示个体可以卖出超出其禀赋数量的证券，但卖出的规模还是有限制的。我们用术语“卖空限制”来表示形如式（4.1）所示的对资产组合数量有最低限制的情形，我们刚刚分析过的这几类情形全都在里面。

式（4.1）所表示的另一类卖空限制是：假如证券头寸所带来的在某些状态下的严格为负的支付义务（这可能是由于持有了一定数量的在这些状态下收益严格为正的证券的空头头寸）在毫无担保的情况之下将难以实施。但若将其禀赋作为担保，则个体将能预先确保其会履行由其证券头寸所带来的义务。在这种情况下，对于所有的 j，个体将会把其 1 期消费禀赋划为对每一种证券头寸（亦即对于每个满足 $\omega_{1j} \geqslant 0$ 和 $\sum_j \omega_{1j} = \omega_1$ 的 j，个体将选择 ω_{1j}）的担保，并进而基于如下条件来选择证券头寸 h_j：

$$h_j x_j + \omega_{1j} \geqslant 0 \tag{4.2}$$

很容易看出，如果 x_j 为正且非 0，则该限定条件正好对应于不等式（4.1）中的某一下限 b_j。

限制条件（4.2）要比要求消费为正严格得多。对“为正的消费”的要求也可当作一项“担保要求”来理解：个体的 1 期禀赋被看作是对其资产组合的收益的担保；因而，资产组合的收益应该大于或等于个体禀赋的负值。限定条件（4.2）隐含着资产组合 h 的收益要大于等于 $-\omega_1$，但该命题的逆命题并不成立。

例 4.2.1 如果有两种证券，其收益分别为 $x_1 = (1,0)$，$x_2 = (1,1)$。消费必须为正的限定并没有对个体的多方（为正的）头寸 $h = (-1,1)$ 做出限制，因为该资产组合的收益正好为正。与此相反，若对证券 1 施加限定条件（4.2），则个体对该证券所持的头寸数量将由其在 1 期的担保所限定，于是个体将无法持有由资产组合 h 所构成的任意头寸。 □

4.3　卖空限制下的资产组合选择

存在卖空限制时，个体的消费－资产组合选择问题将变为： 35

$$\max_{c_0,c_1,h} u(c_0,c_1) \tag{4.3}$$

其约束条件为

$$c_0 \leqslant \omega_0 - ph \tag{4.4}$$

$$c_1 \leqslant \omega_1 + hX \tag{4.5}$$

以及

$$h_j \geqslant -b_j\text{，对于 } \forall j \in J_0 \tag{4.6}$$

与通常一样，在分析个体选择问题时，通常需要额外引入一个对可行消费集的限制。

消费－资产组合选择问题（4.3）中所施加的卖空限制，使得该问题的一阶条件有别于 1.5 节中的问题的一阶条件。具体来说，如果最有消费计划是内点解的话，则有：

$$p_j \geqslant \sum_{s=1}^{S} x_{js} \frac{\partial_s u}{\partial_0 u}\text{，对于 } \forall j \in J_0 \tag{4.7}$$

与

$$p_j = \sum_{s=1}^{S} x_{js} \frac{\partial_s u}{\partial_0 u}\text{，对于 } \forall j \notin J_0 \tag{4.8}$$

唯有在卖空限制条件对最优资产组合中的证券 j 的头寸具有约束作用时，不等式（4.7）才取严格不等号。如果不等式（4.7）两端严格不等，则证券 j 的价格将高于“将其在各个状态下的收益”与“对应状态下的消费与 0 期消费的边际消费替代率”的乘积之和。

当个体的效用函数中没有 0 期消费存在时，对应于式（4.7）和式（4.8）的一阶条件是：

$$\lambda p_j \geqslant \sum_{s=1}^{S} x_{sj} \partial_s u\text{，} \quad \forall j \in J_0 \tag{4.9}$$

和

$$\lambda p_j = \sum_{s=1}^{S} x_{sj} \partial_s u\text{，} \quad \forall j \notin J_0 \tag{4.10}$$

其中，λ 为拉格朗日乘子。

4.4 一价法则

36 如果不存在冗余证券，亦即收益矩阵 X 的秩为 J，则不管是否对资产组合施加了某种限制，一价法则均成立。而且还可以从定理 2.4.1 和定理 2.4.2 中看出：在弱单调假设下，即使存在冗余证券，只要未对资产组合施加限制，一价法则便在均衡状态下成立。不过，当对资产组合施加了限制之后，后一个结论便不再成立了，此时，均衡状态下将可能存在两个收益相同但价格却不同的证券。

例 4.4.1 假设 1 期时有两个状态，两个个体。这两个个体只在 1 期进行消费，并且其效用函数相同，均为：

$$u(c_1^i, c_2^i) = \frac{1}{2}\ln(c_1^i) + \frac{1}{2}\ln(c_2^i) \tag{4.11}$$

其中，$i=1,2$。这两个个体的 0 期禀赋均为 0，在 1 期的禀赋分别为 $(3,0)$ 和 $(0,3)$。假设存在三种证券，其收益分别为：

$$x_1=(1,1)\quad,\quad x_2=(1,0)\quad,\quad x_3=(0,1) \tag{4.12}$$

请注意，证券 1 的收益与由 1 单位的证券 2 和 1 单位的证券 3 所构成的资产组合的收益相同。当不存在卖空限制时，我们可以先舍去证券 1，看看是否存在均衡。如果能够求得均衡解，那么该均衡解也可被视作是在三种证券的基础上求得的，只不过此时证券 1 的头寸为 0，并且证券 1 的价格由 $p_1 = p_2 + p_3$ 给出（以确保一价法则成立）而已。

经计算，得到均衡解下的资产组合配置为：个体 1，$(0,-3/2,3/2)$；个体 2，$(0,3/2,-3/2)$。证券价格为：$p_1=2/3$，$p_2=1/3$，$p_3=1/3$（也可以是该价格的倍数）。该资产组合配置为两个个体提供了相同的无风险消费：$(3/2,3/2)$。很容易检验，这些资产组合和价格满足一阶条件（1.18）：“证券的价格”与“该证券的收益与个体在各个状态下的边际效用之积”成比例。

现在假定个体可以卖空，但最多只能各自卖空 1 单位的证券 1 和证券 2。这样，限制条件式（4.1）将变为：对于任意 j，$h_j \geqslant -1$。此时，资产组合 $(0,-3/2,3/2)$ 和 $(0,3/2,-3/2)$ 将不再可行。我们推测施加了该卖空限制后的均衡解为：个体 1 的资产组合配置为 $(0,-1,1)$，个体 2 的资产组合配置为 $(0,1,-1)$；证券价格为：$p_1=3/4$，$p_2=p_3=1/2$。

经检验发现在推测的均衡下，如果将拉格朗日乘子 λ 设为 1，则个体 1 和个体 2 均满足一阶条件（4.9）。对应于资产组合 $(0,-1,1)$ 的个体 1 的消费计划为 $(2,1)$，进而其边际效
37 用向量为 $(1/4,1/2)$。在该资产组合中，对证券 1 和证券 3 的头寸均严格大于下界−1。因而对于这两种证券而言，不等式（4.9）两端取等号。将证券 1 在各个状态下的收益与个

体 1 在各个状态下的边际效用相乘并加总，即$1/4\times1+1/2\times1$，就能得到 $p_1=3/4$。类似地，我们也能得出$1/2\times1$，即为 p_3 的值。

个体 1 在证券 2 上的头寸正好等于下界−1。我们将该证券在各个状态下的收益与个体 1 在各个状态下的边际效用相乘并加总，便能得到$1/4$。该值严格小于 p_2，因此不等式（4.9）成立。

综上可得，在施加了卖空限制之后，在 $p_1=3/4$，$p_2=1/2$，$p_3=1/2$时，资产组合$(0,1,-1)$是个体 1 的一个最优资产组合。

鉴于个体 2 和个体 1 的收益、禀赋、效用函数在两个状态下都是对称的，只需对个体 2 作相同的计算，我们便能得出$(0,-1,1)$也是个体 2 的最优资产组合。

因为此时

$$p_1 \neq p_2 + p_3 \tag{4.13}$$

因而一价法则不成立。 □

4.5　限制套利和未限制套利

在对资产组合施加了限制之后，定理 3.6.1 和定理 3.6.3 所得出的结论（在适当的单调性假设之下，在均衡状态下将无套利存在）便未必成立了。例如，在例 4.4.1 中，资产组合(1, −1, −1)的价格为负但收益为 0，因而它是一个在均衡价格下的强套利。

当存在卖空限制时，很有必要对未限制套利和限制套利加以区分。**未限制套利（unlimited arbitrage）**指的是：一个对所有施加了卖空限制的证券均持有多头（或者为 0 的）头寸的套利。也就是说，未限制套利是一个资产组合，它满足$hX\geqslant0$，$ph\leqslant0$（至少有一个不等式两边严格不等）；并且对于所有的 $j\in J_0$，均有 $h_j\geqslant0$。类似地，**未限制强套利（unlimited strong arbitrage）**指的是：一个对所有施加了卖空限制的证券均持有多头（或者为 0 的）头寸的强套利。也就是说，未限制强套利是一个资产组合，它满足$hX\geqslant0$，$ph<0$；并且对于所有的 $j\in J_0$，均有 $h_j\geqslant0$。限制套利（限制强套利）指的是不是未限制套利（未限制强套利）的套利。在没有施加卖空限制时，所有的套利都是非限制套利。

需要对这两个概念做出区分，是因为未限制套利（未限制强套利）可在任意规模上进行交易，而限制套利（限制强套利）则不行。例如，资产组合(1,−1,−1)在例 4.4.1 的卖空限制之下是可行的，但对它的倍数（其倍数大于 1 时）进行交易则是不可行的。因为该资产组合是均衡价格下的一个限制强套利。

存在卖空限制时，定理 3.7.1 在严格单调假设下的证明隐含着未限制套利不存在，但 38

此时限制套利还是可能存在的。类似地，定理 3.7.2 在单调假设下的证明排除了未限制强套利，但并非排除限制强套利。

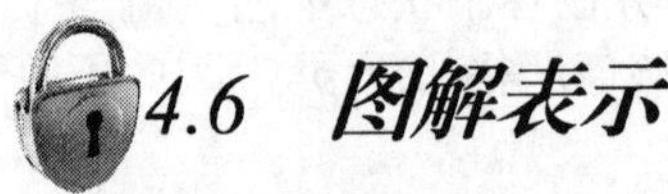

4.6 图解表示

在第 3 章中给出了一个在无卖空限制时得出无套利证券价格集的图解方法。而当存在卖空限制时，我们的兴趣将转向如何得出没有未限制套利时的证券价格集。

在前面所用过的图解处理方法，在这里也能沿用。假设有两种证券，而且其中证券 2 是不允许被卖空的。如图 3.3 所示，如果证券价格向量 $p=(p_1,p_2)$ 位于由 $x_{.1}$ 和 $x_{.2}$ 所构成的凸锥（convex cone）当中，则无限制套利资产组合和未限制套利资产组合存在。不过，如果 p 位于如图 4.1 所示的位置，那么，虽然依然没有未限制套利资产组合，但位于阴影区域中的资产组合却是限制套利资产组合。位于阴影区域的资产组合由证券 1 的多头头寸和证券 2 的空头头寸构成。正如图 4.1 所示的一样，由排除了未限制套利的证券价格所构成的集合要远大于由排除了套利的证券价格所构成的集合。

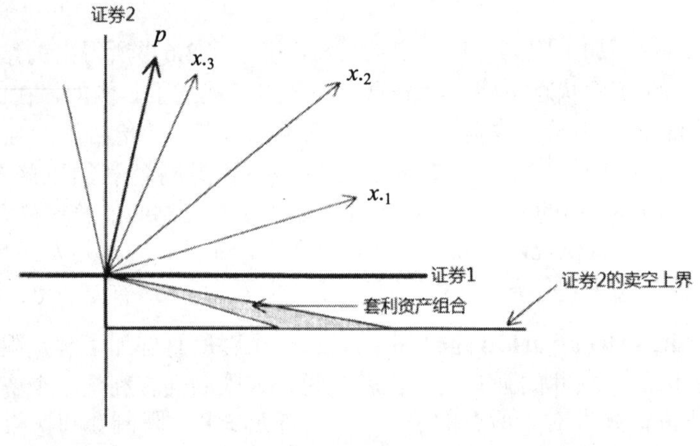

图 4.1

图 4.1 中，阴影区域中的资产组合是套利，它们是通过持有证券 2 的空头头寸来实现的。如果只能对证券 2 进行有限度的卖空，则该套利为限制套利。

39 如果对证券 1 和证券 2 的卖空均被限制的话，那么任何正的价格向量都能把未限制套利排除掉。

4.7　买卖价差

在大多数的真实金融市场中，每一个在市场上交易的证券均有着两个价格，一个是买入价（bid price），另一个是卖出价（ask price）。这两个价格一般由专事撮合证券交易的专业机构报出。个体以卖出价从他们那里买入证券（此价格对该专业机构而言是卖出价），并以买入价将证券出售给他们（此价格对该专业机构而言是买入价）。而这两个价格之间的差额，即为买卖价差（bid-ask spread）。

我们可以采用前面在分析卖空限制时所用过的方法来分析买卖价差。在这里，我们并不打算对买卖价差问题进行全面的分析，因为这需要去解释为什么会有买卖价差存在。我们只想（在本节以及第 7 章中）分析一下存在买卖价差时的无套利意味着什么。

我们用 p_{bj} 表示证券 j 的买入价，用 p_{aj} 表示该证券的卖出价。为方便起见，我们用两类资产组合来表示个体的资产组合问题：用资产组合 $h_a \in \Re^J$，$h_a \geqslant 0$ 来表示个体以卖出价从专门机构所买到的资产组合；用资产组合 $h_b \in \Re^J$，$h_b \geqslant 0$ 来表示个体以买入价卖给专门机构的资产组合；其中，$h_a \geqslant 0$，$h_b \geqslant 0$。于是，个体的消费资产组合选择问题可表示为：

$$\max_{c_0, c_1, h_a, h_b} u(c_0, c_1) \tag{4.14}$$

s.t.

$$c_0 \leqslant \omega_0 - p_a h_a + p_b h_b \tag{4.15}$$

$$c_1 \leqslant \omega_1 + (h_a - h_b)X \tag{4.16}$$

$$h_b \geqslant 0,\quad h_a \geqslant 0 \tag{4.17}$$

买卖价差可被视作是卖空限制的一种特殊形式。当有买卖价差存在时，个体需要将每一种证券 j 均视作有着不同价格的两种证券：一个的收益为 x_j，价格为 p_{aj}；另一个的收益为 $-x_j$，价格为 $-p_{bj}$。个体在所有的证券上都被施加了 0 卖空限制，即 $h_{aj} \geqslant 0$，$h_{bj} \geqslant 0$。

此时，在买入价格向量 p_b 和卖出价格向量 p_a 下的**强未限制套利（strong unlimited arbitrage）**，指的是同时满足 $h_b \geqslant 0$、$h_a \geqslant 0$ 和 $p_a h_a - p_b h_b < 0$、$(h_a - h_b)X \geqslant 0$ 的资产组合 (h_b, h_a)。而在买入价格向量 p_b 和卖出价格向量 p_a 下的**未限制套利（unlimited arbitrage）**则表示满足 $h_b \geqslant 0$、$h_a \geqslant 0$，并且要么是个强未限制套利，要么另外还要满足 $p_a h_a - p_b h_b = 0$ 与 $(h_a - h_b)X > 0$ 的资产组合 (h_b, h_a)。排除了强未限制套利，就意味着

$$p_{aj} \geqslant p_{bj} \tag{4.18}$$

40 亦即所有证券的买卖价差均为正。为揭示这一点，假设 $p_{bj} > p_{aj}$，于是同时买入、卖出证券 j 便构成了一个强未限制套利。

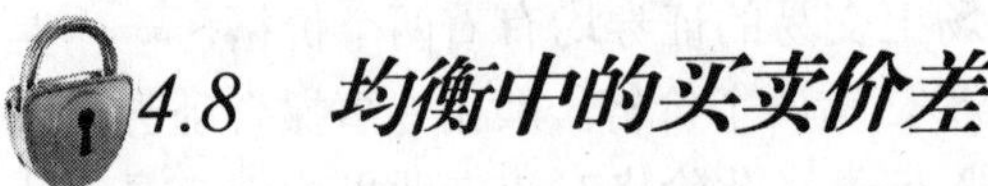

4.8 均衡中的买卖价差

假定共有 I 个个体，其资产组合—消费决策问题与式（4.14）相同。于是报出买入、卖出价，以促成交易实现的专业机构所赚取的利润等于所有证券的交易量与买卖价差之积的总和。我们假定该专业机构将会在 0 期把全部利润都消费掉。

有买卖价差 $\{t_j\}$ 存在时的均衡由以下要素构成：对任意 j 均满足 $p_{aj} - p_{bj} = t_j$ 的证券买入、卖出价 (p_b, p_a)；资产组合配置 $\{h_b^i, h_a^i\}$；对应于资产组合配置 $\{h_b^i, h_a^i\}$、消费计划 c^i 和价格 (p_b, p_a)，并且使得市场出清的消费配置 $\{c^i\}$（该消费配置是个体 i 对选择问题（4.14）的解）。此时，市场出清条件为：

$$\sum_i h_b^i = \sum_i h_a^i \tag{4.19}$$

$$\sum_i c_0^i \leqslant \sum_i \omega_0^i - \sum_j \left[t_j \left(\sum_i h_{bj}^i \right) \right] \tag{4.20}$$

以及

$$\sum_i c_1^i \leqslant \sum_i \omega_1^i \tag{4.21}$$

条件（4.20）反映了这一假设：撮合交易的专业机构会在 0 期将所有的利润都消费掉。市场出清条件（4.20）与（4.21）是由条件（4.19）和预算约束（4.15）、（4.17）得出来的。

在这里，买卖价差是外生给定的。不过，也可以为促成交易的专业机构指定一个目标函数，并据此得出其对买卖价差幅度的最优选择。

例 4.8.1 假定在 1 期时有两个状态；有两个个体，其效用函数相同，即对 $i = 1,2$，均有：

$$u\left(c_0^i, c_1^i, c_2^i\right) = \ln\left(c_0^i\right) + \frac{1}{2}\ln\left(c_1^i\right) + \frac{1}{2}\ln\left(c_2^i\right) \tag{4.22}$$

个体 1 的禀赋为 $(1,2,0)$，个体 2 的禀赋为 $(1,0,2)$。市场上有两种证券可供交易，其收益分别为 $x_1 = (1,0)$ 和 $x_2 = (0,1)$。两个证券的“买卖价差”均外生地设定为 t，即 $p_{1a} - p_{1b} = p_{2a} - p_{2b} = t$。

当$t=0$，即没有买卖价差时，两个个体均会交易 1 个单位的证券 1 和证券 2，进而都能实现无风险消费(1,1,1)。当t严格正时，由于有交易费用存在，个体将无法将其风险完全规避掉。 41

为得出均衡价格和均衡资产组合，我们将个体 1 的资产组合选择问题写成：

$$\max_{h_{1b}^1,h_{2a}^1} \ln(1+p_{1b}h_{1b}^1-p_{2a}h_{2a}^1)+\frac{1}{2}\ln(2-h_{1b}^1)+\frac{1}{2}\ln(h_{2a}^1) \tag{4.23}$$

这个式子意味着个体 1 的资产组合$h_{1a}^1=h_{2b}^1=0$；亦即个体既不会卖出证券 2，也不会买入证券 1。个体 1 的一阶条件为：

$$1+p_{1b}h_{1b}^1-p_{2a}h_{2a}^1=2(2-h_{1b}^1)p_{1b} \tag{4.24}$$

且

$$1+p_{1b}h_{1b}^1-p_{2a}h_{2a}^1=2h_{2a}^1p_{2a} \tag{4.25}$$

经由相似的运算，可以得到个体 2 的一阶条件为：

$$1-p_{1a}h_{1a}^2+p_{2b}h_{2b}^2=2h_{1a}^2p_{1a} \tag{4.26}$$

且

$$1-p_{1a}h_{1a}^2+p_{2b}h_{2b}^2=2(2-h_{2b}^2)p_{2b} \tag{4.27}$$

由于两个状态下的收益、禀赋和效用函数都是对称的，于是均衡价格满足：

$$p_{1b}=p_{2b}\equiv p_b \tag{4.28}$$

$$p_{1a}=p_{2a}\equiv p_a \tag{4.29}$$

而且，这一对称性还隐含着均衡资产组合满足：

$$h_{1b}^1=h_{2b}^2,\qquad h_{2a}^1=h_{1a}^2 \tag{4.30}$$

而市场出清条件（式（4.19））又意味着$h_{1b}^1=h_{1a}^2$，$h_{2a}^1=h_{2b}^2$。与等式（4.30）合起来，便得到了：

$$h_{1b}^1=h_{2a}^1=h_{1a}^2=h_{2b}^2\equiv h \tag{4.31}$$

进一步，还能得出：

$$p_a=p_b+t \tag{4.32}$$

将等式（4.28）、（4.32）代入到等式（4.24）与（4.25）中，有：

$$1-th=2(2-h)p_b \tag{4.33}$$

和

$$1-th=2h(p_b+t) \tag{4.34}$$

等式（4.33）隐含着： 42

$$p_b=\frac{1-th}{2(2-h)} \tag{4.35}$$

将式（4.35）代入式（4.34），得二次方程：

$$2th^2-(3t+1)h+1=0 \tag{4.36}$$

该方程所有的根均为实数根。该方程的根中较小的那个根给出了均衡证券头寸 h。①

当 $t=0$ 时，(h,p_{b}) 的解为 $(1,0.5)$；当 $t=0.01$ 时，(h,p_{b}) 的解为 $(0.990,0.490)$；当 $t=0.1$ 时，(h,p_{b}) 的解为 $(0.892,0.411)$；当 $t=0.5$ 时，(h,p_{b}) 的解为 $(0.5,0.25)$；当 $t=1$ 时，(h,p_{b}) 的解为 $(0.293,0.207)$。因此，正如所预想的：t 的值越大，被交易的证券就越少。 □

我们最好还是把例 4.8.1 中所给出的关于买卖价差对证券价格和交易量的影响的分析，当成一个初步的分析来看待。因为该模型并没有解释买卖价差为何会存在。而在没有对某一经济机构的存在给出合理解释之前，是很难对该机构的影响进行可靠分析的。

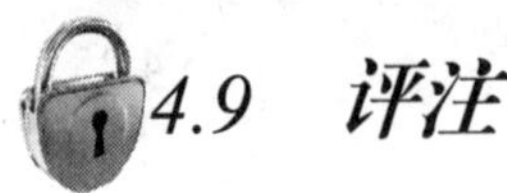

4.9 评注

在 4.4 节中我们用到了术语“冗余证券”，其含义与第 1 章中完全一样。严格来说，在对资产组合施加了某种限制时使用该术语其实是不太恰当的。原因在于：当对资产组合施加了限制之后，即使某一证券的收益可以被其他证券所构成的资产组合复制，也并不表示该证券就是冗余的，因为对资产组合的限制可能会使得这一复制根本就无法实行。在这种情况下，资产组合限制的存在将意味着：如果从模型中删掉一个“冗余”证券，均衡结果便会发生很大的改变。

Hahn[1] 给出了一个存在交易成本和交易限制（trading constraints）时的均衡模型。Glosten and Milgrom[2] 认为当市场交易主体和专事撮合交易的专业机构所掌握的证券收益信息有所差异时，将会产生买卖价差。Foley[3]、Garman and Ohlson[4]、Prisman[5]、Luttmer[6] 和 He and Modest[7] 分析了交易成本和交易限制对证券价格的影响。

参考文献

1．Hahn, F. Equilibrium with transaction costs. Econometrica, 39:417-439, 1971.

2．Glosten, L.R. and Milgrom, P.R. Bid, ask and transaction prices in a specialist model
43 with heterogeneously informed traders. Journal of Financial Economics, 14:71-100, 1985.

3．Foley, D.K. Economic equilibrium with costly marketing. In Ross M. Starr, editor,

① 结合式（4.35）与 0 期消费为负这两个条件，由方程较大的根将会得出 p_{b} 的值为负的结论。该根将由 $t=0$ 时的无穷大渐变为 $t=\infty$ 时的 1.5。

General Equilibrium Models of Monetary Economies. Academic Press, 1989.

4. Garman, M. and Ohlson, J. Valuation of risky assets in arbitrage-free economies with transactions costs. Journal of Financial Economics, 9:271-280, 1981.

5. Prisman, E. Valuation of risky assets in arbitrage free economies with frictions. Journal ofFinance, 41:545-560, 1986.

6. Luttmer, E. Asset pricing in economies with frictions. Econometrica, 64:1439-1467, 1996.

7. He, H. and Modest, D.M. Market frictions and consumption-based asset pricing. Journal of Political Economy, 103:94-117, 1995.

第 2 篇

估值

第 5 章 估价

5.1 引言

在本章和第 6 章中，我们将继续假设个体可以对任意资产组合进行交易，而不受任 47
何限制。正如在第 2 章中一样，证券价格可以由一个将资产张成映射到实数上的收益定价泛函来表示。并且当且仅当证券价格排除了套利（强套利）时，收益定价泛函是一个严格正（正）的线性泛函。而**估价泛函（valuation functional）**指的是收益定价泛函在整个依存权益空间 $\mathfrak{R}^S$ 上的延拓。因此，估价泛函

$$Q:\mathfrak{R}^S \to \mathfrak{R} \tag{5.1}$$

是一个在资产张成 M 上与收益定价泛函相重合（coincide）的线性泛函，亦即：

$$\text{对任意 } z \in M\text{，均有 } Q(z) = q(z) \tag{5.2}$$

估价泛函为所有的依存权益都指定了价格，而不仅仅是收益。我们对严格为正（为正）的估价泛函怀有特殊的兴趣，因为正如在第 3 章中有关完备市场的讨论中所揭示的：若估价泛函严格为正（为正），则证券市场便排除了套利（强套利）。在第 6 章中，将要用到严格为正（为正）的估价泛函，以得出证券价格的一个重要表示形式（important representation）。

下面的简单例子给出了一个正的估价泛函。

例 5.1.1 假设存在两个状态；只有一种证券存在，其收益为 $x_1 = (1,2)$，价格为 $p_1 = 1$。于是，资产张成为 $M = \operatorname{span}\{(1,2)\} = \{(\alpha, 2\alpha) : \alpha \in \mathfrak{R}\}$[①]，收益定价泛函由 $q(\alpha, 2\alpha) = \alpha$ 给出。此时，由 $Q(z) = q_1 z_1 + q_2 z_2$ 所定义的每个泛函 $Q:\mathfrak{R}^2 \to \mathfrak{R}$ 都是正的估价泛函；其中，

---

① $M = \operatorname{span}\{(1,2)\}$ 表示 M 是由向量 $(1,2)$ 张成的空间，后文类同。——译者注

$q_1, q_2 \geqslant 0$，$q_1 + 2q_2 = 1$。 □

5.2 金融学基本定理

48 在均衡状态下，最优消费位于内点（consumption is interior）的个体的边际替代率向量$\partial_1 u/\partial_0 u$定义了一个将每一个依存权益$z \in \Re^S$映射为$(\partial_1 u/\partial_0 u)z$的线性泛函。这一泛函与资产张成上的均衡收益定价泛函相容（特别地，我们有$p_j = (\partial_1 u/\partial_0 u)x_j$，具体参见等式(1.14)）。如果效用函数严格递增（递增），则由边际替代率所给出的泛函严格为正（为正）。当然了，除非市场是完备的，否则不同个体的边际替代率也可能不同，而这将会导致不同个体的估价泛函也不同。

对于任意一种证券价格向量，该如何确定它是否存在严格为正（为正）的估价泛函呢？当证券价格容许套利（强套利）存在时，是不可能存在这样的泛函的，因为此时要么收益定价泛函不存在，要么收益定价泛函并非严格为正（为正）。

接下来就要问一个关键问题了：是否只要证券价格排除了套利，严格为正的估价泛函就必定存在呢？下面的定理给出了答案。

定理 5.2.1（金融学基本定理） 当且仅当存在严格为正的估价泛函时，证券价格排除了套利。

在假定证券价格仅排除了强套利时，我们还能得出一个更弱一些的结论：

定理 5.2.2（较弱形式的金融学基本定理） 当且仅当存在正的估价泛函时，证券价格排除了强套利。

这两个定理的充分性都可以从定理 3.4.2 与定理 3.4.1 中得出，因为存在严格为正（为正）的估价泛函，便蕴涵着存在严格为正（为正）的收益定价泛函，收益定价泛函是对估价泛函的一个限制。本章余下来的内容将用来证明这两个定理的必要性。

通过一次将q延拓一个维度，便可以将收益定价泛函q从资产张成一步一步地延拓到整个商品空间上。第 1 步，可以选择一个不在资产张成上的依存权益$\hat{z}$，并将q延拓到由M和$\hat{z}$张成的线性空间上。这一延拓而成的空间的维数等于M的维数加 1。而对收益定价泛函的延拓，是通过给依存权益$\hat{z}$指定一个价格π而实现的。为确保延拓所得的收益定价泛函依然严格为正（为正），所有大于b的收益的价格都要严格大于（大于）π，而
49 且所有小于b的收益的价格都要严格小于（小于）π，而这一限制也就确定了π所要位于的区间。该延拓乃是由J个收益为$\{x_1, \cdots, x_J\}$、价格为$\{P_1, \cdots, P_J\}$的证券，加上一个收

益为 $\hat{z}$、价格为 π 的证券所构成的证券市场的收益定价泛函。

第 2 步，选择不在第 1 步所得到的 $J+1$ 种证券所张成的空间上的一个依存权益，并进而将收益定价泛函延拓到由第 1 步所得的 $J+1$ 种证券及该依存权益所共同张成的空间上。如此反复操作 $S-J$ 步之后，我们便得到了收益定价泛函在整个商品空间上的延拓。由于每一步延拓的步骤全都相同，因此在这里只详尽地列出了第 1 步。

5.3　依存权益的价值界

现在来定义依存权益 $z \in \Re^S$ 的价值上界（upper bound on the value）和价值下界（lower bounds on the value），它们都可以从 M 中的收益的价格中推断出来。其中，上界

$$q_u(z) \equiv \min_h \{ph : hX \geqslant z\} \tag{5.3}$$

指的是收益优于（dominates）依存权益的资产组合的最低价格。而下界

$$q_l(z) \equiv \max_h \{ph : hX \leqslant z\} \tag{5.4}$$

指的是收益劣于（dominated by）依存权益[①]的资产组合的最高价格。

由下述命题可知，只要不存在强套利，则价值上界与价值下界便与收益定价泛函下的值相重合。

命题 5.3.1　如果证券价格排除了强套利，则对于所有的 $z \in M$，均有 $q_u(z)=q_l(z)=q(z)$。

证明： 由价值界的定义，可以得出：对于任意 $z \in M$，均有 $q_u(z) \leqslant q(z)$，$q_l(z) \geqslant q(z)$。我们假定对部分 $z \in M$，有 $q_u(z) < q(z)$，那么将存在一个使得

$$h'X \geqslant z \tag{5.5}$$

和

$$ph' < q(z) \tag{5.6}$$

均成立的资产组合 h'。

假定 h 是一个使得 $hX = z$ 且 $ph = q(z)$ 的资产组合。那么，资产组合 $h'-h$ 将是一个强 50
套利，而这与我们的假设相矛盾。对 $q_l(z)=q(z)$ 的证明，也可类比而行。 □

下面的两个例子给出了依存权益的价值界不在资产张成上的情形。

例 5.3.2　在例 5.1.1 中，依存权益 $z=(1,1)$ 不在资产张成上。于是有：

---

① 如果 $\{h : hX \geqslant z\}$ 为空，我们便设 $q_u(z)=\infty$。如当 $M=\mathrm{span}\{(1,0)\}$ 且 $z=(1,1)$ 时，这种情况便会发生。类似地，如果 $\{h : hX \leqslant z\}$ 为空，我们便设 $q_l(z)=-\infty$。

$$q_u(z)=\min\{h:(h,2h)\geqslant(1,1)\}=1 \tag{5.7}$$

$$q_l(z)=\max\{h:(h,2h)\leqslant(1,1)\}=\frac{1}{2} \tag{5.8}$$

因此，z 的价值界为1/2和 1。 □

例 5.3.3 假定有两种证券：证券 1 是无风险债券，其收益为 $x_1=(1,1,1)$；证券 2 是收益为 $x_2=(1,2,4)$ 的股票。债券和股票的价格各自为 $p_1=1/2$ 和 $p_2=1$。而市场存量为 0、执行价为 3 的股票买权（call option）的收益为 $z=(0,0,1)$。该买权的收益并不在债券和股票的收益张成上，故而也无法用收益定价泛函来加以定价。

该买权的价值下界由下式决定：

$$\max_{h_1,h_2}(p_1h_1+p_2h_2) \tag{5.9}$$

s.t

$$h_1x_1+h_2x_2\leqslant z \tag{5.10}$$

其中的约束条件隐含着 h_1 和 h_2 满足：

$$h_1+h_2\leqslant 0 \tag{5.11}$$

$$h_1+2h_2\leqslant 0 \tag{5.12}$$

$$h_1+4h_2\leqslant 1 \tag{5.13}$$

采用图解法，很容易便能解出线性规划（5.9）。

也可以这样求解：由于有两个选择变量，因而可以假设对于式（5.9）的解，至少有两个约束条件的两边要同时取等号。若约束条件（5.11）和（5.12）两边取等号，则 $h_1=h_2=0$，此时约束条件（5.13）也正好成立。若约束条件（5.11）和（5.13）两边取等号，则 $h_1=-1/3$，$h_2=1/3$，此时约束条件（5.12）不成立。若约束条件（5.12）和（5.13）两边取等号，则 $h_1=-1$，$h_2=1/2$，此时约束条件（5.11）成立。

51 使得两个约束条件两边相等，并且第三个约束条件也成立的两个点所对应的资产组合的价格均为 0，因此 0 便是该买权的价值下界。

该买权的价值上界由下式决定：

$$\min_{h_1,h_2}(p_1h_1+p_2h_2) \tag{5.14}$$

s.t

$$h_1+h_2\geqslant 0 \tag{5.15}$$

$$h_1+2h_2\geqslant 0 \tag{5.16}$$

$$h_1+4h_2\geqslant 1 \tag{5.17}$$

和求解价值下界一样，当至少有两个约束条件两边同时取等号时，线性规划（5.14）取得最小值。由于约束条件（5.15）、（5.17）是式（5.11）、（5.13）的反向不等式，因而使得至少有两个约束条件两边取等号的点只有一个，此时 $h_1 = -1/3$， $h_2 = 1/3$。该资产组合的价格为 $1/6$。因此，该买权的价值界为 0 和 $1/6$。 □

下面的两个命题给出了价值界 q_l 和 q_u 的重要性质。

命题 5.3.4　如果证券价格排除了强套利，则对于任意依存权益 $z \in \Re^S$，均有 $q_u(z) \geqslant q_l(z)$。

证明：假定存在 $z \in \Re^S$，使得 $q_u(z) < q_l(z)$。则由价值界 q_u 和 q_l 的定义，我们知道，一定存在使得

$$h'X \leqslant z \leqslant h''X \tag{5.18}$$

和

$$ph' > ph'' \tag{5.19}$$

均成立的资产组合 h' 和 h''。于是，资产组合 $h''-h'$ 同时满足 $(h''-h')X \geqslant 0$ 和 $p(h''-h') < 0$。显然该资产组合是个强套利，与假设相矛盾。 □

我们还有：

命题 5.3.5　如果证券价格排除了套利，则任意不在资产张成上的依存权益 z 均满足 $q_u(z) > q_l(z)$。

证明：要想证明本命题，我们只需在命题 5.3.4 的基础上证明对任意 $z \notin M$ 均满足 $q_u(z) \neq q_l(z)$ 即可。假如对某些 $z \notin M$， $q_u(z) = q_l(z)$ 成立，则存在使得 52

$$h'X \leqslant z \leqslant h''X \tag{5.20}$$

和

$$ph' = ph'' = q_u(z) \tag{5.21}$$

均成立的资产组合 h' 和 h''。式（5.20）中的两个弱不等式均不能取等号，因为 z 不在资产张成上，亦即我们无法通过构建资产组合而得到 z。于是，我们有 $(h''-h')X > 0$，$p(h''-h') = 0$。因此资产组合 $h''-h'$ 是一个套利，而这与我们的假设相矛盾。 □

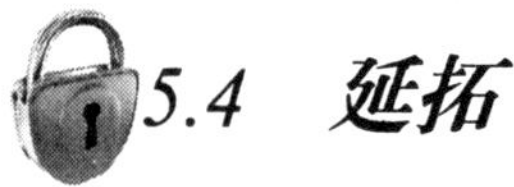

5.4　延拓

在对任何依存权益均给出了价值上界和价值下界之后，我们将转而分析如何用这两类价值界来延拓收益定价泛函。

对于某一依存权益 $\hat{z} \notin M$，将 N 定义为：

$$N = \{z + \lambda\hat{z} : z \in M,\ \lambda \in \Re\} \tag{5.22}$$

因此，N 是 $\Re^S$ 的子空间，它包含了 M 和 $\hat{z}$，其维数等于 M 的维数加 1，并且还是由收益分别为 $\{x_1, \cdots, x_J\}$ 和 $\hat{z}$ 的 $J+1$ 证券所张成的资产张成。

如果不存在强套利（亦即如果收益定价泛函 q 为正），则命题 5.3.4 蕴涵着存在一个满足[①]

$$q_l(\hat{z}) \leqslant \pi \leqslant q_u(\hat{z}) \tag{5.23}$$

的有限值（finite value）π。通过将 $Q: N \to \Re$ 定义为

$$Q(z+\lambda\hat{z}) \equiv q(z) + \lambda\pi \tag{5.24}$$

便将 q 延拓成了一个在 N 上的线性泛函。于是证明了刚刚定义的 Q 就是我们所想要找的 q 的正延拓（positive extension）。

命题 5.4.1 如果 $q: M \to \Re$ 为正，则 $Q: N \to \Re$ 也为正。

证明：令 $y \in N$，则必存在 $z \in M$ 和 $\lambda \in \Re$，使得

$$y = z + \lambda\hat{z} \tag{5.25}$$

53 λ 有三种可能的取值，我们一一对其加以分析。首先，假定 $\lambda > 0$，于是，$y \geqslant 0$ 就蕴涵着：

$$\hat{z} \geqslant -\frac{z}{\lambda} \tag{5.26}$$

如果将 q_l 同时用于不等式（5.26）的两端，并运用定义（5.4）所隐含的 q_l 是个增函数的结论，则上式可化为：

$$q_l(\hat{z}) \geqslant q_l(-\frac{z}{\lambda}) \tag{5.27}$$

由命题 5.3.1 可知，函数 q 和 q_l 在 M 上相重合。又由于 $-z/\lambda \in M$，有 $q_l(-z/\lambda) = q(-z/\lambda)$。因此，不等式（5.27）可进一步化为：

$$q_l(\hat{z}) \geqslant q(-\frac{z}{\lambda}) \tag{5.28}$$

又由于 $\pi \geqslant q_l(\hat{z})$，于是不等式（5.28）意味着要么

$$\pi \geqslant q(-\frac{z}{\lambda}) \tag{5.29}$$

要么

$$q(z) + \lambda\pi \geqslant 0 \tag{5.30}$$

由于不等式（5.30）的左端等于 $Q(y)$，于是有 $Q(y) \geqslant 0$。

如果 $\lambda < 0$，通过应用 q_u 和 $\pi \leqslant q_u(\hat{z})$，类似地，也可以得出 $Q(y) \geqslant 0$。最后，如果 $\lambda = 0$，则有 $y = z$ 和 $Q(y) = q(z)$。综合以上三种情况有：q 为正，便蕴涵着如果 $y \geqslant 0$，则有 $Q(y) \geqslant 0$。

如果不存在套利（亦即 q 严格为正），则命题 5.3.5 蕴涵着 π 满足：

---

① 由无强套利存在的假设，易知：价值上界与价值下界不能同时等于 $+\infty$ 或 $-\infty$。

$$q_l(\hat{z})<\pi<q_u(\hat{z}) \tag{5.31}$$

此时有：

命题 5.4.2 如果$q:M\to\Re$严格为正，则$Q:N\to\Re$。

本命题的证明与命题 5.4.1 的证明一样。

对于价格$\{P_1,\cdots,P_J\}$和π，泛函Q（其定义见于式（5.24））是N上的收益定价泛函。因此，当且仅当该泛函所给出的价格，在由收益为$\{x_1,\cdots,x_J\}$和$\hat{z}$的$J+1$种证券所构成的证券市场上排除了套利（强套利）时，Q在N上严格为正（为正）。

例 5.4.3 在例 5.3.2 中曾定义了 54

$$N=\{z+\lambda\hat{z}:z\in M,\lambda\in\Re\} \tag{5.32}$$

其中，$M=\text{span}\{(1,2)\}$，$\hat{z}=(1,1)$。因此，$N=\Re^2$。对于$\hat{z}$（参见等式（5.7）、式（5.8））的价值π，有如下价值界：

$$\frac{1}{2}\leqslant\pi\leqslant1 \tag{5.33}$$

选择$\pi=3/4$，并通过

$$Q(z+\lambda\hat{z})=q(z)+\frac{3}{4}\lambda \tag{5.34}$$

来定义$Q:N\to\Re$；其中，$z\in M$，$\lambda\in\Re$。鉴于对于满足$z-(\alpha,2\alpha)$的z，均有$q(z)=\alpha$，很容易便能得出：

$$Q(1,0)=\frac{1}{2}\quad 且\quad Q(0,1)=\frac{1}{4} \tag{5.35}$$

进一步还能得出：

$$Q(y_1,y_2)=\frac{1}{2}y_1+\frac{1}{4}y_2 \tag{5.36}$$

因此，Q严格为正。 □

5.5 估价泛函的唯一性

由 5.4 节可知，由收益定价泛函延拓而成的估价泛函未必是唯一的。实际上，正如我们在命题 5.3.5 中所曾证明过的，存在一个π的值的连续统（continuum），其上的值全都是满足延拓条件的估价泛函的取值。完备市场只是其中的一个特例。在完备市场中，资产张成M等同于依存权益空间$\Re^S$，而且收益定价泛函等同于估价泛函。唯有在证券市场是完备市场时，估价泛函才是唯一的。

定理 5.5.1 假定证券价格排除了套利（强套利），则当且仅当存在唯一严格为正（为正）的估价泛函时，证券市场才是完备的。

证明： 该定理的必要性很明显。其充分性亦可由命题 5.3.5（命题 5.3.4）而得出。如果市场是不完备的，则必然存在不在资产张成上的依存权益，并且存在一个该依存权益的非退化（nondegenerate）价值区间，在该区间上可以定义多个不同的严格为正（为正）的估价泛函。 □

55 在 5.1 节中曾指出过：如果证券价格是均衡价格，则任意个体的边际替代率都定义了一个估价泛函。如果市场是不完备的，则不同个体的边际替代率各不相同，对于与不同个体的估价泛函也各不相同。另一方面，如果市场是完备的，则必然存在唯一的估价泛函。进而，所有个体的边际替代率也都相同。

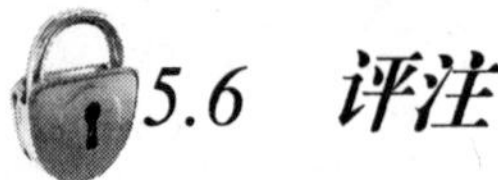

5.6 评注

金融学基本定理一词是由 Dybvig and Ross[1] 提出的。该定理的首次提出和证明出现在 Ross[2、3] 中。Beja[4] 也对其进行了陈述和证明。

将收益定价泛函延拓为估价泛函是由 Clark[5] 提出的。不过，虽然我们的分析是限定在有限维依存权益空间上的，但 Clark 的分析并未限定于此。

参考文献

1．Dybvig, P. and Ross, S.A. Arbitrage. In M. Milgate J. Eatwell and P. Newman, editors, The New Palgrave: A Dictionary of Economics. McMillan, 1987.

2．Ross, S.A. Risk, return and arbitrage. In Irwin Friend and James Bicksler, editors, Risk and Return in Finance. Ballinger, Cambridge, Massachusetts, 1976.

3．Ross, S.A. A simple approach to the valuation of risky streams. Journal of Business, 51:453-475, 1978.

4．Beja, A. The structure of the cost of capital under uncertainty. Review of Economic Studies, 38:359-369, 1971.

5．Clark, S.A. The valuation problem in arbitrage price theory. Journal of Mathematical Economics, 22:463-478, 1993.

第6章

状态价格和风险中性概率

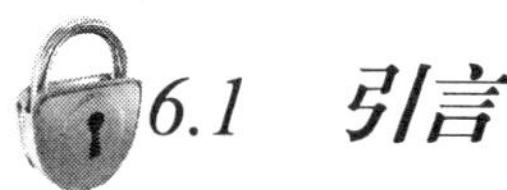

6.1 引言

根据金融经济学基本定理，如果证券价格排除了套利（强套利），则收益定价泛函可 56
被延拓成一个严格为正（为正）的估价泛函。在本章中，我们将揭示每个严格为正（为正）的估价泛函均可表示为一个严格为正（为正）的状态价格向量。而这一状态价格向量可以很方便地作为由证券价格及其所对应的收益值所构成的线性方程组的某一严格为正（为正）的解而被求出。存在严格为正（为正）的状态价格便隐含着不存在套利（强套利）。而状态价格的唯一性则隐含着市场是完备的。

估价泛函也可表示为严格为正（为正）的状态概率。这类概率通常被称为风险中性概率，它们其实是状态价格的简单变形，因而与后者的作用是一样的。在风险中性概率之下，证券价格等于其期望收益在无风险回报下的折现值。

6.2 状态价格

在第 2 章中，在完备市场假设下得出了与给定的证券价格相对应的状态价格。如果市场是完备的，则收益定价泛函 q 是定义在整个依存权益空间 $\Re^S$ 上的。此时，对于每个收益 $z \in \Re^S$，利用状态价格向量 $q = (q_1, \cdots, q_S)$，可以将泛函 q 表示为 $q(z) = qz$。在将收益定价泛函替换为估价泛函之后，第 2 章中的推论可被扩展到不完备市场上。

作为一个 $\Re^S$ 上的线性泛函，估价泛函可以由其在该空间的基向量组上的值所确定。 57
对于每个状态 s，令

$$q_s \equiv Q(e_s) \tag{6.1}$$

其中，e_s 是状态 s 下的状态权益，q_s 是状态 s 的状态价格。如果 Q 严格为正（为正），则每个状态价格 q_s 均严格为正（为正）。

由于每个依存权益 $z \in \Re^S$ 均可被表示为 $z = \sum_s z_s e_s$，于是有：

$$Q(z) = \sum_s z_s Q(e_s) = \sum_s z_s q_s \tag{6.2}$$

或

$$Q(z) = qz \tag{6.3}$$

等式（6.3）为估价泛函 Q 的状态价格表示。它在估价泛函与状态价格之间定义了一个一一对应关系。由于在不完备市场下估价泛函不是唯一的（定理 5.5.1），因而此时的状态价格也不是唯一的。

等式（6.3）给出了一种无须给出某一收益所对应的资产组合，便可对其进行定价的简便方法。只要状态价格已知，则任意收益的价格均能被求解出来。等式（6.3）也适用于不在资产张成上的依存权益，尽管对于这类权益（claim）而言，通过该式求出的值与所采用的状态价格向量具有相关性。正如 5.4 节所揭示的，由金融学基本定理的证明可知，唯有当依存权益落在资产张成上时，由式（6.3）所求出的值才独立于所采用的状态价格向量。

与在完备市场下一样（参见式（2.14）），状态价格也可被看作是线性方程组的解。为揭示这一点，将证券 j 的收益 x_j 代入式（6.3）中。因为 $Q(x_j) = p_j$，有：

$$p_j = qx_j \tag{6.4}$$

或

$$p = Xq \tag{6.5}$$

式（6.5）是式（6.4）的向量－矩阵形式。此时，状态价格即为由 J 个方程所构成的方程组（6.4）的一个解。该方程组中共有 S 个未知变量 q_s。严格正的状态价格是该方程组的一组严格为正的解；而正状态价格则是该方程组的一组正解。如果市场不完备，则收益矩阵 X 的秩将小于 S，此时式（6.4）中的独立方程数比未知变量的个数要少。如果市场是完备的，则状态价格是唯一的。当然了，如果市场不完备，则式（6.4）也可能存在非正解，但它们并不是状态价格。

58 我们有：

定理 6.2.1 当且仅当式（6.5）存在严格正的解时，存在严格正的估价泛函。每一组严格正的解 q 都定义了一个严格正的估价泛函 Q。对于每个 $z \in \Re^S$，该估价泛函都满足 $Q(z) = qz$。

证明： 通过式（6.1）和式（6.5），证明了对应于某一严格正的估价泛函的状态价格是式（6.5）的解。估价泛函的存在性可由以下事实得出：如果 q 是式（6.5）的一个严格正的解，则由 $Q(z) = qz$ 所定义的泛函 Q 必是一个严格正的线性泛函。对于任意 $z \in M$，必定存在一个资产组合 h，使得 $z = hX$，而且有 $Q(z) = qz = hXq = ph$（亦即在 M 上，Q 与定价泛函相重合）。因而，Q 是一个严格正的估价泛函。 □

类似地，有：

定理 6.2.2　当且仅当式（6.5）存在正解时，存在正估价泛函。每一组正解 q 都定义了一个正估价泛函 Q。对于每个 $z \in \Re^S$，该泛函都满足 $Q(z) = qz$。

由定理 6.2.1 和定理 6.2.2 可知，状态价格向量既可被定义为状态权益在估价泛函下的值（参见式（6.1）），也可被定义为式（6.5）的严格为正（为正）的解。于是，金融学基本定理可被重述为：当且仅当存在一个严格为正（为正）的状态价格向量时，证券价格排除了套利（强套利）。

例 6.2.3　在例 5.3.3 中，存在两种证券：一个是收益为 $x_1 = (1,1,1)$，价格为 $p_1 = 1/2$ 的无风险债券；另一个是带有风险的股票，其收益为 $x_2 = (1,2,4)$，价格为 $p_2 = 1$。正状态价格 q_1、q_2、q_3 为：

$$q_1 + q_2 + q_3 = \frac{1}{2} \tag{6.6}$$

和

$$q_1 + 2q_2 + 4q_3 = 1 \tag{6.7}$$

所构成的方程组的正解。将 q_3 视作参数（因为有三个未知变量，却只有两个方程），解出：

$$q_1 = 2q_3,\quad q_2 = \frac{1}{2} - 3q_3 \tag{6.8}$$

由于状态价格必须为正，有 $0 \leqslant q_3 \leqslant 1/6$。如果 $0 < q_3 < 1/6$，则状态价格严格为正。 59
此时，该方程组存在严格为正的解，故而证券价格 $p_1 = 1/2$ 和 $p_2 = 1$ 排除了套利。

值得指出的是，在由 q_1、q_2、q_3 所给出的估价泛函之下，执行价为 3 的证券的看跌期权（买权）的价格即为 q_3。而条件 $0 \leqslant q_3 \leqslant 1/6$ 便是对例 5.3.3 中给出的期权价格的上、下界的精确刻画。 □

6.3　Farkas-Stiemke 引理

无强套利与正状态价格之间的等价关系可由一个著名的数学定理——Farkas-Stiemke 引理直接得出。在资产组合限制下求解状态价格时，这一定理是必不可少的。具体的证明见第 7 章。

设 y 和 a 是 m 维向量，b 是 n 维向量，Y 是一个 $m \times n$ 阶矩阵。于是有：

定理 6.3.1（Farkas 引理）　当且仅当存在 $b \in \Re^n$ 使得

$$y = Yb \quad \text{且} \quad b \geqslant 0 \tag{6.9}$$

时，同时满足

$$aY \geqslant 0 \quad \text{和} \quad ay < 0 \tag{6.10}$$

的 $a \in \Re^m$ 将不存在。

若令 $Y = X$， $y = p$， $a = h$， $b = q$，则 Farkas 引理便意味着无强套利与正状态价格等价。这一结论曾在定理 5.2.2 和定理 6.2.1 中证明过。

无套利与严格为正的状态价格之间的等价可由 Stiemke 引理直接得出，该定理是 Farkas 引理在更加严格的条件（b 严格为正）下的版本。

定理 6.3.2（Stiemke 引理） 当且仅当存在 $b \in \Re^n$ 使得

$$y = Yb \quad \text{且} \quad b >> 0 \tag{6.11}$$

时，同时满足

$$aY \geqslant 0 \quad \text{和} \quad ay \leqslant 0 \tag{6.12}$$

的 $a \in \Re^m$ 将不存在。其中，$aY \geqslant 0$ 与 $ay \leqslant 0$ 中，至少有一个严格不等。

若 $Y = X$， $y = p$， $a = h$， $b = q$，则 Stiemke 引理便意味着无套利与状态价格严格为正相等价。这一结论曾在定理 5.2.1 和定理 6.2.2 中证明过。

6.4 图解表示

60 第 3 章对只有两种证券时的证券价格进行过图解分析，曾得出，当价格向量位于由这两种证券在每个状态下的收益向量所围成的凸锥区域之内时，证券价格排除了强套利。而当证券价格向量落在锥的内部[①]时，证券价格排除了套利。此即为存在严格为正（为正）状态价格时的精确图解分析。如果状态价格 q_s 为正，则式（6.5）表示证券价格向量 p 落在 $\Re^J$ 上由向量组 $x_{.s} = (x_{1s}, \cdots, x_{Js})$ 所围成的锥之内。如果状态价格严格为正，则向量 p 落在锥的内部。

6.5 状态价格和价值界

在 5.4 节中证明金融学基本定理时，曾指出过：对于某一依存权益 z 的任意位于其价值下界 $q_l(z)$ 和价值上界 $q_u(z)$ 之间的值，均可以定义一个正估价泛函，该泛函将 z 映射到

[①] 这里的“之内”和“内部”的区别在于：落在边界上，也算作之内；而内部则不包括锥的两条边。下同。——译者注

这一值上。进而，对于所有的正估价泛函，z 的价值均位于以 $q_l(z)$ 为下极限、$q_u(z)$ 为上极限的区间之内。由于每个估价泛函均有其各自的状态价格表示（6.3），于是在给定的证券价格下，当将所有的正状态价格都应用于 z 时，所求得的价值必是相同的。运用状态价格的这一特征（6.5），可以得出关于上界和下界的另一组表达式：

$$q_u(z)=\max_{q\geqslant 0}\{qz:p=Xq\} \tag{6.13}$$

和

$$q_l(z)=\min_{q\geqslant 0}\{qz:p=Xq\} \tag{6.14}$$

下面的例子揭示了如何运用这两个式子来计算上、下界。

例 6.5.1　例 5.3.2 中的依存权益 (1,1) 的价值界可用式（6.13）与式（6.14）算出。有：

$$q_u(1,1)=\max_{(q_1,q_2)\geqslant 0}\{q_1+q_2:q_1+2q_2=1\} \tag{6.15}$$

和

$$q_l(1,1)=\min_{(q_1,q_2)\geqslant 0}\{q_1+q_2:q_1+2q_2=1\} \tag{6.16}$$

对于该依存权益，其价值的最大值为 1，可在 $q=(1,0)$ 时得到；最小值为 $1/2$，可在 $q=(0,1/2)$ 时得到。 □

例 6.5.2　例 5.3.3 中的依存权益 (1,1) 的价值界也可用式（6.13）与式（6.14）算出。有 61

$$q_u(0,0,1)=\max_{(q_1,q_2,q_3)\geqslant 0}\{q_3:q_1+q_2+q_3=1/2;q_1+2q_2+4q_3=1\} \tag{6.17}$$

和

$$q_l(0,0,1)=\min_{(q_1,q_2,q_3)\geqslant 0}\{q_3:q_1+q_2+q_3=1/2;q_1+2q_2+4q_3=1\} \tag{6.18}$$

于是，最大值为 $1/6$，可在 $q=(1/3,0,1/6)$ 时得到；最小值为 0，可在 $q=(0,1/2,0)$ 时得到。

□

6.6　无风险收益

独立于状态的依存权益是**无风险（risk free）**的。如果市场是完备的，则无风险权益必然在资产张成上。如果市场是不完备的，则难以确定是否能构建出一个有着非零的无风险收益的资产组合。

如果存在没有违约风险的国债，则似乎没理由相信无风险权益会不在资产张成上。然而，名义债券的收益还是会受到通胀风险的影响，因而实际上仍然还是随机的。由于本书的主题不是货币经济学，笔者不打算对通胀风险做出解释，但也无意于将分析仅限于投资者一定能投资于无风险证券的情形。

如果非零的无风险收益落在资产张成上，则所有的无风险收益均在资产张成上。只要一价法则成立，它们的回报便都相同。我们把它称作**无风险回报（no risk return）**，用 $\bar{r}$ 表示。由式（6.2）可知，$\bar{r}$ 满足

$$\bar{r} = \frac{1}{\sum_s q_s} \tag{6.19}$$

6.7 风险中性概率

假设证券价格排除了套利（强套利），而且在资产张成上有一个回报 $\bar{r}$ 严格为正的无风险收益。我们用 q 来表示一个严格正（正）的状态价格向量。对于每个 s，都能定义一个

$$\pi_s^* \equiv \bar{r} q_s = \frac{q_s}{\sum_s q_s} \tag{6.20}$$

由定义可知，π_s^* 严格为正（为正），而且其和等于 1。因而可以很自然地将它们视作概率，称之为**风险中性概率（risk-neutral probability）**。提出这一术语的动机将在第 14 章中揭晓。

在装备（equipped）了风险中性概率之后，可以将状态集 S 视作一个概率空间。进而，
62 1 期的消费计划、证券收益、依存权益等，这些到目前为止被视作有着 S 个分量的向量的变量，现在也都可以看作是概率空间 S 上的随机变量。本书在表示随机变量和其取值时，都不作区分。

我们用 E^* 表示概率 π^* 下的期望。于是，对于某一依存权益 z，有 $E^*(z) = \sum_s \pi_s^* z_s$。进而有：

$$qz = \sum_s q_s z_s = \frac{1}{\bar{r}} \sum_s \pi_s^* z_s = \frac{1}{\bar{r}} E^*(z) \tag{6.21}$$

将式（6.21）代入式（6.4）中，于是对于每种证券 j，都有

$$p_j = \frac{1}{\bar{r}} E^*(x_j) \tag{6.22}$$

式（6.22）表示：证券的价格等于其收益在概率 π^* 下的期望经无风险回报折现之后所得的值。需要强调的是：这里所用到的期望，对应于从状态价格中所求得的概率 π^*，而非对应于个体的主观概率。

式（6.22）也可以表示为回报的形式：

$$\bar{r} = E^*(r_j) \tag{6.23}$$

将式（6.21）代入式（6.3）中，对于每个 $z \in \Re^S$，都有：

$$Q(z)=\frac{1}{\bar{r}}E^{*}(z) \tag{6.24}$$

式（6.24）是估价泛函 Q 在风险中性概率下的表示。而依存权益的价值则等于该权益在风险中性概率下的期望的折现值。

由于风险中性概率只是状态价格的另一种表示，因而它有着状态价格的一切特性：风险中性概率也对应于式（6.22）的严格为正（为正）解；有严格为正（为正）的风险中性概率存在便等价于无套利(强套利)；而存在唯一的风险中性概率则等价于市场是完备的。

用风险中性概率代替状态价格，便可以将依存权益的价值上界和价值下界，即式（6.13）和式（6.14）表示为：

$$q_u(z)=\frac{1}{\bar{r}}\max_{\pi^*}E^{*}(z) \tag{6.25}$$

和

$$q_l(z)=\frac{1}{\bar{r}}\min_{\pi^*}E^{*}(z) \tag{6.26}$$

上述两式中的最大值和最小值，是在取遍了所有的风险中性概率之后求出的。

风险中性概率在多期证券市场中有着十分重要的地位。而对定价关系（6.22）的自然 63
扩展即为证券价格的鞅性质，这一点将在第 26 章中重点讨论。

例 6.7.1　将无风险回报 $\bar{r}$ 乘以状态价格，便能得到例 6.2.3 中的风险中性概率。由 $\bar{r}=2$，可以得到

$$\pi_1^*=2\pi_3^*,\quad \pi_2^*=1-3\pi_3^*,\quad 0\leqslant\pi_3^*\leqslant\frac{1}{3} \tag{6.27}$$

由于状态价格并非唯一，因而风险中性概率也不唯一。

风险中性概率也可由式（6.22）所构成的方程组中求得。该方程组由以下两个方程构成：

$$1=\pi_1^*+\pi_2^*+\pi_3^* \tag{6.28}$$

$$2=\pi_1^*+2\pi_2^*+4\pi_3^* \tag{6.29}$$

□

6.8　评注

状态价格和风险中性概率最早是由 Ross[1、2] 所引入的，对它们的进一步探讨可在 Dybvig and Ross[3] 和 Varian[4] 中找到。Green and Srivastava[5] 分析了状态价格和个体的最优消费计划之间的关系。

笔者提供了两种从证券价格排除了套利或强套利的假设来求状态价格的方法。第一

种方法是通过对收益定价泛函的扩展来实现（参见 5.4 节）；第二种方法则运用了 Farkas-Stiemke 引理（参见 6.3 节）。其实，还有其他求状态价格的方法：其一，通过运用线性规划（linear programming）中的对偶定理（duality theorem）；其二，通过运用超平面分离定理（the separating hyperplane theorem）（可参见 Duffie[6]）。

线性规划中的对偶定理的含义是：线性规划方案（linear program）总是成对出现的，每一个有解的限制条件下的最大化问题必定会对应着另一个有解的限制条件下的最小化问题，而且这两个问题中目标函数的最优值是相同的。无强套利蕴涵着某一规划问题有解，而由对偶定理可知这一规划问题的对偶问题也有解，亦即存在为正的状态价格。6.5 节中曾给出：给定证券价格下的依存权益的价值上界（下界），既可以通过对收益加以最小化（最大化）而求得，也可以通过对状态价格加以最大化（最小化）而求得。其实这一结论，也是对偶定理的结果。

64 与风险收益在风险中性概率下的期望相等的无风险收益，被称作**等价的确定性收益（certainty-equivalent payoff）**。它是一个与风险收益的价格相等的无风险收益。

6.7 节中对风险中性概率的求解是建立在无风险收益落在资产张成上的前提之上的。如果这一前提不成立，则任何股票或资产组合的回报，只要其严格为正，均可用以替代 6.7 节中所用到的无风险回报。把证券 k 的回报用作权重因子（deflator），可以将证券 j 的价格表示为：

$$p_j = \sum_s q_s r_{ks} \frac{x_{js}}{r_{ks}} = \sum_s v_s \frac{x_{js}}{r_{ks}} \tag{6.30}$$

其中，

$$v_s \equiv q_s r_{ks} \tag{6.31}$$

由于 $\sum_s v_s = 1$，因而 v_s 可以当成一个概率来看，进而式（6.30）可被表示为：

$$p_j = E_v\left(\frac{x_j}{r_k}\right) \tag{6.32}$$

这里的概率 v 随着被用作权重因子的证券的不同而不同。如果该证券被替换为另一种证券，则除非这两种证券有着相同的回报，否则，v 也会随之而变。

参考文献

1．Ross, S.A. Risk, return and arbitrage. In Irwin Friend and James Bicksler, editors, Risk and Return in Finance. Ballinger, Cambridge, Massachusetts, 1976.

2．Ross, S.A. A simple approach to the valuation of risky streams. Journal of Business, 51:453-475, 1978.

3．Dybvig, P. and Ross, S.A. Arbitrage. In M. Milgate J. Eatwell and P. Newman, editors, The New Palgrave: A Dictionary of Economics. McMillan, 1987.

4．Varian, H.R. The arbitrage principle in financial economics. Journal of Economic Perspectives, 1:55-72, 1987.

5．Green, R.C. and Srivastava, S.S. Risk aversion and arbitrage. Journal of Finance, 40:257-268, 1985.

6．Duffie, D. Dynamic Asset Pricing Theory, Second Edition. Princeton University Press, Princeton, N. J., 1996.

第 7 章 组合约束下的估价

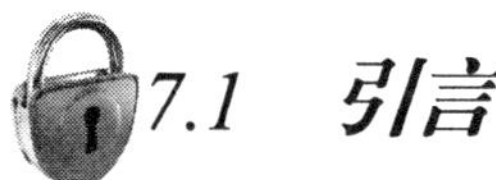

7.1 引言

第 5、6 章中的估价理论是建立在证券市场的线性定价，也可以说是建立在一价法则之上的。第 4 章曾经指出过：当存在资产组合限制时，在均衡状态下，一价法则可能会不成立。本章将揭示：尽管存在卖空限制或买卖价差限制这两类资产组合限制，估价理论在无资产组合限制时所得出的结论在经过某种变形之后依然是成立的。

例如，当且仅当证券价格排除了未限制套利（未限制强套利）时，状态价格严格为正（为正）。于是，可以把是否存在严格正（正）的状态价格作为一个判断是否存在未限制套利（未限制强套利）的简便判别标准。

7.2 卖空约束下的收益定价

与第 4 章中一样，考虑如下形式的卖空限制：对于任意证券 $j \in J_0$，给定一个正数 b_j，使得：

$$h_j \geqslant -b_j \tag{7.1}$$

收益定价泛函，正如第 2 章中所介绍的，在证券价格满足一价法则时是一个单值泛函。如前所述，当存在卖空限制时，只要均衡状态下的强套利是一个限制套利，一价法则便成立（参见例 4.4.1）。因而，当存在卖空限制时，收益定价泛函应该以一种无须事先假定一价法则成立的方式加以定义。此时，对收益价格的最恰当的定义是：在能带来某一收益的各种资产组合中，价格最小的资产组合所对应的价格即为该收益的价格。而效用函数在 0 期递增的个体，总是会选择一个能使其所得收益的成本达到最小的资产组合。

66 我们用 $\tilde{M}$ 表示满足卖空限制（式 7.1）的资产组合的收益集，即：

$$\tilde{M} \equiv \left\{ z \in \Re^S : z = hX, \text{其中} h_j \geqslant -b_j, \forall j \in J_0 \right\} \tag{7.2}$$

将收益定价泛函（**payoff pricing functional**）$\tilde{q}: \tilde{M} \to \Re$ 定义为：

$$\tilde{q}(z) \equiv \min_h \left\{ ph : hX = z, h_j \geqslant -b_j, \forall j \in J_0 \right\} \tag{7.3}$$

其中，当最小值存在时，$z \in \tilde{M}$。

集合 $\tilde{M}$ 是一个凸集，但在一般情况下，它不是一个线性空间。收益定价泛函 $\tilde{q}$ 是一个凸函数，但有可能不是线性泛函。

任何证券的实际价格均大于等于其收益在收益定价泛函下的值。由于不等式可以取严格不等号，因此可能存在一个收益与特定证券的收益相同，但其成本要严格小于该证券的资产组合。

例 7.2.1 在例 4.4.1 中，有三种证券，其收益分别是：$x_1 = (1,1)$，$x_2 = (1,0)$，$x_3 = (0,1)$。当对于任意证券 j，个体所持有的头寸均被限制为 $h_j \geqslant -1$ 时，均衡价格为：$p_1 = 3/4$，$p_2 = p_3 = 1/2$。与这一均衡价格相对应的收益定价泛函可由以下最小化问题给出：

$$\tilde{q}(z_1, z_2) = \min_h \left\{ \frac{3}{4} h_1 + \frac{1}{2} h_2 + \frac{1}{2} h_3 \right\} \tag{7.4}$$

s.t.

$$h_1 + h_2 = z_1, \quad h_1 + h_3 = z_2, \tag{7.5}$$

$$h_1 \geqslant -1, \quad h_2 \geqslant -1, \quad h_3 \geqslant -1 \tag{7.6}$$

其中，$(z_1, z_2) \in \tilde{M}$，而 $\tilde{M}$ 则由所有满足式（7.5）与式（7.6）的资产组合 $h = (h_1, h_2, h_3)$ 的收益 (z_1, z_2) 构成。用式（7.5）约去式（7.4）中的 h_2 和 h_3，该式便化为：

$$\tilde{q}(z_1, z_2) = \min_h \left\{ \frac{1}{2} z_1 + \frac{1}{2} z_2 - \frac{1}{4} h_1 \right\} \tag{7.7}$$

上述问题的限制条件依然是式（7.5）和式（7.6）。如果 $z_1 \geqslant z_2$，则式（7.7）中的最小值可在 $h_1 = z_2 + 1$，$h_2 = z_1 - z_2 - 1$ 且 $h_3 = -1$ 时取到。如果 $z_1 < z_2$，则最小值可在 $h_1 = z_1 + 1$，$h_2 = -1$ 且 $h_3 = z_2 - z_1 - 1$ 时取到。合并起来，有：

$$\tilde{q}(z_1, z_2) = \frac{1}{2} z_1 + \frac{1}{2} z_2 - \frac{1}{4} \min\{z_1, z_2\} - \frac{1}{4} \tag{7.8}$$

此时，泛函 $\tilde{q}$ 是非线性的。

67 请注意，此时所有证券收益（在 $\tilde{q}$ 之下）的价格均严格小于该证券的价格。例如，$\tilde{q}(x_1) = 1/2 < 3/4 = p_1$。 □

如果一价法则成立，则在 $\tilde{M}$ 上，收益定价泛函 $\tilde{q}$ 与第 2 章中所定义的泛函 q 相重合，

且该泛函在 $\tilde{M}$ 上是线性的。而且如果不存在冗余证券（亦即每一收益均对应于唯一的资产组合），则 $\tilde{q}$ 还将是线性的。

当 u 是 c_0 的增函数时，运用收益定价泛函，可以将个体的消费选择问题（4.3）～（4.6）改写为：

$$\max_{c_0, c_1, z} u(c_0, c_1) \tag{7.9}$$

s.t.

$$c_0 \leqslant \omega_0 - \tilde{q}(z) \tag{7.10}$$

$$c_1 \leqslant \omega_1 + z \tag{7.11}$$

$$z \in \tilde{M} \tag{7.12}$$

因而，在做出资产组合－消费决策时，个体是在使用收益定价泛函对收益进行评价。当不存在资产组合限制时，关于个体消费－资产组合选择问题的这一表述与 2.6 节中所给出的表述是相一致的。

 7.3　卖空约束下的状态定价

尽管当存在卖空限制时，收益定价泛函可能会失去其线性和正性，但只要证券价格排除了未限制套利，便存在正的状态价格，该价格满足式（6.5）在更弱形式下的变形。因此，正状态价格的存在性给出了一个排除了未限制套利的证券价格的有用特征。

定理 7.3.1　当存在卖空限制时，当且仅当存在满足

$$p_j \geqslant x_j q, \quad \forall j \in J_0 \tag{7.13}$$

与

$$p_j = x_j q, \quad \forall j \notin J_0 \tag{7.14}$$

的正向量 $q \in \Re^S$ 时，证券价格 p 排除了未限制强套利。

证明：用 J_0 表示集合 J_0 中的证券种数。用 Y 表示一个由 $J \times S$ 阶的收益矩阵 X 扩展而成的 $J \times (S + J_0)$ 阶矩阵，该矩阵中的列向量 J_0 各自对应于集合 J_0 中一种证券。对于任
意 $j \in J_0$，Y 中的第 $S + j$ 列是一个 J 维向量，该向量的第 j 个分量等于 1，其余分量均为 68
0。用 K_0 表示由这 J_0 列向量所构成的矩阵，可以将 Y 表示为：

$$Y = [X\ K_0] \tag{7.15}$$

于是，不等式 $hY \geqslant 0$ 等价于

$$hX \geqslant 0 \tag{7.16}$$

且

$$\text{对于所有的 } j \in J_0\text{，均有 } h_j \geqslant 0 \tag{7.17}$$

因此，$hY \geqslant 0$ 且 $ph < 0$ 等价于 h 是一个未限制强套利资产组合。由 Farkas 引理 6.3.1 可知，不存在同时满足 $hY \geqslant 0$ 与 $ph < 0$ 的 h 便等价于存在一个满足

$$p = Yb \ \text{ 且 } \ b \geqslant 0 \tag{7.18}$$

的向量 $b \in \Re^{S+J_0}$。将向量 $b = (q, \varepsilon)$ 拆分为 $q \in \Re^s$ 和 $\varepsilon \in \Re^{J_0}$ 二向量。应用式（7.15），便可以将等式（7.18）改写为：

$$p_j = x_j q\text{，其中 } j \notin J_0 \tag{7.19}$$

和

$$p_j = x_j q + \varepsilon_j\text{，其中 } j \in J_0 \tag{7.20}$$

由于 $q \geqslant 0$ 且 $\varepsilon_j \geqslant 0$，于是式（7.19）与式（7.20）等价于不等式（7.13）和式（7.14）。

□

定理 7.3.1 的更为严格的版本如下：

定理 7.3.2 当且仅当存在使得：

$$\text{对于 } \forall j \in J_0\text{，有 } p_j \geqslant x_j q \tag{7.21}$$

且

$$\text{对于 } \forall j \notin J_0\text{，有 } p_j = x_j q \tag{7.22}$$

的严格为正的向量 $q \in \Re^s$ 时，证券价格 p 不存在未限制套利。

该定理的证明请参见 7.6 节（本章的评注）。

任何满足条件（7.21）和（7.22）的为正或严格为正的向量 q，均可作为卖空限制下的状态价格向量。由式（7.22）可知，无卖空限制证券的价格等于其在状态价格下的收益。
69 而对于受卖空限制约束的证券，其价格要大于状态价格下的收益值。

由卖空限制下的一阶条件（4.7）可知，对于具有严格递增效用函数和最优内点消费解的个体而言，其边际替代率向量恰好是严格正的状态价格向量中的一个。

如果存在无风险证券，且该证券不存在卖空限制，则无风险回报将满足 $\bar{r} = 1/\sum_s q_s$。此时风险中性概率 π^* 可由 $\pi_s^* = \bar{r} q_s$ 定义，其原理与 6.7 节中所分析的无资产组合限制时的情形一样。采用风险中性概率，可以将条件（7.21）和（7.22）改写为：

$$p_j \geqslant \frac{1}{\bar{r}} E^*(x_j) \quad , \quad \forall j \in J_0 \tag{7.23}$$

和

$$p_j = \frac{1}{\bar{r}} E^*(x_j)\text{，} \quad \forall j \notin J_0 \tag{7.24}$$

因此，虽然无卖空限制的证券的价格等于该证券的期望收益（收益对风险中性概率求得的期望收益）在无风险回报率下的折现值，但受卖空限制的证券的价格却要高于其期望收益在无风险回报率下的折现值。

有一点应该引起重视：存在卖空限制时的状态价格通常与无卖空限制时因不存在资产组合限制而存在的阿罗证券的价格关系不大，定理 7.5.5 意味着状态价格仅给出了阿罗证券价格的下界。并且，这里的正线性泛函可通过定义在依存权益空间 $\mathfrak{R}^S$ 上的 $z \mapsto qz$，而由一个正状态价格向量给出。一般情况下，它并不与定义在集合 $\tilde{M}$ 上的收益定价泛函 $\tilde{q}$ 相重合。因此，它也并不是在第 5 章中所提出的估价泛函。

例 7.3.3　在例 7.2.1 中，证券价格 $p_1 = 3/4$，$p_2 = p_3 = 1/2$ 是卖空限制下的均衡价格。因此，这些价格排除了未限制套利。这时，严格正的状态价格全都是满足：

$$\frac{1}{2} \geqslant q_2 > 0，\ \frac{3}{4} \geqslant q_1 + q_2，\ \frac{1}{2} \geqslant q_1 > 0 \tag{7.25}$$

的向量 (q_1, q_2)。请注意，在这里，状态 1 下的阿罗证券的交易价格为 $1/2$。但状态 1 的状态价格区间却是 $1/2 \geqslant q_1 > 0$。 □

7.4　图解表示

第 4 章中给出了两个受到了卖空限制的证券价格的图解分析。如果仅对证券 2 施加 70
卖空限制，则排除了未限制套利的价格所构成的集合，位于由所有状态下的证券收益向量所构成的凸锥（convex cone）的北边区域。这与将要进行的正状态价格的存在性的图解分析是一样的。无卖空限制的证券 1 所满足的等式（7.14）和有卖空限制的证券 2 所满足的等式（7.13），意味着一定会存在一种证券价格向量，其第二坐标（second coordinate）要优于由证券收益向量所构成的凸锥中的某些向量。

如果证券 1 和证券 2 均受到了卖空限制，则任何一个正证券价格向量均排除了未限制套利。而这也是对这两种证券所满足的不等式（7.13）的图解分析。

7.5　买卖价差

我们还可以进一步将卖空限制下的估价分析用于分析具有买卖价差的证券市场。正如在 4.7 节所解释过的，如果将每一证券 j 的买入价（bid price）p_{bj} 和卖出价（ask price）

p_{aj} 均视作两个具有单一价格的两种证券[①]的话，买卖价差问题就可以视作是卖空限制下的一类特殊情形。而对买卖价差的分析，只是在前面所提出的卖空限制分析在卖空上界为 0 时的一个应用而已。

这里的收益集可由在买卖价差之下与资产张成 M 相容的任意资产组合产生，而且它是 M 的一个线性子空间。对于 $z \in M$，收益定价泛函 $\tilde{q}$ 可由下式给出：

$$\tilde{q}(z) = \min_{h_a, h_b}\{p_a h_a - p_b h_b : (h_a - h_b)X = z, h_a \geqslant 0, h_b \geqslant 0\} \tag{7.26}$$

由此可见，对于任意 $z, z' \in M$ 和 $\lambda \geqslant 0$，$\tilde{q}$ 都满足：

$$\tilde{q}(z + z') \leqslant \tilde{q}(z) + \tilde{q}(z') \tag{7.27}$$

和

$$\tilde{q}(\lambda z) = \lambda \tilde{q}(z) \tag{7.28}$$

式（7.27）和式（7.28）表明收益定价泛函 $\tilde{q}$ 在 M 上具有**次线性（sublinear）**。

例 7.5.1 在例 4.8.1 中，存在两种证券，其收益分别为 $x_1 = (1,0)$ 和 $x_2 = (0,1)$。而卖
71 出价 $p_{a1} = p_{a2} = 0.75$ 和买入价 $p_{b1} = p_{b2} = 0.25$ 则是当买卖价差为 0.5 时的均衡价格。

由于此时资产张成 M 等于 $\mathfrak{R}^2$，均衡证券价格所对应的收益定价泛函，可通过对任何 $z = (z_1, z_2) \in \mathfrak{R}^2$ 求解一个最小化问题而得出。这一最小化问题为：对于 $(z_1, z_2) \in \mathfrak{R}^2$，求解

$$\min_{h_a, h_b}(0.75h_{a1} - 0.25h_{b1} + 0.75h_{a2} - 0.25h_{b2}) \tag{7.29}$$

s.t.

$$h_{a1} - h_{b1} = z_1, \quad h_{a2} - h_{b2} = z_2 \tag{7.30}$$

$$h_{a1} \geqslant 0, \quad h_{b1} \geqslant 0, \quad h_{a2} \geqslant 0, \quad h_{b2} \geqslant 0 \tag{7.31}$$

进而有：

$$\tilde{q}(z_1, z_2) = 0.75\max\{z_1, 0\} - 0.25\min\{z_1, 0\} + 0.75\max\{z_2, 0\} - 0.25\min\{z_2, 0\} \tag{7.32}$$

由于对于 $s = 1,2$，上式中的 $0.75\max\{z_s, 0\} - 0.25\min\{z_s, 0\}$ 关于 z_s 都满足次线性（而非线性），因而泛函 $\tilde{q}$ 也具有次线性。 □

由于买卖价差所隐含的卖空限制的卖空下界为 0，因而当且仅当收益定价泛函为正时，买入证券和卖出证券的价格 (p_b, p_a) 排除了强未限制套利。亦即对于任意 $z \geqslant 0$，都有 $\tilde{q}(z) \geqslant 0$。进而，当且仅当收益定价泛函 $\tilde{q}$ 严格为正时，买入、卖出价格 (p_b, p_a) 排除了未限制套利。请注意，例 7.5.1 中的收益定价泛函是严格正的。

另一方面，排除了强未限制套利的买入、卖出价格也可以由正状态价格的存在性来描述。

[①]其中一个的收益为 x_j，价格为 p_{aj}；另一个的收益为 $-x_j$，价格为 $-p_{bj}$；而且这两种证券的最大卖空数量均为 0。

定理 7.5.2　当且仅当对于任意证券 j，均存在满足

$$p_{\mathrm{a}j} \geqslant x_j q \geqslant p_{\mathrm{b}j} \tag{7.33}$$

的正向量 $q \in \Re^S$ 时，证券的买入、卖出价格 $(p_{\mathrm{b}}, p_{\mathrm{a}})$ 排除了强未限制套利。

证明： 正如上文所揭示的，我们可以将买卖价差看作卖空限制的一类特殊情形：将任意证券均视作两种证券，它们具有不同的价格，且最大卖空上限为 0。应用定理 7.3.1，我们有：排除了强未限制套利便等价于对于任意证券，存在满足

$$p_{\mathrm{a}j} \geqslant x_j q \tag{7.34}$$

和

$$-p_{\mathrm{b}j} \geqslant -x_j q \tag{7.35}$$

的向量 $q \in \Re^S$；其中 $q \geqslant 0$。将不等式（7.34）和式（7.35）合并，即可得出不等式（7.33）。

□

下面是定理 7.5.2 的更严格版本： 72

定理 7.5.3　当且仅当对于任意证券 j，都存在满足

$$p_{\mathrm{a}j} \geqslant x_j q \geqslant p_{\mathrm{b}j} \tag{7.36}$$

的严格正向量 $q \in \Re^S$ 时，证券的买入、卖出价格 $(p_{\mathrm{b}}, p_{\mathrm{a}})$ 排除了未限制套利。

任何满足不等式（7.33）的为正或严格为正的向量 q，均可被指定为存在买卖价差时的状态价格向量。如果存在无风险证券，并且该证券也具有相同的买入、卖出价格，则无风险收益将满足 $\bar{r} = 1\big/\sum_s q_s$，此时风险中性概率 π^* 可通过 $\pi_s^* = \bar{r} q_s$ 来定义。对于任意证券 j，运用风险中性概率，可以将不等式（7.33）改写为：

$$p_{\mathrm{a}j} \geqslant \frac{1}{\bar{r}} E^*(x_j) \geqslant p_{\mathrm{b}j} \tag{7.37}$$

因此，在对风险中性概率求期望时，某一证券对无风险回报折现所得的期望收益，总是介于该证券的买入价格和卖出价格之间。

例 7.5.4　在例 7.5.1 中，卖出价格 $p_{\mathrm{a}1} = p_{\mathrm{a}2} = 0.75$ 和买入价格 $p_{\mathrm{b}1} = p_{\mathrm{b}2} = 0.25$ 排除了套利。严格为正的状态价格是由满足不等式（7.33）的严格为正的数值组成的向量 (q_1, q_2)。此时，有：

$$0.75 \geqslant q_1 \geqslant 0.25\text{，}\quad 0.75 \geqslant q_2 \geqslant 0.25 \tag{7.38}$$

□

任何严格为正（为正）的状态价格 q，均可通过 $z \mapsto qz$ 而在依存权益空间 $\Re^S$ 上定义一个严格为正（为正）的线性泛函。再次强调，这里的泛函并非第 5 章中所说的估价泛函。不过，它也为收益定价泛函 $\tilde{q}$ 给出了一个在资产张成 M 上的下界。

定理 7.5.5 对于任意收益，对于任意一个有买卖价差存在时的正状态价格向量，我们都有：

$$\tilde{q}(z) \geqslant qz \tag{7.39}$$

73 **证明**：以(h_a, h_b)来表示满足$(h_a - h_b)X = z$和$h_a \geqslant 0$、$h_b \geqslant 0$的任意资产组合。运用不等式（7.33）有：

$$(p_a h_a - p_b h_b) \geqslant h_a Xq - h_b Xq = qz \tag{7.40}$$

通过在不等式（7.40）的左端对(h_a, h_b)取最小值，便能得出$\tilde{q}(z) \geqslant qz$。 □

如果存在一个买入价和卖出价相同的无风险证券，则风险中性概率π^*可定义为$\pi_s^* = \bar{r} q_s$，此时对于任意$z \in M$，不等式（7.39）可被改写为：

$$\tilde{q}(z) \geqslant \frac{1}{\bar{r}} E^*(z) \tag{7.41}$$

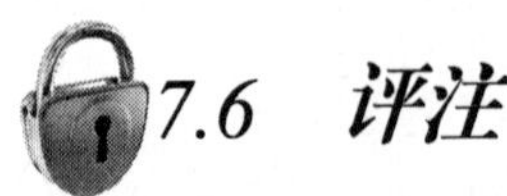

7.6 评注

定理 7.3.2 的证明与定理 7.3.1 相类似。相比之下，这里得运用 Farkas 引理的更为严格的版本才行。不过，这个严格版本不是 Stiemke 引理（6.3.2），但也同样与 Farkas 引理微微有些不同。

为了揭示这一点，来看一下在定理 7.3.1 的证明中，用 Stiemke 引理替换 Farkas 引理时所给出的等价关系：当且仅当不存在使（1）$hX \geqslant 0$、（2）$ph \leqslant 0$、（3）对于任何$j \in J_0$都有$h_j \geqslant 0$之中至少有一个取严格不等号的资产组合h时，存在 q>>0，使得对于所有的$j \notin J_0$均有$p_j = x_j q$，对于所有的$j \in J_0$均有$p_j > x_j q$。这与定理 7.3.2 中所给出的等价关系是有区别的。因为证券价格排除了未限制套利的条件是：不存在同时满足（1）、（2）、（3）的资产组合h，并且（1）、（2）之中至少有一个取严格不等号。不过，也有一个版本的 Farkas 引理可用于证明定理 7.3.2，你可以从 Luenberger[1] 中找到。

Garman and Ohlson[2] 提出了具有买卖价差的证券市场依然存在着正状态价格。7.2 节中所定义的收益定价泛函是由 Prisman[3] 引入的。Ross[4] 研究了税收对证券市场排除套利的影响。在所谓的锥约束下（亦即当个体的可行资产组合的集合构成一个凸锥时，如在最大卖空量为零或存在买卖价差时），关于估价和状态价格的存在性的一般结论可从 Luttmer[5] 和 Jouini and Kallal[6] 中找到。

另外，Luttmer 和 He and Modest[7] 检查了证券市场的资产组合限制对现实金融市场的影响。

参考文献

1. Luenberger, D.G. Optimization by Vector Space Methods. Wiley, New York, 1969. 74

2. Garman, M. and Ohlson, J. Valuation of risky assets in arbitrage-free economies with transactions costs. Journal of Financial Economics, 9:271-280, 1981.

3. Prisman, E. Valuation of risky assets in arbitrage free economies with frictions. Journal ofFinance, 41:545-560, 1986.

4. Ross, S.A. Arbitrage and martingales with taxation. Journal of Political Economy, 195:371-393, 1987.

5. Luttmer, E. Asset pricing in economies with frictions. Econometrica, 64:1439-1467, 1996.

6. Jouini, E. and Kallal, H. Martingales and arbitrage in securities markets with transaction costs. Journal of Economic Theory, 66:178-197, 1995.

7. He, H. and Modest, D.M. Market frictions and consumption-based asset pricing. Journal of Political Economy, 103:94-117, 1995.

第 3 篇

风险

第 8 章 期望效用

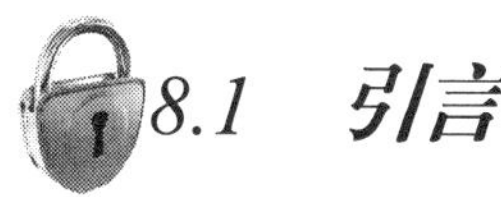

8.1 引言

截止到目前，我们都一直在最一般的形式下处理关于不确定消费计划的偏好问题：我们仅假定在可得消费集之上存有一个效用函数而已。但处理不确定条件下的偏好问题的经典模型却是期望效用模型（the expected utility model）。期望效用有着一个公理化基础（axiomatic foundations），它为分析个体对风险的态度提供了一个完整的框架。因此，期望效用在资产组合分析中始终处在核心的位置。

在本章中，假定个体的效用函数中不包含时期 0 的消费（8.8 节除外）。还假定了对可行状态依存消费计划（admissible state-contingent consumption plans）不存在任何的约束，因此效用函数定义在整个时期 1 的消费空间（consumption space）之上。不过，在个体的可行消费计划被限定为正时，本章所给出的结论也依然是成立的。

8.2 期望效用

如果存在函数 $v_s:\Re\to\Re$（每个状态 s 对应着一个函数）和 S 上的概率测度（probability measure）π，使得

$$\text{当且仅当}\sum_{s=1}^{S}\pi_s v_s(c_s)\geqslant\sum_{s=1}^{S}\pi_s v_s(c_s')\text{时，有}\ u(c_1,\cdots,c_S)\geqslant u(c_1',\cdots,c_S') \tag{8.1}$$

我们就说该个体的效用函数 $u:\Re^S\to\Re$ 在状态依存消费计划上具有**状态依赖期望效用表示（state-dependent expected utility representation）**。而如果函数 v_s 在所有状态上均具有相同的形式，就说效用函数 u 具有**状态独立期望效用表示（stae-independent expected utility**

representation）。亦即对于概率测度 π 和函数 $v:\Re\to\Re$，当且仅当

$$\sum_{s=1}^{S}\pi_s v(c_s)\geqslant\sum_{s=1}^{S}\pi_s v(c_s') \text{时，有} u(c_1,\cdots,c_S)\geqslant u(c_1',\cdots,c_S') \tag{8.2}$$

78 在本章和后续章节中，“期望效用”均指“状态独立期望效用”。而将式（8.2）中的期望效用函数称作**冯·诺依曼－摩根斯坦期望效用函数（von Neumann-Morgenstern utility function）**。

式（8.1）中的状态依赖期望效用中的概率测度并无固定形式，可以在函数 v_s 和效用 u 中任意采用不同的概率测度。因此，除 u 具有可分可加性（has an additively seperable representation）之外，式（8.1）什么都没说。

与此相反，式（8.3）中的状态独立期望效用中的概率测度是唯一的。冯·诺依曼－摩根斯坦期望效用函数 v 在严格递增的仿射变换（affine transformation）下具有唯一性。亦即：当把 v 替换为 $a+bv$ 时，u 所对应的偏好顺序并不会发生改变；其中，a、b 为常量，且 $b>0$。

在对期望效用表示（8.2）装备了（equipped）概率测度 π 之后，状态集 S 可以被当成是一个概率空间。进而，状态依存消费计划可被看作是随机变量。而随机变量在概率测度 π 下的期望值可以表示为 E_π；在对所依据的概率测度不存在误解的情况下，也可以简单地表示为 E。式（8.2）所对应的期望效用可记作 $E[v(c)]$。

在条件（8.1）和（8.2）下，个体在某两个状态下的消费的边际替代率均独立于其在其他状态下的消费。当在确定环境下对大量的商品做出选择时，如果假定某两个商品的边际替代率独立于个体对其他商品的消费量的话，那就显得太过严格了。但本书所及的决策环境中做出这一假设，还是非常合理的，因为：如果某一状态发生了，那么，其他的状态便不会发生。

8.3 冯·诺依曼－摩根斯坦期望效用

冯·诺依曼（von Neumann）和摩根斯坦（Morgenstern）最先给出了不确定条件下的偏好的期望效用表示。他们假定个体进行抽奖（lottery）选择。一次抽奖被定义为一个具有特定的收益和相应的概率的随机变量。

冯·诺依曼－摩根斯坦期望效用所依据的关键假设是：假定所有个体都知道相应的概率。因而，他们的方法类似于假定存在客观概率时的随机游戏。而在以“奈特式的不确定性”（Knightian uncertainty）而著称的条件下，个体无法知道确切的概率分布。此时，冯·诺依曼－摩根斯坦期望效用便不再适用了，因为此时个体并不能将可能的选择机会视作抽奖。

8.4 萨维奇期望效用

萨维奇（Savage）的主观期望效用理论，则将不确定条件下的偏好的期望效用视作 79
对状态依存产出（state-contingent outcome）的选择的目标，而非抽奖。萨维奇的方法和冯·诺依曼－摩根斯坦的方法的区别在于：在萨维奇的方法下，概率是内在决定的，而非由外部给定的。并且萨维奇还证明了：如果个体在状态依存产出上的偏好满足特定的公理的话，那么其效用函数就可以通过期望效用来表示，此时概率和效用函数均可由对产出的给定排序而给出。

因此，相比于冯·诺依曼－摩根斯坦的方法，萨维奇的方法能免受“个体可能并不知道相应的概率”的反对声的困扰。如果个体的选择具有一致性（亦即遵从萨维奇公理），那么，他们就会在行动上表现得好像已经知道了具体的概率一样，而这也是经济学所唯一关心的。而这样的一些概率，作为主观概率，对不同的个体而言，当然也会各不相同。

在我们看来，萨维奇的期望效用也有它的缺陷。它需要有无限个状态。这与我们在本书中所采用的有限数量状态不合。不过，我们给出了一个可用于有限数量状态的公理体系，以作为萨维奇公理体系的替代。

8.5 状态依存期望效用的公理化

要想使个体的效用函数具有状态依赖期望效用表示（state-dependent expected utility representation），所需的第一条公理是**独立性公理（independence axiom）**。独立性公理的含义是：对于所有的c，$d \in \Re^S$ 和 y，$w \in \Re$，

$$\text{当且仅当 } u(c_{-s}w) \geqslant u(d_{-s}w) \text{ 时，有 } u(c_{-s}y) \geqslant u(d_{-s}y) \tag{8.3}$$

在这里，$c_{-s}y$ 表示将状态 s 下的消费 c_s 替换为 y 所构成的消费计划 c 。

独立性公理表示：如果将 y 替换为 w，并不会影响 $c_{-s}y$ 和 $d_{-s}y$ 之间的偏好关系，这对任意的 c、d、y 和 w 均成立。也就是说，独立性公理意味着：状态 s 下的消费水平的变化并不会影响到其他状态下的消费，从而带来偏好的转变。

假定 u 是连续且严格递增的，我们有：

定理 8.5.1 假定至少存在三个状态，即 $S \geqslant 3$。则当且仅当效用函数 u 遵从独立性公 80
理时，u 才可以用状态依赖期望效用表示。

证明：很容易验证，状态依赖期望效用函数满足独立性公理。对该定理的充分性证明这里暂不给出。 □

下面给出一个效用函数不满足独立性公理，因而也无法用状态依赖期望效用表示的例子。

例 8.5.2 考虑由$u(c_1,c_2,c_3)=c_1+\sqrt{c_2c_3}$所给出的效用函数$u:\Re_+^3\to\Re$。由于$u(2,1,1)>u(0,1,4)$，如果满足独立性公理，则对任意$w\geqslant 0$，均有$u(2,w,1)>u(0,w,4)$。然而，对于$w=25$，我们有$u(2,25,1)<u(0,25,4)$。因此，$u$不具有状态依赖期望效用表示。

□

在只有两个状态的情况下，定理 8.5.1 的充分性将不成立。在这种情况下，每个在$\Re^2$上的严格递增的效用函数u均满足独立性公理。因为此时，无论y的值是多少，当且仅当$c_1\geqslant d_1$时，$u(c_1,y)\geqslant u(d_1,y)$。然而在只有两个状态时，并非每个状态依存消费方案都可以表示为状态依赖期望效用的形式。两个状态下的状态依赖期望效用所需要的公理，可以从本章评注中所提到的文献中找到。

8.6 期望效用的公理化

加强版本的独立性公理意味着偏好具有状态独立期望效用表示，该公理又被称为**基数一致独立性公理（cardinal coordinate independence axiom）**。为了便于理解该公理，假定c和d是两个消费计划，它们满足：

$$u(c_{-s}y)\leqslant u(d_{-s}w) \tag{8.4}$$

因而，包含了w的消费计划要优于包含了y的消费计划。现在假设如果将y替换为y'，将w替换为w'，偏好发生了逆转：

$$u(c_{-s}y')\geqslant u(d_{-s}w') \tag{8.5}$$

进一步考虑另外两个分别在状态t下包含了消费y和w的消费计划c'和d'，此时$c'_{-t}y$优于$d'_{-t}w$：

$$u(c'_{-t}y)\geqslant u(d'_{-t}w) \tag{8.6}$$

81 则基数一致独立性公理表示如果将y和w替换为y'和w'，式（8.6）中的偏好关系依然成立：

$$u(c'_{-t}y')\geqslant u(d'_{-t}w') \tag{8.7}$$

而这一结论对任意的s、t、c、d、c'、d'、w、w'、y和y'均成立。

基数一致独立是一个比独立性更强的假设。这一点很值得加以一证。

推论 8.6.1　基数一致独立蕴涵着独立。

证明：设定 $c=d$，将不等式（8.4）和（8.5）中的 d 全替换为 c；设定 $y=w$，将不等式（8.4）和（8.6）中的 y 全替换为 w；设定 $y'=w'$，将不等式（8.5）和（8.7）中的 y' 全替换为 w'。这样，不等式（8.4）和（8.5）就变得不再重要了（因为它们的两端显然相等）。而不等式（8.6）和（8.7）则变为了：

$$u(c'_{-t}w) \geqslant u(d'_{-t}w) \tag{8.8}$$

和

$$u(c'_{-t}w') \geqslant u(d'_{-t}w') \tag{8.9}$$

如果基数一致独立性成立，则不等式（8.8）蕴涵着（8.9）。由于 w、w' 和 t 是任意给定的，因而实际上式（8.8）和（8.9）是等价的。这一等价关系与独立性公理（8.3）是相容的。□

再一次假定 u 是严格递增且连续的，于是有：

定理 8.6.2　当且仅当效用函数 u 遵循基数一致独立性公理时，u 具有状态独立期望效用表示。

证明：与定理 8.5.1 一样，本定理的必要性很容易验证。对该定理的充分性证明这里暂不给出。□

与定理 8.5.1 不同的是，定理 8.6.2 并不需要至少有三个状态存在的假设，因为基数一致独立性公理在只有两个状态时依然有意义。

例 8.6.3　考虑由 $u(c_1,c_2)=c_1+\sqrt{c_2}$ 所给出的效用函数 $u:\Re_+^2 \to \Re$。如下三对消费计划在该效用函数下是无差异的：$(2,1)$ 与 $(1,4)$、$(2,4)$ 与 $(1,9)$、$(1,16)$ 与 $(4,1)$。如果基数一致独立性公理成立，还有 $(4,16)$ 和 $(9,1)$ 也是无差异的。但是，$4+\sqrt{16}<9+\sqrt{1}$。因此，此时基数一致独立性公理不成立，这意味着 u 并不具有期望效用表示。□ 82

8.7　非期望效用

尽管有着简洁易处理和极具直观的优点，但事实证明，期望效用理论只是对不确定消费计划之上的偏好的一种贫乏的描述。有大量的证据表明，人类的行为很多时候是有悖于期望效用据以建立的公理体系的。很多学者都曾试图建立一个期望效用理论的替代理论。相比于一一回顾这方面的进展，我们更愿意给出一系列有着强烈的直观性的非期望效用函数。

对于其偏好可以以期望效用来表示的个体而言，它们表现得似乎知道所有状态所对应的概率。有人对此表示反对：个体也许并不清楚各个状态所对应的确切概率，但它可能对各状态的概率有一个模糊的估计。这就意味着：我们不再可以将个体的信念仅当作 S 上的一个单一概率测度 π ，相比之下，更应该把它当作 S 上的一个概率测度集合 P 。集合 P 可被假定为一个闭凸（closed and convex）集。于是，对应于函数 $v:\Re\to\Re$ ，个体的效用函数可被定义为：

$$u(c)=\min_{\pi\in P}E_{\pi}[v(c)] \tag{8.10}$$

式（8.10）的效用函数 u 所代表的偏好体现了个体对不确定性的厌恶：概率集合越小，则个体效用越大。因此，关于状态概率的信息越是精确，则效用函数越大。

对于个体对各个状态的概率一无所知的情形，可以用包含了 S 上的所有概率测度的集合 $\Delta=\left\{\pi:\sum_1^S\pi_s=1\right\}$ 来描述。于是有：

$$\min_{\pi\in\Delta}E_{\pi}[v(c)]=\min_{s}v(c_s) \tag{8.11}$$

它描述了对不确定性具有极端的厌恶时的“最大最小化”行为（“maxmin” behavior）。下面给出了另一个简单的例子。

例 8.7.1 假如概率测度集 P 由 $P=\left\{\pi:\pi_s\geqslant\eta_s,\sum_1^S\pi_s=1\right\}$ 给出。其中 $\eta_s\geqslant 0$ 是状态概率的下界，且 $\sum_1^S\eta_s\leqslant 1$ 。于是，很容易就能得出：

$$\min_{\pi\in P}E_{\pi}[v(c)]=(1-\eta)\min_{s}v(c_s)+\eta E_{\pi^*}[v(c)] \tag{8.12}$$

其中， $\eta=\sum_1^S\eta_s$ ，而概率测度 π^* 则由 $\pi_s^*=\eta_s/\eta$ 给出。 □

非期望效用函数（nonexpected utility function）也并非处处都是可微的（differentiable）。例如，当消费对状态独立时，u 便是可微的。

8.8 两期消费的期望效用

83 当 0 期和 1 期均有消费发生时，状态独立的期望效用函数可表示为：

$$\sum_{s=1}^{S}\pi_s v(c_0,c_s) \tag{8.13}$$

其中，v 是一个函数 $v:\Re^2\to\Re$ 。式（8.13）也可写作 $E\left[v(c_0,c_1)\right]$ ，它对状态是可分离的，但在时期上不可以。在时期上具有可分离、可加性（additively separable）的期望效用函数的一种通用形式为：

$$v_0(c_0)+\sum_{s=1}^{S}\pi_s v_1(c_s) \tag{8.14}$$

其中，v_0 表示函数 $v_0:\Re\to\Re$，v_1 表示函数 $v_1:\Re\to\Re$。

一个经常用到的时期可分离（time-separable）的期望效用是：

$$v(c_0)+\delta\sum_{s=1}^{S}\pi_s v(c_s) \tag{8.15}$$

该期望效用包含了一个具有时期不变性的分期效用函数（time-invariant period utility function）$v:\Re\to\Re$，而且其中的 $\delta>0$。

当在多个时期均有消费发生时，只需对基数一致独立性公理稍作改变，便可推导出相应的期望效用表示。如果严格递增且连续的效用函数 $u:\Re^{S+1}\to\Re$ 在 0 期时的消费可被视作其消费计划在 1 期时的一个分量来看待，而且基数一致独立性公理又成立的话，u 便具有时期可分离的期望效用表示（8.15）。

更为一般的表示形式（8.14）在时期上具有可加、可分离性，而且在 1 期时具有期望效用表示。在两个时期上具有可加、可分离性的效用函数所需要的公理，类似于两个状态之下的状态依赖期望效用所需要的公理（在本书中，这两者都没有明确给出）。一旦有了时期可分离的表示形式，只要基数一致独立性公理成立，1 期的消费所带来的效用就具备期望效用表示。

当假设个体在状态依存消费计划（state-contingent consumption plans）上的偏好可用效用函数 $u:\Re^{2S}\to\Re$ 描述时，便有了式（8.13）。在这里，0 期和 1 期的消费一样，都具有状态依赖（state dependent）。S 中的每一个状态都有消费发生的两期消费，如果遵循基数一致独立性公理的话，那么 u 的表达式便可表示为 $\sum_{s=1}^{S}\pi_s v(c_{0s},c_s)$。在这里，在 0 期时具有确定(deterministic)消费值的消费计划，意味着 0 期的消费计划具有状态独立性(state-independent)，亦即对所有 s，均有 $c_{0s}=c_0$。出于对这类消费计划的关注，给出了其期望效用表示（8.13）。

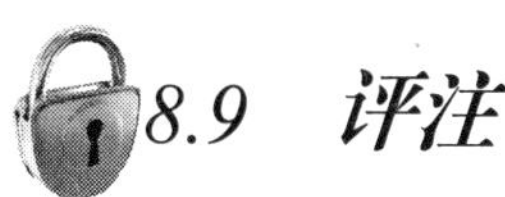

8.9　评注

如果读者对期望效用理论的一般探讨感兴趣，可以参见 Fishburn[1] 和 Karni and 84
Schmeidler[2]。

8.3 节和 8.4 节的内容主要来自 von Neumann-Morgenstern[3] 和 Savage[4]。8.5 节和 8.6 节中的命题及其证明可以从 Debreu[5] 和 Wakker[6、7] 中找到。只有两个状态时的状态依赖期望效用的公理基础也可以从 Debreu 和 Wakker 中找到。

Leontief[8] 证明了当且仅当任意两个状态下的消费的边际替代率不受其他状态影响时，可微的效用函数（differentiable utility function）具有状态依赖期望效用表示。要想了解有限种状态下的期望效用的另一种替代性公理体系（an alternative axiomatization）（有别于 8.6 节所给出的公理），可参见 Gul[9]。

许多问卷调查所得出的结果都与期望效用理论相悖。其中最有名的当属“阿莱思悖论”（Allais paradox，Allais[10]）和“依斯宝悖论”（Ellsberg paradox，Ellsberg[11]）了。而 Kahneman、Slovic and Tversky[12] 则是一个试图去解释这些悖论的文集，它们大多是从心理学的角度出发的。

Machina[13] 给出了对期望效用理论的总结和一般性探讨。8.7 节所给出的非期望效用理论的公理化基础，可以从 Schmeidler[14] 和 Gilboa and Schmeidler[15] 中找到。

期望效用的公理体系并不暗含着所有个体均具有相同的概率测度 π 和函数 v。然而，如果假定个体对状态概率有着不同看法的话，证券价格和资产组合的特征将会弱很多。因而我们在绝大多数情况下都假定 π 对于所有个体都相同。在后续章节中，若非特别指出，一般都假定 π 对所有个体都一样。

另外，从方法论的角度看，如果简单地给出不同个体的外生状态概率（exogenous state probabilities）的话，似乎总有些不如人意。如果某一个体想要持有某一证券的多方头寸，而另一个体则想要持有其空方头寸，那么他们对所持头寸的意愿上的差别，将能反映出他们各自对状态概率的不同估计。在个体具有不同的状态概率时，期望效用理论意味着市场交易将会提高双方的期望效用水平。

若非天真至极，个体一定能猜到他们的交易愿望之所以能实现，其原因就在于不同个体对状态概率有着不同的看法。随着时间的推移，个体将会对他们据以估算概率的证据的可靠性重作评估，甚至还会调整他们的概率估计。因为不同个体的概率估计各不相同，而这一差别又会相互影响各自的概率估计。

这方面的研究一般都假定：个体有着相同的回顾概率（prior probabilities），但却有着不同的天真的前瞻概率分布（“naive”posterior distributions），因为他们掌握的信息各不
85 相同。这些前瞻概率之所以是天真的，是因为理性的个体不仅会将他们的前瞻概率建立在自己所掌握的信息之上，还将考虑证券价格变动所反映出的他人所掌握的信息。在很多情况下，这种信息逐渐趋于完全的过程会导致状态概率趋同。这也意味着如果仅简单地假定不同个体有着不同的状态概率，而不考虑个体会由价格变动中获取信息而日渐变得聪明，就相当于个体在某一方面是非理性的①。以上分析始创于 Harsanyi[16]，近年来得

① 显然，这有悖于经济学的基本假设——理性人假设。——译者注

到了极大的发展。

“奈特式的不确定性”(Knightian uncertainty)与个体无法对可能的结果给出主观概率(subjective probability)估计的情境紧密相联。于是，在有关选择的公理(axioms of choice)之下，个体很难对不同的非确定性结果进行选择。这在经济学文献中非常常见。实际上，奈特（Knight[17]）本人也曾痛心地指出过，在他看来，如果将模型设定为个体在不确定环境下一无可为的话，那么我们什么都了解不到。

LeRoy and Singell[18] 认为，其实奈特（Knight）区分风险和不确定性，只是为了集中分析市场失败是否源于道德风险和逆向选择，而非为了探讨个体是否能形成主观概率。实际上，在随后的文献中，奈特用“不可保险的风险”（noninsurable risk）这一术语取代了“不确定性”（Netter[19]）。

参考文献

1. Fishburn, P.C. Utility Theory for Decision Making. Wiley, Inc., 1970.

2. Karni, E. and Schmeidler, D. Utility theory with uncertainty. In Werner Hildenbrand and Hugo Sonnenschein, editors, Handbook of Mathematical Economics, Vol. 4. North-Holland, 1991.

3. von Neumann, J. and Morgenstern, O. Theory of Games and Economic Behavior. Princeton University Press, Princeton, 1947.

4. Savage, L.J. The Foundations of Statistics. Wiley, New York, 1954.

5. Debreu, G. Topological methods in cardinal utility theory. In Kenneth J. Arrow, Samuel Karlin, and Patrick Suppes, editors, Mathematical Methods in Social Sciences. Stanford University Press, 1959.

6. Wakker, P.P. Cardinal coordinate independence for expected utility. Journal of Mathematical Psychology, pages 110-117, 1984.

7. Wakker, P.P. Additive Representations of Preferences. Kluwer, 1989.

8. Leontief, W. A note on interrelation of subsets of independent variables of a continuous function with continuous first derivatives. Bulletin of the American Mathematical Society, 53:343-350, 1947.

9. Gul, F. Savage’s theorem with a finite number of states. Journal of Economic Theory, 57:99-110, 1992.

10. Allais, M. Le comportement de l’homme rationnnel devant le risque: Critique des postulats et axiomes de l’ecole Americaine. Econometrica, 21:503-546, 1953.

11. Ellsberg, D. Risk, ambiguity, and the Savage axioms. Quarterly Journal of Economics,
86 75:643-669, 1961.

12. Kahneman, D., Slovic, P., and Tversky, A. Judgment under Uncertainty: Heuristics and Biases. Cambridge University Press, Cambridge, 1982.

13. Machina, M. Expected utility without the independence axiom. Econometrica, 50:277-323, 1982.

14. Schmeidler, D. Subjective probability and expected utility without additivity. Econometrica, 57:571-587, 1989.

15. Gilboa, I. and Schmeidler, D. Maximum expected utility with nonunique prior. Journal of Mathematical Economics, 18:141-153, 1989.

16. Harsanyi, J.C. Games with incomplete information played by 'Bayesian' players. Management Science, 14:159-182, 1967.

17. Knight, F.H. Risk, Uncertainty and Profit. Houghton Mifflin, Boston, 1921.

18. LeRoy, S.F. and Singell, L.D. Knight on risk and uncertainty. Journal of Political Economy, 95:394-406, 1987.

19. Netter, M. Radical uncertainty and its economic scope according to Knight and according to Keynes. In Christian Schmidt, editor, Uncertainty in Economic Thought. Edward Elgar, 1996.

第9章

风险厌恶

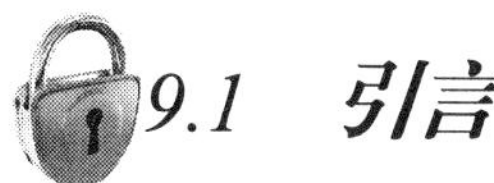

9.1 引言

期望效用提供了一个关于个体风险态度的分析框架。本章将给出一个风险厌恶（risk aversion）的正式定义，而后引入几个风险厌恶程度的度量指标，如阿罗－普拉特测度（Arrow-Pratt measure）和风险补偿（risk compensation）。税后给出了普拉特定理（Pratt Theorem），它给出了这几个不同的风险厌恶指标之间的等价关系，是本章中最重要的一个结论。 87

在本章中，假定个体对风险消费计划[①]（risky consumption plan）的偏好具有以连续的冯·诺依曼－摩根斯坦效用函数形式存在的期望效用表示。不过，这同时也要求该期望效用函数的定义域中所包含的消费计划，要与我们想要分析的问题恰恰相符才行。期望效用的公理体系意味着，任何消费计划均可被视作是装备了个体主观概率测度（subjective probability measure）的状态集 S 上的一个随机变量。因此，如果个体选择的目标在于在期望效用所遵循的公理体系之上对消费计划做出选择的话，那么将消费计划视作正好可以为 S 上的值赋以给定概率的随机变量就比较好。不过，如果将消费计划视作任意随机变量（arbitrary random variables，亦即一个有着任意数量的可实现值和任意概率的随机变量）的话，本章所给出的分析框架也依然适用。而对这二者的选取则完全是一个个人喜好问题。

在本章中，除 9.10 节之外，都假定：0 期没有消费发生；并且在 1 期时至少有两个状态存在，亦即 $S \geqslant 2$ 。

[①] 为求简洁，在本书中将“risky consumption plan”一律译为“风险消费计划”。——译者注

9.2 风险厌恶和风险中性

个体对风险的态度由其偏好决定：它是喜欢风险消费计划呢，还是喜欢与风险消费计划的期望值相等的确定性消费计划（deterministic consumption plan）。

88 如果相对于某一消费计划，具有冯·诺依曼－摩根斯坦效用函数 $v:\Re \to \Re$ 的个体更为偏爱该消费计划的期望，亦即对于所有的消费计划 c，都有

$$E\left[v(c)\right] \leqslant v[E(c)] \tag{9.1}$$

那么它就具有**风险厌恶（risk averse）**倾向。

如果对于所有的消费计划 c，都有

$$E\left[v(c)\right] = v[E(c)] \tag{9.2}$$

那么个体就具有**风险中性（risk neutral）**倾向。

如果对于所有不确定的消费计划 c，都有

$$E\left[v(c)\right] < v[E(c)] \tag{9.3}$$

那么个体就具有**严格风险厌恶（strictly risk averse）**倾向。

风险厌恶其实指的是“弱风险厌恶”，因为在不等式（9.1）中，个体只需表现出较弱的偏好特征就可以了。请注意，在术语体系下，风险中性只是风险厌恶的一种特殊情形而已。

当然，个体也可能既不“风险厌恶”，又不“风险中性”，也不“严格风险厌恶”；因为相对于消费计划的期望，他更偏爱不确定的消费计划。有时个体只是“风险厌恶”而已，既非“风险中性”，也非“严格风险厌恶”。它们也可能对某些不确定的消费计划的期望有着严格的偏爱；但对另一些消费计划，却觉得它们和其对应的期望相比，并没什么不同。

9.3 风险厌恶和凹性

风险厌恶、风险中性和严格风险厌恶可分别以冯·诺依曼－摩根斯坦效用函数的凹性（concavity）、线性（linearity）和严格凹性（strict concavity）来刻画。

定理 9.3.1

（1）当且仅当个体的冯·诺依曼－摩根斯坦效用函数 v 是凹函数时，该个体具有风险厌恶特征。

（2）当且仅当个体的冯·诺依曼－摩根斯坦效用函数 v 是线性函数时，该个体具有风险中性特征。

（3）当且仅当个体的冯·诺依曼－摩根斯坦效用函数 v 是严格凹函数时，该个体具有严格风险厌恶特征。

在图 9.1 中，如果不是凹函数的话，就可以构建出一个满足 $v[E(c)] < E\left[v(c)\right]$ 的消费计划 c。

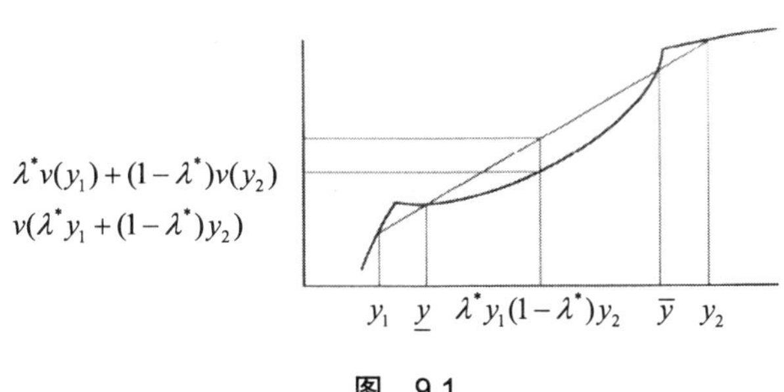

图 9.1

证明：

（1）如果 v 是凹函数，那么不等式（9.1）成立（该式又被称为**詹森不等式（Jensen's inequality）**），进而个体是风险厌恶的。

如果定义（9.1）中的消费计划是任意随机变量的话，则对结论（1）的必要性的证明将非常的简单、直白。下面给出了一个当消费计划可以取到对应于给定概率的 S 个值时 89
的证明。

假定个体具有风险厌恶特征，但 v 不是凹函数。那么，将会存在满足 $0 < \lambda^* < 1$ 的 λ^* 以及 y_1、y_2，使得：

$$v(\lambda^* y_1 + (1-\lambda^*) y_2) < \lambda^* v(y_1) + (1-\lambda^*) v(y_2) \tag{9.4}$$

接下来分析由满足

$$v(\lambda y_1 + (1-\lambda) y_2) = \lambda v(y_1) + (1-\lambda) v(y_2) \tag{9.5}$$

和 $0 \leqslant \lambda \leqslant \lambda^*$ 的所有 λ 构成的集合。由于 v 是连续的，因而由 λ 所构成的集合是一个非空闭集（$\lambda = 0$ 也是该集合的一个元素）。因而，其中必然存在一个最大值，将它记为 $\overline{\lambda}$。类似地，满足 $\lambda^* \leqslant \lambda \leqslant 1$ 和式（9.5）的 λ 所构成的集合有一个下确界（infimum），将它记为 $\underline{\lambda}$。

于是，对于任意 $\overline{\lambda} < \lambda^* < \underline{\lambda}$，有 $\overline{\lambda} < \lambda^* < \underline{\lambda}$ 和

$$v[\lambda y_1 + (1-\lambda) y_2] < \lambda v(y_1) + (1-\lambda) v(y_2) \tag{9.6}$$

设 $\underline{y} = \underline{\lambda} y_1 + (1-\underline{\lambda}) y_2$，$\overline{y} = \overline{\lambda} y_1 + (1-\overline{\lambda}) y_2$。对于任意的 $0 < \gamma < 1$，由不等式（9.6）有：

$$v[\gamma \underline{y} + (1-\gamma)\overline{y}] < \gamma v(\underline{y}) + (1-\gamma) v(\overline{y}) \tag{9.7}$$

假设有这样一个消费计划c：它在有些（并非所有）状态下取值为$\underline{y}$，在其余状态下均取$\overline{y}$。由于确定性消费计划$E(c)$正好位于区间$(\underline{y},\overline{y})$上。由不等式（9.7），有：

$$E\left[v(c)\right]<v[E(c)] \tag{9.8}$$

这与上面的假设（风险厌恶）相矛盾。（图 9.1 是该证明过程的直观说明。）

（2）如果v具有线性形式$v(y)=ay+b$，那么等式（9.2）成立，而且个体具有风险中
90 性特征。对该结论的必要性的证明类似于结论（1）。唯一的不同之处在于：如果假定非
线性，就意味着要么不等式（9.4）成立，要么另一个与之相反的严格不等式成立。这二
者都会引向一个与风险中性假设相矛盾的结论。

（3）如果v是个严格凹函数，则不等式（9.3）成立（该不等式叫做**詹森严格不等式（Jensen's strict inequality）**），而且该个体具有严格风险厌恶特征。

为证明（3）的必要性，我们假定该个体具有严格风险厌恶特征，并且v不是严格凹的。如果v在某一区间$\left[y_1,y_2\right]$上是线性的（其中，$y_1<y_2$），那么由（2）可知，对于任何位于该区间上的消费计划均有$E\left[v(c)\right]=v[E(c)]$。而这与个体具有严格风险厌恶特征的假设相矛盾。

而如果在其定义域内的任何非退化区间上（nondegenerate interval），v都是非线性的，那么严格不等式（9.4）必然会成立。而由对（1）部分的证明可知，这与个体具有严格风险厌恶特征的假设相矛盾。 □

9.4 绝对风险厌恶的阿罗－普拉特度量

风险厌恶倾向会影响到个体的资产组合选择和证券的均衡定价。因此，很有必要对风险厌恶的强度进行度量。受定理 9.3.1 的指引，我们很自然地就会想到冯・诺依曼－摩根斯坦效用函数的二阶导数v''。不过，二阶导数相对于v不具有仿射变换不变的性质。正如曾在第 8 章中指出过的，经过严格递增的仿射变换之后，冯・诺依曼－摩根斯坦效用函数所代表的偏好并不会有所改变。因此，风险厌恶的度量应该也不能被严格递增的仿射变换所影响。

对于满足$v'(y)\neq 0$的标量y，可以将（Arrow-Pratt measure of absolute risk aversion）定义为：

$$A(y)\equiv-\frac{v''(y)}{v'(y)} \tag{9.9}$$

$A(y)$的值相对于效用函数的严格递增仿射变换是不变的。

如果不等于零，则阿罗－普拉特绝对风险厌恶测度的倒数，还可作为**风险容忍度（risk**

tolerance）的一个度量指标：

$$T(y) \equiv \frac{1}{A(y)} \tag{9.10}$$

9.5　风险补偿

另一个与阿罗－普拉特绝对风险厌恶测度紧密相联的风险厌恶度量指标是风险补偿（risk compensation）。我们将风险补偿定义为：为免受风险的影响，个体所愿意付出的确定性消费的数量。（在图 9.2 中，风险特征为：以相等的概率取值为 1 和–1。）当不确定条件下的选择理论被用于非金融问题时，这一变量几乎总是被称作**风险溢价（risk premium**）。不过，在本书以及各类金融问题中，风险溢价一般都用以表示：某一证券的 91
期望回报与无风险回报之差。

在确定性的初始消费计划 y 之上所附加的消费计划 z（即为“风险”）的**风险补偿**指的是满足

$$E\left[v(y+z)\right] = v[y-\rho(y,z)] \tag{9.11}$$

的 $\rho(y,z)$ 的值。其中，确定性消费 $y-\rho(y,z)$ 是风险消费 $y+z$ 在确定性条件下的等价消费量。

请注意，当且仅当风险补偿 $\rho(y,z)$ 对所有 y 和满足 $E(z)=0$ 的风险 z 均为正（亦即严格为正或为零）时，个体才是风险厌恶的；当且仅当风险补偿对所有满足 $E(z)=0$ 的风险 z 均为零时，个体才是风险中性的。

在图 9.2 中，z 以相等的概率取为 1 和–1。而 $y+z$ 的期望效用恰恰等于 $y-\rho$ 的效用。因而 ρ 是风险 z 的风险补偿。

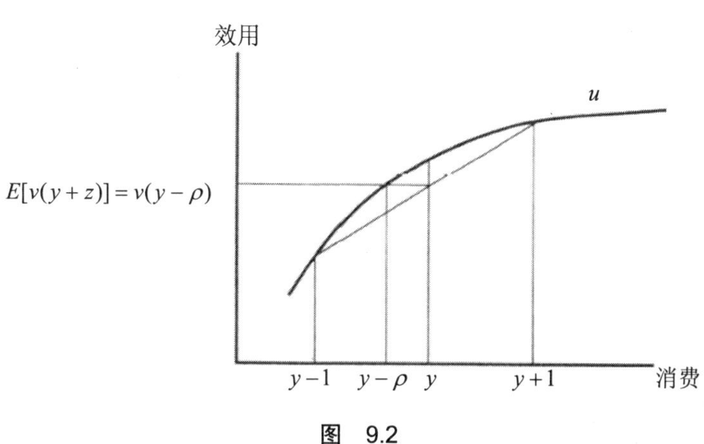

图　9.2

当风险 z 很小时，风险补偿 $\rho(y,z)$ 近似等于 z 的方差 σ_z^2 与 y 上的阿罗－普拉特绝对风险厌恶测度之积的一半。

定理 9.5.1 对于满足 $E(z)=0$ 的很小的 z，有

$$\rho(y,z)\cong\frac{A(y)\sigma_z^2}{2} \tag{9.12}$$

证明： $v(y+z)$ 的二阶近似为：

$$v(y+z)\cong v(y)+v'(y)z+v''(y)\frac{z^2}{2} \tag{9.13}$$

两边同时取期望，就能得到：

$$E\left[v(y+z)\right]\cong v(y)+v''(y)\frac{\sigma_z^2}{2} \tag{9.14}$$

92 同样，对式（9.11）的右端进行线性展开（linear expansion），就能得到：

$$v[y-\rho(y,z)]\cong v(y)-v'(y)\rho(y,z) \tag{9.15}$$

令式（9.14）和式（9.15）的左端相等，并运用绝对风险厌恶测度 A，就能得到等式（9.12）。

式（9.13）和式（9.15）中所采用的近似形式，揭示了定理 9.5.1 中所指的“很小”的含义。对于随机变量 z 来说，“小”就意味着其方差是一阶显著的（of first-order significant）。在近似形式（9.13）和（9.15）中，都仅只考虑了一阶导数项。 □

9.6 普拉特定理

风险厌恶的两个测度——阿罗－普拉特测度和风险补偿——都可以用来对两个个体的风险厌恶水平进行比较。有一个很重要的定理给出了以下结论：对于个体间的风险厌恶水平的差异，无论是用阿罗－普拉特测度还是用风险补偿来比较，所得到的结论都是一样的。而且，如果某一个体的冯·诺依曼－摩根斯坦效用函数是另一个体的冯·诺依曼－摩根斯坦效用函数的凹变换（concave transformation），则前一个体的风险厌恶水平要高于后者。

用 v_1 和 v_2 表示 $\Re$ 上的两个冯·诺依曼－摩根斯坦效用函数；用 ρ_i 和 A_i 表示风险补偿和阿罗－普拉特风险厌恶测度；其中，v_i 中的 $i=1,2$。

定理 9.6.1 假定效用函数 v_1 和 v_2 二阶可微，都有连续的二阶导数，而且都是严格递增的。那么，以下三个条件相互等价：

（1）对于所有的 y，均有 $A_1(y)\geqslant A_2(y)$。

（2）对于所有的 y 和任意随机变量 z，均有 $\rho_1(y,z) \geqslant \rho_2(y,z)$。

（3）v_1 和 v_2 的一个凹变换；亦即：$v_1 = f \circ v_2$，其中 f 是一个严格递增的凹函数。

证明：首先证明（1）隐含着（3）。由于 v_2 严格递增，因而反函数 v_2^{-1} 存在，而且（3）中的函数 f 可被定义为 $f(t) = v_1[v_2^{-1}(t)]$。

接下来证明 f 是严格递增的凹函数。f 的导数是：

$$f'(t) = \frac{v_1'[v_2^{-1}(t)]}{v_2'[v_2^{-1}(t)]} \tag{9.16}$$

由于对于所有的 $i = 1,2$，均有 $v_i' > 0$，因此由式（9.16）可知 f 是严格递增的。而 f 的二 93
阶导数为：

$$f''(t) = \frac{v_1''(y) - [v_2''(y)v_1'(y)]/v_2'(y)}{\left[v_2'(y)\right]^2} \tag{9.17}$$

其中，$y = v_2^{-1}(t)$。于是，式（9.17）可被改写为：

$$f''(t) = [A_2(y) - A_1(y)]\frac{v_1'(y)}{\left[v_2'(y)\right]^2} \tag{9.18}$$

因此有 $f'' \leqslant 0$，所以 f 是凹的。

下面证明由（3）可推出（2）。由风险补偿的定义，有：

$$E\left[v_1(y+z)\right] = v_1[y - \rho_1(y,z)] \tag{9.19}$$

由于 $v_1 = f \circ v_2$，而且 f 是凹的，运用詹森不等式（Jensen's inequality），就可以得到：

$$E\left[v_1(y+z)\right] = E\left\{f\left[v_2(y+z)\right]\right\} \leqslant f\left\{E\left[v_2(y+z)\right]\right\} \tag{9.20}$$

不等式（9.20）的右端等于 $f\{v_2[y - \rho_2(y,z)]\}$。由不等式（9.20）和式（9.19），有：

$$v_1[y - \rho_1(y,z)] \leqslant v_1[y - \rho_2(y,z)] \tag{9.21}$$

由于 v_1 严格递增，因而不等式（9.21）还隐含着 $\rho_1(y,z) \geqslant \rho_2(y,z)$。

最后来证明由（2）可推出（1）。假定对于 y^* 有：

$$A_1(y^*) < A_2(y^*) \tag{9.22}$$

由于 A_1 和 A_2 是连续的，因而必存在一个位于 y^* 附近的使得其上的任何 y 均满足 $A_1(y) < A_2(y)$ 的区间。将以上证明过程中的 v_1 和 v_2 互换，就能得到：当 $y+z$ 在该区间上取值时，始终都有 $\rho_1(y,z) < \rho_2(y,z)$ 成立。而这正好与（2）相矛盾。 □

再强调一下，定理 9.6.1（条件（2））中的随机变量 z 的集合，要么是给定概率时的状态集 S 上的全部随机变量构成的集合，要么是全部任意随机变量构成的集合。并且请注意：在定理 9.6.1 中，并未对消费施加任何限制。因此，如上所述，该定理仅对定义在整个实直线上（on the entire real line）的效用函数才有效。不过，当（2）中的风险 z 要使得 $y+z$ 为正（严格为正）时，该定理中的等价关系就仅对定义在正（严格正的）消费计划上的效用函数有效了。

定理 9.6.1 还有一个更为严格的版本：如果（1）和（2）中的不等式两端严格不等，而且（3）中的变换 f 是严格凹且严格递增的，（1）、（2）和（3）之间的等价关系也依然
94 成立。

而且定理 9.6.1 还有一个以等式关系存在的版本：当（1）和（2）两端取等号，且（3）中的变换 f 是一个严格递增的仿射变换时，（1）、（2）和（3）之间的等价关系依旧成立。该版本其实是定理 9.6.1 的一个简单推论。它意味着，如果两个效用函数的风险厌恶倾向有着相等的阿罗－普拉特测度，那么任何一个效用函数都是另一个的严格递增仿射变换。例如，负指数效用函数便是唯一的一个绝对风险厌恶为常数的效用函数（相对于严格递增的仿射变换）。对效用函数进行严格递增的仿射变换之后，所形成的效用函数刻画的仍然是同一个期望效用偏好。因此，阿罗－普拉特测度能够对偏好加以完整的刻画。

9.7 递减、不变和递增的风险厌恶

如果某一个体的绝对风险厌恶 $A(y)$ 随 y 而递减，那么便称该个体有着**递减的绝对风险厌恶（decreasing absolute risk aversion）**。如果 $A(y)$ 随 y 的变化而保持不变（递增），则称该个体具有**不变（递增）的绝对风险厌恶（constant（increasing）absolute risk aversion）**。

普拉特定理蕴涵着：对于任意个体 z，随 y 的变化，递减（不变、递增）的绝对风险厌恶与递减（不变、递增）的风险补偿 $\rho(y,z)$ 相等价。

推论 9.7.1 对于有着严格递增且二阶连续可导的效用函数 v 的个体 z：

（1）当且仅当 $A(y)$ 随 y 而递增时，$\rho(y,z)$ 随 y 而递增；

（2）当且仅当 $A(y)$ 随 y 而不变时，$\rho(y,z)$ 随 y 而不变；

（3）当且仅当 $A(y)$ 随 y 而递减时，$\rho(y,z)$ 随 y 而递减。

证明： 对于任意 $\Delta y \geqslant 0$，将效用函数定义为 $v_1(y) \equiv v(y+\Delta y)$。则 v_1 的阿罗－普拉特绝对风险厌恶测度和风险补偿分别为 $A_1(y)=A(y+\Delta y)$ 和 $\rho_1(y,z)=\rho(y+\Delta y,z)$。对 v_1 和 v 分别应用普拉特定理（9.6.1）可得：当且仅当 $A(y+\Delta y) \geqslant A(y)$ 时，$\rho(y+\Delta y,z) \geqslant \rho(y,z)$。由于 Δy 是任意的，因而（1）满足。

（2）和（3）也同理可证。 □

9.8　相对风险厌恶

有些时候，我们想要度量的是相对于初始消费的风险厌恶水平。而这就是所谓的相对风险厌恶测度。而在这方面，已经有两个现成的指标可供采用：阿罗－普拉特相对风险厌恶测度、相对风险补偿。

阿罗－普拉特相对风险厌恶测度被定义为： 95

$$R(y) \equiv -\frac{v''(y)}{v'(y)}y \tag{9.23}$$

于是有 $R(y) = yA(y)$。

而与确定性的初始消费 y 相对应的相对风险 z 的**相对风险补偿** $\rho_r(y,z)$ 则满足：

$$E\left[v(y+yz)\right] = v[y - y\rho_r(y,z)] \tag{9.24}$$

相对风险补偿 ρ_r 可通过

$$\rho_r(y,z) = \frac{\rho(y,yz)}{y} \tag{9.25}$$

而与（绝对）风险补偿 ρ 联系起来。

对于满足 $E(z) = 0$ 的微小的相对风险 z，由定理 9.5.1 可得：

$$\rho_r(y,z) \cong \frac{R(y)\sigma_z^2}{2} \tag{9.26}$$

近似形式（9.12）和（9.26）为相对风险厌恶测度 R 的定义提供了动机。

对于相对风险厌恶，也有相应的普拉特定理：在对两个个体进行相对风险厌恶倾向的比较时，采用阿罗－普拉特测度和采用相对风险补偿所得出的结论总是相同的。本章的评注中有相应的参考文献。

9.9　具有线性风险容忍度的效用函数

在应用研究和举例时经常会用到的冯·诺依曼－摩根斯坦效用函数，一般都是线性函数和以下各类效用函数。

1. 负指数效用函数

此类效用函数的形式为：

$$v(y) = -e^{-\alpha y} \tag{9.27}$$

其中，$\alpha>0$。该效用函数有着不变的绝对风险厌恶，其值正好等于α。

2. 对数效用函数

此类效用函数的形式为：

$$v(y)=\ln(y+\alpha)，\quad -\alpha<y \tag{9.28}$$

它有着递减的绝对风险厌恶，其值等于$1/(y+\alpha)$。如果$\alpha=0$，则该效用函数的相对风险厌恶等于1。

3. 幂效用函数

此类效用函数的形式为：

$$v(y)=\frac{1}{\gamma-1}(\alpha+\gamma y)^{1-\frac{1}{\gamma}}，\quad -\alpha<\gamma y \tag{9.29}$$

96 当$\gamma\neq0$且$\gamma\neq1$时，它有着不变的绝对风险厌恶，其值等于$1/(\alpha+\gamma y)$。如果$\gamma>0$，则绝对风险厌恶递减。否则，亦即$\gamma<0$，则绝对风险厌恶递增。当$\gamma=0$时，相对风险厌恶等于$1/\gamma$。

幂效用函数的一个特例是二次效用函数。在式（9.29）中，令$\gamma=-1$，就得到了：

$$v(y)=-\frac{1}{2}(\alpha-y)^2, y<\alpha \tag{9.30}$$

式（9.30）即为**二次效用函数（quadratic utility）**，它有着递增的绝对风险厌恶，其值等于$1/(\alpha-y)$。

对数效用函数和负指数效用函数也可被视作是幂效用函数在γ趋向于1和γ趋向于0时的极限情形。为揭示这一点，先将幂效用函数改写为：

$$v(y)=\frac{1}{\gamma-1}\left[(\alpha+\gamma y)^{1-\frac{1}{\gamma}}-1\right] \tag{9.31}$$

式（9.31）是式（9.29）的一个仿射变换。对式（9.31）用一次洛必达法则（Hospital's rule）就得到了：当γ趋向于1时，$v(y)$收敛于$\ln(y+\alpha)$。

还可以对式（9.29）做仿射变换而得到：

$$v(y)=\frac{1}{\gamma-1}(1+\frac{\gamma y}{\alpha})^{1-\frac{1}{\gamma}} \tag{9.32}$$

其中，$\alpha>0$。当γ趋向于0时，$v(y)$收敛于$-e^{-y/\alpha}$。

以上所有的效用函数均严格递增、严格凹，而且都有着以线性形式依赖于消费（严格来说，这一依赖关系是仿射的，而非线性的）的风险容忍度。对于负指数效用函数（9.27），风险容忍度是个常数：$T(y)=1/\alpha$；对于对数效用函数（9.28），风险容忍度为：$T(y)=y+\alpha$；对于幂效用函数（9.29），风险容忍度为：$T(y)=\alpha+\gamma y$。

以上这些效用函数都可被统称为**线性风险容忍（Linear Risk Tolerance，LRT）**效用函数。这类效用函数的另一个叫法是 HARA 效用函数。其中，HARA 指的是双曲线型绝对风险厌恶（Hyperbolic Absolute Risk Aversion），因为它们的 $A(y)$ 的值恰好定义了一条双曲线。

线性风险容忍（LRT）效用函数的定义域可被简便地表示为 $\{y:T(y)>0\}$。请注意，参数 γ 其实是风险容忍函数的斜率。（对于负指数效用函数来说，$\gamma=0$；对于对数效用函数来说，$\gamma=1$。）

线性风险容忍（LRT）效用函数有着许多非常诱人的性质，将在第 13 章和第 16 章中揭示它们。

9.10 具有两期消费的风险厌恶

风险厌恶和风险中性的定义可被方便地应用到个体效用函数中包含 0 期消费的情形。

对于具有冯·诺依曼—摩根斯坦效用函数 $v:\Re^2\to\Re$ 的个体，如果对于任意的 c_0 和 97
c_1 均有：

$$E\left[v(c_0,c_1)\right]\leqslant v[c_0,E(c_1)] \tag{9.33}$$

那么该个体便是风险厌恶的。如果对于任意的 c_0 和 c_1 均有：

$$E\left[v(c_0,c_1)\right]=v[c_0,E(c_1)] \tag{9.34}$$

那么该个体便是风险中性的。

由定理 9.3.1 可知：当且仅当在任意 y_0 处，冯·诺依曼—摩根斯坦效用函数 $v(y_0,y_1)$ 相对于 y_1 均为凸函数时，该个体才是风险厌恶的；当且仅当在任意 y_0 处，$v(y_0,y_1)$ 相对于 y_1 均为线性函数时，该个体才是风险中性的。例如，效用函数 $v(y_0,y_1)=y_0+\delta y_1$ 和 $v(y_0,y_1)=y_0y_1$ 便是风险中性的。

当 v 不具有时序可分可加性（not additively separable over time）时，9.4 节中所给出的 1 期的风险厌恶测度依赖于 0 期的消费。因此，可能对于 c_0 的某些值，个体相对于 1 期的消费是风险中性的；而相对于另一些值，却又是严格风险厌恶的。

而对于具有时序可分期望效用（8.14）的个体，其在 1 期的风险态度仅依赖于 1 期的效用函数 v_1 的形式，与 0 期的消费水平完全无关。

对于时序可分的幂效用函数（当 $\alpha=0$，且 $\gamma\neq 0,1$ 时），

$$v(y_0,y_1)=\frac{1}{\gamma-1}\left[(\gamma y_0)^{1-\frac{1}{\gamma}}+(\gamma y_1)^{1-\frac{1}{\gamma}}\right] \tag{9.35}$$

1 期的绝对风险厌恶测度为$1/\gamma y_1$，它仅依赖于y_1；（1 期的）相对风险厌恶测度为$1/\gamma$。请注意，此时 0 期消费与 1 期消费之间的边际替代率为$(y_1/y_0)^{-1/\gamma}$，而边际替代率的弹性则是γ。因此，边际替代率的弹性依赖于相对风险厌恶的系数。

一般而言，在期望效用表示下，消费边际替代率的跨期弹性与风险厌恶的系数有着相互依赖的关系。

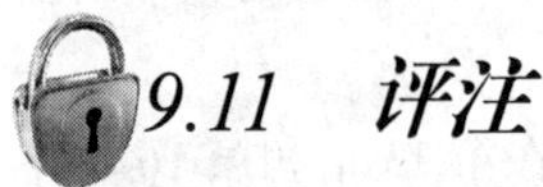

9.11 评注

定理 9.3.1 所给出的风险厌恶（严格风险厌恶、风险中性）与效用函数的凸性（严格凸性、线性）的等价关系其实也蕴涵于普拉特定理（取$v_1 = v$，且v_2为线性）之中。不过，普拉特定理仅对可微的效用函数成立，而定理 9.3.1 则对所有的连续效用函数都成立。

本章所提出的阿罗－普拉特绝对风险厌恶测度和相对风险厌恶测度由 Arrow[1、2] 和 Pratt[3] 所提出。普拉特定理可在 Pratt 中找到。有关相对风险厌恶的普拉特定理也可在 Pratt 中找到。

98 有关风险厌恶测度的极具启发性的探讨可在 Yaari[4] 中找到。

本章所引入的风险厌恶测度均建立在无风险收益能被获得的假设之上。Ross[5] 则提出了更为一般的，建立在无风险收益无法获得的假设之上的风险厌恶测度；在 Machina and Neilson[6] 中也有相应的探讨。Cohen[7] 在不涉及偏好的期望效用表示的情况下，探讨了风险厌恶的概念。

Kihlstrom and Mirman[8] 则将阿罗－普拉特理论加以扩展，用于处理有多重风险（multivariate risk）存在（例如，状态依存消费计划中具有多个商品时）的情形。

参考文献

1．Arrow, K. J. Comment. Review of Economics and Statistics, 45, Supplement: 24-27, 1963.

2．Arrow, K. J. Aspects of the Theory of Risk Bearing. Yrjo Jahnssonin Saatio, Helsinki, 1965.

3．Pratt, J.W. Risk aversion in the small and in the large. Econometrica, 32:122-136, 1964.

4．Yaari, M. Some remarks on measures of risk aversion and on their uses. Journal of Economic Theory, 55:95-115, 1969.

5．Ross, S.A. Some stronger measures of risk aversion in the small and in the large with applications. Econometrica, 49:621-638, 1981.

6. Machina, M. J. and Neilson, W. S. The Ross characterization of risk aversion: Strengthening and extension. Econometrica, 55:1139-1149, 1987.

7. Cohen, M. D. Risk-aversion concepts in expected- and non-expected utility models. The Geneva Papers on Risk and Insurance Theory, 20:73-91, 1995.

8. Kihlstrom, R. E. and Mirman, L.J. Risk aversion with many commodities. Journal of Economic Theory, 8:361-388, 1974.

第 10 章 风险

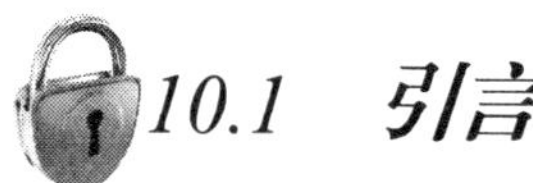

10.1 引言

在第 9 章中定义了个体的风险厌恶：如果个体相对于某一消费计划本身，更为偏爱该消费计划的期望，则称该个体具有风险厌恶倾向。消费计划显然比其期望更具风险（riskier），而具有风险厌恶倾向的个体更为偏爱后者。

本章作为对这一分析的自然扩展，将进一步分析当面临两个非确定性的消费计划时，具有风险厌恶倾向的个体将如何做出选择。

在这一章，假定效用函数中不包含 0 期消费。

10.2 更具风险

我们用 y 和 z 表示两个（1 期）消费计划。与第 9 章中一样，这些消费计划可被视为是有着给定概率的状态集 S 上的随机变量，也可以被视为是有着有限期望的任意随机变量。

如果存在一个随机变量 ε 使得：

$$y - E(y) =^{d} z - E(z) + \varepsilon \text{ 且 } E(\varepsilon \mid z) = E(\varepsilon) = 0 \qquad (10.1)$$

那么，便说消费计划 y 比消费计划 z **更具风险（riskier）**。

一般而言，在没有更多的个体偏好信息的情况下，是无法对两个带险消费计划加以排序的：有些风险厌恶个体选择某一个，而另一些个体则会选择另一个。不过，沿着第 9 章的分析思路，自然会想要问以下问题：是否存在某种关于两个消费计划的分布函数的条件，正好使得如果两个消费计划有着相同的期望的话，所有风险厌恶的个体都会选择某一消费计划，而厌弃另一个呢？

10.2 节中定义了一种关于消费计划的排序方式，而它正好具有这一性质。这一点将在 10.5 节中加以揭示。

如果式（10.1）成立，且 ε 是非 0 随机变量的话，就说 y 比 z **严格更具风险（strictly riskier）**。

100 符号 $=^d$ 表示等式左边与等式右边的分布相等。亦即左右两边均为随机变量，且它们在相同的值上的概率相等。条件 $E(\varepsilon\,|\,z)=E(\varepsilon)$ 表示 ε **均值独立（mean independent）**于 z。亦即，ε 相对于 z（或 z 的任何实现值）的条件期望并不依赖于 z。

分布相等是一个比相等要弱很多的条件：如果两个随机变量在所有的状态下的取值都相同，则这两个随机变量相等；而这对于分布相等而言，只是一个充分条件，而非必要条件。

例如，如果状态 1 和状态 2 发生的概率都等于1/2的话，那么一个在状态 1 下收益为 0 且在状态 2 下收益为 1 的收益，与一个在状态 1 下收益为 1 且在状态 2 下收益为 0 的收益的分布相等。但显然，这两个随机变量并不相等，因为它们并没有在所有状态下都重合。

例 10.2.1 令 z 各以 1/2 的概率取值为 1 和−1。当 $z=1$ 时，ε 以 3/4 的概率取值为 1，以 1/4 的概率取值为−3；当 $z=-1$ 时，ε 以1/4的概率取值为 3，以 3/4 的概率取值为−1。于是，$2z$ 和 $z+\varepsilon$ 有着相同的概率分布。而由于 ε 均值独立于 z，于是当 $y=2z$ 时，等式（10.1）成立。因此，$2z$ 要比 z 严格更具风险。显然，$2z$ 和 $z+\varepsilon$ 这两个随机变量并不相等，因为 $z\neq\varepsilon$。 □

关于消费计划更具风险的定义，是建立在消费计划对其各自期望的偏离程度之上的。因此，并不一定要求相应的消费计划要有相同的期望。

注意到：当且仅当 y 比 $z-E(z)+E(y)$ 更具风险，或 $y-E(y)$ 比 $z-E(z)$ 更具风险时，y 比 z 更具风险。因此，任意消费计划都比其期望更具风险，任意非确定性的消费计划也都比其期望更具风险。

10.3 不相关、均值独立和独立

10.2 节所给出的均值独立的条件要强于不相关，弱于独立性。独立性蕴涵着均值独立，但反过来说是不成立的。在例 10.2.1 中，ε 均值独立于 z，但并不独立于 z。这是由于 ε 对 z 的条件分布依赖于 z 的实现值的缘故。尽管此时，相对于 z 的两个实现值，ε 的条件期望均为 0。

与此相似，均值独立蕴涵着不相关，但其逆命题并不成立。例如，假如由 z 和 ε 构成的二维向量各以 1/3 的概率取值为 $(1,1)$、$(2,0)$ 和 $(3,1)$，那么 ε 便与 z 不相关。但此时，ε 并不均值独立于 z。

另一方面，不相关与独立性均具有对称性：如果 z 不相关（独立）于 ε，则 ε 必不相关（独立）于 z。而均值独立则不具有对称性：z 均值独立于 ε，并不蕴涵着 ε 均值独立 101
于 z。

当 z 和 ε 的联合分布服从二元正态（bivariate normal）分布时，不相关、均值独立和独立三者相互等价。

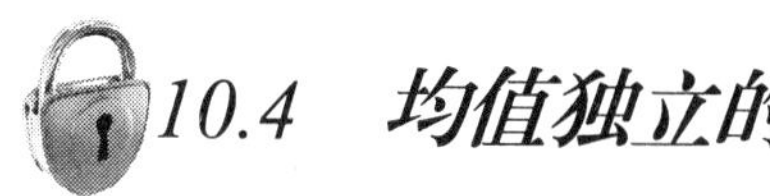

10.4 均值独立的性质

以下是均值独立的一个非常有用的性质。

命题 10.4.1 如果 ε 均值独立于 z，则对于任意函数 f，均有：

$$E\left[f(z)\varepsilon\right]=E\left[f(z)\right]E(\varepsilon) \tag{10.2}$$

证明： $f(z)\varepsilon$ 相对于 z 和 ε 的联合分布的期望，可通过先对 z 和 ε 的条件分布求解，再对 z 的边缘分布求解而得出：

$$E\left[f(z)\varepsilon\right]=E\left[E(f(z)\varepsilon\mid z)\right] \tag{10.3}$$

在这里，$f(z)$ 可从位于里面的期望中往外提。于是有：

$$E\left[f(z)\varepsilon\right]=E\left[f(z)E(\varepsilon\mid z)\right] \tag{10.4}$$

由均值独立的定义可知，上式的右端正好等于 $E\left[f(z)\right]E(\varepsilon)$。 □

如果 ε 与 z 不相关，则等式（10.2）对任意线性函数 f 均成立。如果 ε 均值独立于 z，则当 f 是非线性函数时，等式（10.2）也依然成立。值得指出的是，如果 ε 均值独立于 z，则 ε 也同样均值独立于 $f(z)$。

10.5 风险和风险厌恶

定义风险的动机在于：如果两个消费计划的期望相等，相对于风险更大的消费计划，任何一个风险厌恶的个体都会偏爱于风险更小一些的消费计划。

定理 10.5.1 对于消费计划 y 和 z。当且仅当相对于 y，所有风险厌恶的个体都更为偏好于 z，y 比 z 更具风险。

证明： 如果 y 比 z 更具风险，而且它们又有着相同的期望的话，则当 $E(\varepsilon\mid z)=0$ 时，

102 等式（10.1）可改写为 $y =^d z+\varepsilon$。对于效用函数（其定义域包括 y 和 z 所能取到的所有取值），有：

$$E\left[v(y)\right]=E\left[v(z+\varepsilon)\right]=E\left\{E\left[v(z+\varepsilon)\mid z\right]\right\} \tag{10.5}$$

如果 v 是凹函数，亦即个体具有风险厌恶倾向时，由詹森不等式，有：

$$E\left[v(z+\varepsilon\mid z)\right]\leqslant v[E(z+\varepsilon\mid z)]=v(z) \tag{10.6}$$

两边同时取期望，有：

$$E\left[v(y)\right]\leqslant E\left[v(z)\right] \tag{10.7}$$

另一个方向的证明（即当 $E(y)=E(z)$ 时，如果每一个风险厌恶的个体相对于 y 都更为偏爱 z，则 y 比 z 更具风险）则要难得多。有兴趣的读者可在本章评注所提到的文献中找到。 □

请注意，在定理 10.5.1 中，并未假定风险厌恶个体的效用函数是增函数。不过，如果仅考虑有着递增效用函数的风险厌恶个体，该定理的结论也依然成立。本章评注中对此有作讨论。另外，定理 10.5.1 还存在一个更为严格的版本。

定理 10.5.2 对于有着相同期望的消费计划 y 和 z，当且仅当所有严格风险厌恶的个体相对于 y 都更为偏爱 z 时，y 比 z 严格更具风险。

定理 10.5.2 的充分性和必要性都非常有用。有时人们知道 y 比 z 严格更具风险，他们便可以用定理 10.5.2 的必要性来推断出：相对于 y，所有严格风险厌恶的个体都更为偏好 z。有时人们知道相对于 y，所有严格风险厌恶的个体都更为偏好 z，他们便可以根据该定理的充分性来推断出：y 比 z 严格更具风险。

下面的两个例子揭示了定理 10.5.2 的用处。

例 10.5.3 设 y 和 z 是两个独立同分布的非确定性消费计划。我们将会揭示出：相比于对 y 和 z 取其他权重之后求平均（当然了，y 和 z 也是其中之一），每个严格风险厌恶的个体都严格偏好于对 y 和 z 取相同权重之后，求平均所得的消费计划 $(y+z)/2$。

用 $ay+(1-a)z$ 来表示对 y 和 z 取得任意平均值（当 $a=1$ 时，该值等于 y；当 $a=0$ 时，该值等于 z）。于是，由 y 和 z 独立同分布，有：

$$ay+(1-a)z=\frac{y+z}{2}+(a-\frac{1}{2})(y-z) \tag{10.8}$$

进而有

$$E(y-z\mid y+z)=E(y\mid y+z)-E(z\mid y+z) \tag{10.9}$$

和

103 $$E(y\mid y+z)=E(z\mid y+z) \tag{10.10}$$

因而，$(a-\frac{1}{2})(y-z)$ 均值独立于 $(y+z)/2$，且其期望为 0。由式（10.1），如 $a \neq 1/2$，则 $ay+(1-a)z$ 比 $(y+z)/2$ 严格更具风险。由定理 10.5.2 的必要性可知，每一个严格风险厌恶的个体都严格偏好于权重相同的平均消费计划。　□

例 10.5.4　对于任意的非确定性消费计划 z，显然 $2z$ 要比它自己严格更具风险。为揭示这一点，需要做一些变换和运算。由于 $z+E(z)$ 恰等于对 $2z$ 和 $2E(z)$ 取相同权重再求平均，于是对于每一个严格凹的 v，均有：

$$v[z+E(z)] > \frac{1}{2}v(2z)+\frac{1}{2}v[2E(z)] \tag{10.11}$$

不等式（10.11）是一个向量不等式，针对所有的状态（只有在满足 $z_s \neq E(z)$ 的状态 s 下，严格不等号才成立）。

对不等式（10.11）两端同时取期望，有：

$$E\{V[z+E(z)]\} > \frac{1}{2}E\left[v(2z)\right]+\frac{1}{2}v[2E(z)] \tag{10.12}$$

由詹森不等式，有：

$$v[2E(z)] > E\left[v(2z)\right] \tag{10.13}$$

将不等式（10.13）代入到式（10.12）中，可得：

$$E\{v[z+E(z)]\} > E\left[v(2z)\right] \tag{10.14}$$

由定理 10.5.2 的充分性可知：$2z$ 比 $z+E(z)$ 严格更具风险。由于期望无关紧要，因而 $2z$ 比 z 严格更具风险。　□

通过与例 10.5.4 差不多的证明过程，可以得到一个在下文中将要用到的结论。

命题 10.5.5　对于任意消费计划 z，如果 $\varepsilon \neq 0$ 均值独立于 z，且有 $E(\varepsilon)=0$，则对于任意 $\lambda > \gamma \geqslant 0$，均有 $z+\lambda\varepsilon$ 比 $z+\gamma\varepsilon$ 严格更具风险。

证明：令 $a=\gamma/\lambda$。于是有：

$$z+\gamma\varepsilon = a(z+\lambda\varepsilon)+(1-a)z \tag{10.15}$$

由于 $0 \leqslant a < 1$，于是对任意严格凹的效用函数，均有：

$$v(z+\gamma\varepsilon) \geqslant av(z+\lambda\varepsilon)+(1-a)v(z) \tag{10.16}$$

（在这里，不等式（10.16）也是向量不等式。）对不等式（10.16）两端同时取期 104
望，得：

$$E\left[v(z+\gamma\varepsilon)\right] \geqslant aE\left[v(z+\lambda\varepsilon)\right]+(1-a)E\left[v(z)\right] \tag{10.17}$$

由于 $z+\lambda\varepsilon$ 比 z 严格更具风险，则有 $E\left[v(z)\right] > E\left[v(z+\lambda\varepsilon)\right]$。应用不等式（10.17），可得：

$$E\left[v(z+\gamma\varepsilon)\right] > E\left[v(z+\lambda\varepsilon)\right] \tag{10.18}$$

由定理 10.5.2 可知：$z+\lambda\varepsilon$ 比 $z+\gamma\varepsilon$ 严格更具风险。　□

请注意，由于在对消费计划的风险程度进行排序时，期望值是无关紧要的，因而对于任意满足$\varepsilon \neq 0$且均值独立于z的随机变量，命题 10.5.5 都依然成立，即使$E(\varepsilon) \neq 0$也一样成立。命题 10.5.5 的一个推论给出了例 10.5.4 的一个扩展。

推论 10.5.6 对于任意非确定性的消费计划z，当$\lambda > 1$时，λz比z严格更具风险。

证明：命题 10.5.5 蕴涵着：当$\lambda > 1$时，对于任意非确定性的消费计划z，$0 + \lambda[z - E(z)]$均比$0 + [z - E(z)]$严格更具风险。由于期望值无关紧要，于是λz比z严格更具风险。 □

10.6 更具风险和方差

方差是一个简单而又经常被用到的风险度量指标。由风险的定义（式（10.1））可知：如果某一消费计划比另一消费计划更具风险，则相对于另一消费计划，它有着更高的方差。但逆命题却是错误的：有着相对更高方差的消费计划未必风险就更高。下面举个例子来说明这一点。在这个例子中给出了期望相同的两个消费计划，但风险厌恶的个体却更偏好于方差更大的消费计划。从定理 10.5.1 的角度看，高方差的消费计划并不比低方差的消费计划更具风险。

例 10.6.1 令z以相等的概率取值为 1、3、4、6。令y以1/2的概率取值为 2，以1/4的概率取值为 3 和 7。于是有：

$$E(z) = E(y) = 3.5 \qquad \text{和} \qquad \text{var}(y) = 4.25 > \text{var}(z) = 3.25 \tag{10.19}$$

105 下面来考虑对数效用函数$v(c) = \ln(c)$。对于该效用函数，z和y的期望效用分别为

$$E\left[v(z)\right] = \frac{1}{4}[\ln(1) + \ln(3) + \ln(4) + \ln(6)] = \frac{1}{4}\ln(72) \tag{10.20}$$

和

$$E\left[v(y)\right] = \frac{1}{2}\ln(2) + \frac{1}{4}[\ln(3) + \ln(7)] = \frac{1}{4}\ln(84) \tag{10.21}$$

因而有：

$$E\left[v(z)\right] < E\left[v(y)\right] \tag{10.22}$$

式（10.22）意味着y的风险并不比z大。 □

例 10.6.1 告诉我们：对于期望为 0 且与z不相关的ε，如果$y = z + \varepsilon$，则y的风险有可能不比z大。要想认清这一点，只需注意到ε（在z等于 1 或 6 时ε取 1，在z等于 3 或 4 时ε取−1）与z不相关即可。

而且由于$y = z + \varepsilon$，因而在例 10.6.1 中给出了一个相对于z更偏好于y的风险厌恶个体（该个体具有对数效用函数）。

在定理 10.5.1 中，所谓的风险，其实只是在效用函数是凹函数的情况下，对期望相同的消费计划所进行的一种排序而已。

与此相似，我们也可以基于二次效用函数而对消费计划依方差进行排序。回想一下冯·诺依曼－摩根斯坦二次效用函数的具体形式：

$$v(c) = -(c-\alpha)^2，\text{其中 } c \leqslant \alpha，\ \alpha \text{ 为常数} \tag{10.23}$$

对于该效用函数，消费计划 z 的期望效用为：

$$E\left[v(z)\right] = -\left\{\operatorname{var}(z) + [E(z)-\alpha]^2\right\} \tag{10.24}$$

在式（10.24）中，期望效用仅依赖于 z 的期望和方差。对于两个有着相同期望的消费计划 y 和 z，当且仅当每一个有着二次效用函数的个体相对于 y 都更偏爱 z 时，y 的方差要大于 z 的方差。

由于二次效用函数所构成的集合与凹效用函数所构成的集合相比要小得多，因而依方差排序的条件要强于依风险排序。实际上，前者是一个全序（Complete Ordering），而后者则是一个偏序（Partial Ordering）。

对于依正态分布的消费计划而言，这两种排序是相同的。我们有：

命题 10.6.2 令 y 和 z 为两个依正态分布的消费计划，其各自的方差分别为 σ_y^2 和 σ_z^2。于是有：当且仅当 $\sigma_y^2 > \sigma_z^2$ 时，y 比 z 严格更具风险。

证明： 首先，定义 $\lambda = \sigma_y / \sigma_z$。于是，显然有 $\lambda > 1$。随机变量 $\lambda[z-E(z)]$ 服从期望为 0，方差为 $\lambda^2\sigma_z^2 = \sigma_y^2$ 的正态分布。因此，$\lambda[z-E(z)]$ 与 $y-E(y)$ 同分布。由命题 10.5.6 106
可知 $\lambda[z-E(z)]$，进而 $y-E(y)$，要比 $z-E(z)$ 严格更具风险。 □

10.7 更具风险的特征刻画

有一个非常有用的条件可以用来刻画两个风险水平不同的消费计划，其中要用到累积分布函数。用 F_z 和 F_y 来表示消费计划 z 和 y 的累积分布函数。亦即，令 $F_z(w) = \text{prob}(z \leqslant w)$，$F_y(w) = \text{prob}(y \leqslant w)$，有：

命题 10.7.1 对于期望相同的消费计划 y 和 z，对于任意的 w，当且仅当

$$\int_{-\infty}^{w} F_z(t)\mathrm{d}t \leqslant \int_{-\infty}^{w} F_y(t)\mathrm{d}t \tag{10.25}$$

时，y 比 z 更具风险。

证明： 为求简便，假定存在 a 和 b，使得 $F_y(a) = F_z(a) = 0$，且 $F_y(b) = F_z(b) = 1$。更一般的情形见本章评注所引述的文献。

需要证明对于位于区间$[a,b]$上的所有凹函数v，积分条件（10.25）均等价于

$$\int_a^b v(t)\mathrm{d}F_z(t) \geqslant \int_a^b v(t)\mathrm{d}F_y(t) \tag{10.26}$$

由于$\int_a^b v(t)\mathrm{d}F_z(t) = E[v(z)]$，该结论可由定理 10.5.1 得出。

先来证明对于任意凹函数v，条件（10.25）均蕴涵着不等式（10.26）。对于二次可微的函数v，可以运用分部积分：

$$\int_a^b v(t)\mathrm{d}F_y(t) = v(b) - \int_a^b F_y(w)v'(w)\mathrm{d}w \tag{10.27}$$

$$= v(b) - v'(b)\int_a^b F_y(w)\mathrm{d}w + \int_a^b v''(w)[\int_a^w F_y(t)\mathrm{d}t]\mathrm{d}w \tag{10.28}$$

由于有$\int_a^b F_y(w)\mathrm{d}w = b - E(y)$（通过分部积分即可求出）和$E(y)=E(z)$，式（10.28）的前两项正好等于$F_y$和$F_z$。又因为$v'' \leqslant 0$，条件（10.25）蕴涵着式（10.28）中的最后一项对于F_z来说要比F_y更大，因而不等式（10.26）成立。

通过近似计算，便可以将这一求解过程扩展到凹效用函数不可导的情况。

107 现在假定不等式（10.26）对于任意凹函数v均成立，而后再据此而证明条件（10.25）。特别地，对于凹函数

$$v_w(t) = \begin{cases} t, & t \leqslant w \\ w, & w \leqslant t \end{cases} \tag{10.29}$$

有

$$\int_a^b v_w(t)\mathrm{d}F_z(t) \geqslant \int_a^b v_w(t)\mathrm{d}F_y(t) \tag{10.30}$$

再次运用分部积分法，便得到了：

$$\int_a^b v_w(t)\mathrm{d}F_y(t) = \int_a^w t\mathrm{d}F_y(t) + w[1 - F_y(w)] = w - \int_a^w F_y(t)\mathrm{d}t \tag{10.31}$$

于是对于任意w，由不等式（10.30）和式（10.31），便可得出不等式（10.25）。□

下面的例子也能印证命题 10.7.1 的结论。

例 10.7.2 令z以相同的概率π取值为-1 和 1。以概率$1-2\pi$取值为 0。其中，$0<\pi<1/2$。于是，z服从一个三点对称分布，其累积分布函数为：

$$F_z(w) = \begin{cases} 0, & w < -1 \\ \pi, & -1 \leqslant w < 0 \\ 1-\pi, & 0 \leqslant w < 1 \\ 1, & 1 \leqslant w \end{cases} \tag{10.32}$$

z的分布函数的积分为：

$$\int_{-\infty}^{w} F_z(t)\mathrm{d}t = \begin{cases} 0, & w < -1 \\ \pi w + \pi, & -1 \leqslant w < 0 \\ (1-\pi)w + \pi, & 0 \leqslant w < 1 \\ w, & 1 \leqslant w \end{cases} \tag{10.33}$$

如果 y 以相同的概率 ϕ 取值为-1 和 1，以概率 $1-2\phi$ 取值为 0，且 $\phi > \pi$，则 F_y 的积分在任何一处均大于等于 F_z 的积分，进而 y 比 z 更具风险。因为相对于分布 z，分布 y 将太多的（概率）权重置于尾端了。 □

对于两个期望不同的消费计划 y 和 z，当且仅当 y 对其期望的离差（deviation）比 z 对其期望的离差更具风险时，y 比 z 更具风险。由于离差的期望为 0，于是可以运用命题 10.7.1。因而，如果在条件（10.25）中用 y 和 z 偏离于其各自期望的离差来替换 y 和 z 108
的累积分布函数，则对于期望不同的消费计划，更具风险的积分条件（10.25）刻画依然有效。

10.8 评注

证券或资产组合的风险可通过其收益的风险来定义。在命题 10.7.1 的证明中，揭示了积分条件（10.25）其实等价于：相对于 y，任何一个风险厌恶的个体均更为偏好 z。

通过对该命题的证明过程的观察发现，无论个体的冯·诺依曼－摩根斯坦效用函数是否为增函数，其结论均成立。因此，对于任意有着递增效用函数的风险厌恶个体，同样的结论也依然成立：积分条件（10.25）便等价于相对于 y，个体更为偏好 z。因而，如果将定理中有着递增、凹（严格凹）效用函数的个体视作风险厌恶个体，则定理 10.5.1 和定理 10.5.2 也依然成立。

更具风险的概念由 Rothschild and Stiglitz[1] 提出。他们将它用于期望不同的随机变量。这一概念与二阶随机占优（second-order stochastically dominance）的概念密切相关：如果 y 和 z 的期望相等，则当且仅当 y 比 z 更具风险时，z 二阶随机占优于 y。

若想了解随机占优（一阶占优和二阶占优），可参见 Hadar and Russell[2] 和 Bawa[3]。定理 10.5.1 的证明可在 Rothschild and Stiglitz 中找到。关于命题 10.7.1，Tesfatsion[4] 给出了一个未对两个随机变量的取值限定边界时的证明。Hanoch and Levy[5] 中也有类似的内容。

参考文献

1. Michael Rothschild and Joseph Stiglitz. Increasing risk I: A definition. Journal of

Economic Theory, 2:225-243, 1970.

2．Hadar, J. and Russell, W.R. Rules of ordering uncertain prospects. American Economic Review, 59:25-34, 1969.

3．Bawa, V.S. Optimal rules for ordering uncertain prospects. Journal of Financial Economics, 2:95-121, 1975.

4．Leigh Tesfatsion. Stochastic dominance and the maximization of expected utility. Review of Economic Studies, XLIII:301-315, 1976.

5．Giora Hanoch and Haim Levy. Efficiency analysis of choices involving risk. Review of Economic Studies, pages 335-346, 1969.

第 4 篇

最优资产组合

第 11 章 具有单个风险证券的最优资产组合

11.1 引言

个体投资于风险证券的意愿受许多因素影响，其中之一即为该证券的回报情况。在这一章，我们将在一个极为简单的只有两种证券（一种风险证券和一种无风险证券）的设定下来分析个体的最优资产组合选择问题。

本章假定：所有个体的效用函数均具有期望效用表示；该期望效用为严格递增且二阶可微的冯·诺依曼—摩根斯坦效用函数。另外，还假定 0 期消费不进入个体的效用函数，所有个体的 1 期禀赋均落在资产张成之上（即为证券市场经济）。

11.2 资产组合选择和财富

如果个体效用函数仅依赖于 1 期的消费，且具有严格递增的期望效用表示，则个体的消费—资产组合选择问题可写为：

$$\max_{c_1, h} E\left[v(c_1)\right] \tag{11.1}$$

s.t.

$$ph = w_0 \tag{11.2}$$

$$c_1 = w_1 + \sum_{j=1}^{J} x_j h_j \tag{11.3}$$

如果对于消费还有其他的限制，则上述最优化问题还需进一步添加限制条件。

问题（11.1）～（11.3）中的 1 期消费 c_1、禀赋 w_1 和证券收益 x_j，均可被理解为位于状态集 S 上的被赋以了概率测度 π 的随机变量。

112 如果个体在 1 期的禀赋如假定的那样落在了资产张成上的话，则必有某些资产组合 $\hat{h}$ 使得 $w_1=\sum_j x_j\tilde{h}_j$。于是可以用个体持有的总资产组合 $\tilde{h}$ 来替换净交易资产组合（net trade portfolio）h 与资产组合 $\hat{h}$ 之和。据此可将问题（11.1）～（11.3）改写为：

$$\max_{c_1,\tilde{h}} E\left[v(c_1)\right] \tag{11.4}$$

s.t.

$$p\tilde{h}=w_0+p\hat{h} \tag{11.5}$$

$$c_1=\sum_{j=1}^{J}x_j\tilde{h}_j \tag{11.6}$$

个体的**财富（wealth）**可被定义为“个体的 0 期禀赋”及“1 期收益正好等于个体的 1 期禀赋的资产组合在 0 期的价格”之和：

$$w\equiv w_0+p\hat{h} \tag{11.7}$$

注意到：资产组合 $\hat{h}$ 的价格等于 1 期禀赋 w_1 在收益定价泛函下的价值，亦即有 $p\hat{h}=q(w_1)$。除非个体在 1 期的禀赋为 0，否则，其财富将依赖于证券价格的高低。

采用财富 w 的形式，并将式（11.6）代入到期望效用函数中，可将资产组合选择问题改写为：

$$\max_h E\left[v(\sum_j x_j h_j)\right] \tag{11.8}$$

s.t.

$$ph=w \tag{11.9}$$

其中，资产组合 $\tilde{h}$ 的标记符号被更换为了 h。

如果个体严格风险厌恶，则最优消费计划 $c_1=\sum_j x_j h_j$ 是唯一的。此时显然不可能有两个消费计划同时取到最优，因为它们的任意严格凸组合仍然是预算可行的，但其期望效用却严格大于它们中的任何一个。另外，如果没有冗余证券存在，则个体的最优资产组合也将是唯一的。

11.3　仅有一个风险证券时的最优资产组合

假如只有两种证券：一种是回报为 r 的风险证券，另一种是回报为 $\bar{r}$ 的无风险证券。二者的回报之差 $r-\bar{r}$（姑且假定它是一个非 0 的数）乃是风险证券的**超额回报（excess return）**。

当存在两种证券时，与采用证券头寸的方式相比，用投入的财富的大小来描述预算可行的资产组合要方便得多。

对于满足 $p_1h_1 + p_2h_2 = w$ 的资产组合 (h_1, h_2)，用 $a = p_2h_2$ 来表示投资于风险证券的财 113
富值。于是，在无风险证券上的投资为 $w - a = p_1h_1$，而投资的收益向量 $(w-a, a)$ 则等于 $w\bar{r} + (r-\bar{r})a$。

进而，个体的最优投资[①]（以 a^* 表示）是以下优化问题的解：

$$\max_a E\left\{v[w\bar{r} + (r-\bar{r})a]\right\} \tag{11.10}$$

当然了，以上最优化问题还要附加一个限制条件：消费为正，即 $w\bar{r} + (r-\bar{r})a \geqslant 0$。另外，该问题中个体的财富 w 也被假定严格为正。

如果证券价格排除了套利，且消费被限定为正的话，则定理 3.6.5 蕴涵着最大化问题（11.10）有解。在目前只有两种证券的设定下，由于其中一种是无风险证券，无套利条件将使得证券的回报具有某种非常简单的特征：在某些状态下，风险回报 r 将低于无风险回报 $\bar{r}$；而在另一些状态下，r 则高于 $\bar{r}$。因为不然的话，例如当 r 在所有状态下都高于 $\bar{r}$ 时，$r-\bar{r}$ 将构成一个套利。

如果个体是严格风险厌恶的，那么最优投资将是唯一的，因为在当前的设定下并没有冗余证券存在。于是，最优投资 a^* 将是个体财富 w、无风险回报 $\bar{r}$ 和风险回报 r（的分布）的一个函数。进而，由于效用函数 v 是二阶可微的，当 a^* 所对应的消费计划是内点解时，a^* 将是其自变量的可微函数。

位于内点的最优投资 a^* 满足一阶条件：

$$E\left\{v'[w\bar{r} + a^*(r-\bar{r})](r-\bar{r})\right\} = 0 \tag{11.11}$$

例 11.3.1　二次效用函数有一个很诱人的性质：其最优投资具有显式解（closed-form expression）。对于：

$$v(y) = -(\alpha - y)^2,\quad y < \alpha \tag{11.12}$$

其一阶条件（11.11）为：

$$E\left\{[\alpha - w\bar{r} - a^*(r-\bar{r})](r-\bar{r})\right\} = 0 \tag{11.13}$$

对其稍作变换，便可求出 a^*：

$$a^* = \frac{(\alpha - w\bar{r})(\mu - \bar{r})}{\sigma^2 + (\mu - \bar{r})^2} \tag{11.14}$$

其中，$\mu = E(r)$，$\sigma^2 = \mathrm{var}(r)$。请注意，当 $\mu > \bar{r}$ 时，最优投资 a^* 是方差 σ^2 和财富 w 的

[①] 到目前为止，一直都不存在将某一变量的最优值与非最优值分开标记的必要。但在这里，我们需要同时讨论最优资产组合与非最优的资产组合，因而很有必要将它们分别标记，以示区分。

113 减函数。 □

11.4 风险溢价和最优资产组合

114 某一证券的**风险溢价（risk premium）**被定义为该证券的期望超额回报，亦即其期望回报减去无风险回报所得之值。如果风险溢价为 0，则称该证券被**平价（fairly）定价**，亦即该证券的超额回报是一个公平博弈（也就是说，是一个期望为 0 的随机变量）。当然了，这并不是说风险溢价不等于 0 时就不公平了。

对于风险中性个体而言，如果风险证券的风险溢价为 0，则所有的投资选择均无差别；如果风险溢价非 0 且无消费限制，则最优投资将不存在；如果消费被限定为正，则个体将卖空期望回报低的证券并买入期望回报高的证券，直到达到消费的正边界为止。

对于严格风险厌恶的个体而言，是在风险证券上进行正投资，还是进行负投资，要视风险证券风险溢价的大小而定。

定理 11.4.1 如果某一个体严格风险厌恶，则当且仅当风险证券的风险溢价严格为正、为 0 或严格为负时，个体在风险证券上的最优投资将严格为正、为 0 或严格为负。

证明：由于 w 严格为正，如果在风险证券上的投资为 0 的话，则在无风险消费上的支出将严格为正。因而，无论消费是否被限定为正，$a=0$ 都是投资选择区间上的内点。当 $a=0$ 时，最大化问题(11.10)中的期望效用对 a 的导数为 $v'(w\bar{r})(\mu-\bar{r})$，其中 $\mu \equiv E(r)$。

由于 $v'(w\bar{r})$ 严格为正，当且仅当 $\mu-\bar{r}$ 严格为正、为 0 或严格为负时，导数严格为正、为 0 或严格为负。由于期望效用对 a 严格凹，于是，投资为 0 时的导数取值的符号（正、0、负）将决定最优投资是为正、为 0 还是为负，如图 11.1 所示。 □

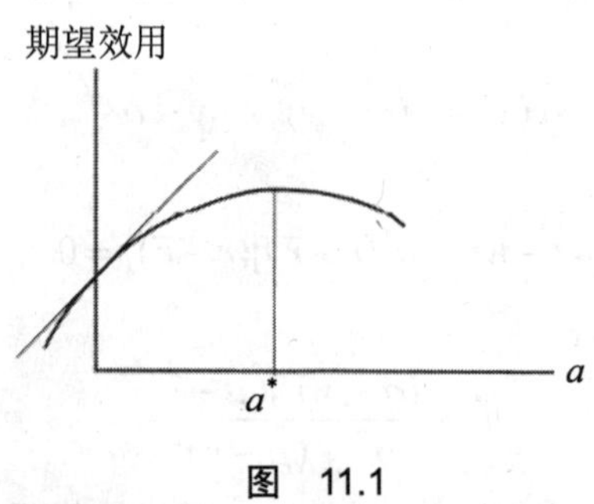

图 11.1

在图 11.1 中，当 $a=0$ 时，期望效用对 a 的导数为正，而且 a^* 也为正。

115 一定要记得，在定理 11.4.1 中的最优投资 a^* 指的是总财富 w 中投资于风险证券的份额，这一点非常重要。因为 w 由 0 期禀赋和以资产组合的形式赋予的 1 期禀赋的价格（参见式（11.7））所决定，因而投资 a^* 为 0 也就意味：该个体出售了其禀赋中所有的风险证券，并将全部所得都投资到了无风险证券中去。

若风险溢价为 0，则任何一个含有风险证券的投资的回报，均比有着相同期望的回报及无风险回报严格更具风险。由定理 10.5.1 知，此时的最优投资应该是无风险投资。

因此，哪怕个体的效用函数可微的假设被取消了，定理 11.4.1 的这一部分也依然成立。不过，对定理 11.4.1 的其他部分，可就不行了。例如，当风险溢价严格为正时，最优投资中投资于风险证券的部分依然有可能为 0。

例 11.4.2　假定有两个概率相同的状态，无风险回报 $\bar{r}=1$，风险证券的回报为 $r=(1.3,0.8)$。因而，此时风险溢价是严格为正的。个体的冯·诺依曼—摩根斯坦效用函数 v 由下式给出：

$$v(y)=\begin{cases}2y, & y\leqslant 5\\ y+5, & y\geqslant 5\end{cases} \tag{11.15}$$

v 是一个严格递增的凹函数，其期望效用为：

$$E\left[v(c)\right]=\frac{1}{2}v(c_1)+\frac{1}{2}v(c_2) \tag{11.16}$$

当 $c_1=5$ 或 $c_2=5$ 时，期望效用函数是不可微的。如果个体的财富 $w=5$，则其最优投资策略是将所有的财富均投资于无风险证券。□

定理 11.4.1 蕴涵着当且仅当风险证券被公平定价（$E(r)=\bar{r}$）时，（有着可微效用函数的）严格风险厌恶个体的最优投资组合的回报将是无风险回报。否则，若风险溢价不等于 0，则其最优投资组合的回报是带有风险的。此时，最优投资组合的期望回报等于：

$$\bar{r}+\frac{a^*}{w}[E(r)-\bar{r}] \tag{11.17}$$

它严格高于无风险回报。因此，最优资产组合回报中的风险经由一个与之相对应的更高的期望回报而得到了补偿。 116

在图 11.2 中，对于不可微的效用函数而言，即便不存在公平定价，最优资产组合也可能是无风险的。

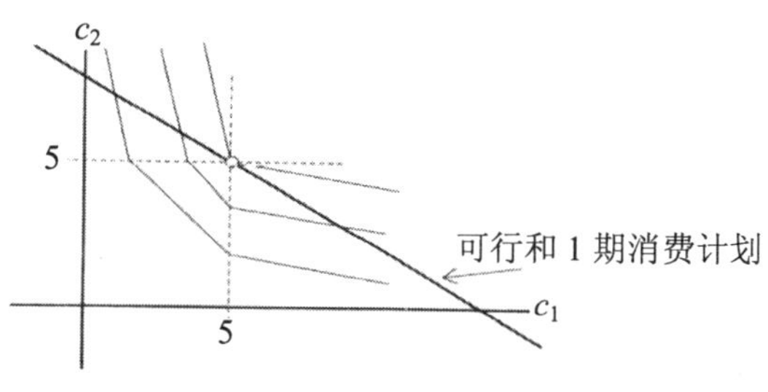

图　11.2

11.5 风险溢价较小时的最优资产组合

最优资产组合是风险溢价的连续函数。再运用定理 11.4.1，便可得到：如果风险溢价很小，则在风险证券上的投资规模也会很小。更进一步，如果风险溢价非常小（亦即，如果风险证券的价格非常接近平价定价），则最优投资 a^* 与风险溢价 $E(r)-\bar{r}$ 近似成正比，与阿罗一普拉特绝对风险厌恶测度成反比，且与风险回报的方差 σ^2 成反比。

定理 11.5.1 如果风险溢价 $E(r)-\bar{r}$ 很小，则 1 期禀赋为 0 的严格风险厌恶个体在风险证券上的最优投资为：

$$a^* \cong \frac{E(r)-\bar{r}}{\sigma^2 A(w\bar{r})} \tag{11.18}$$

证明：如果风险溢价为 0，则当 $\mu \equiv E(r)$ 时，$\bar{r}=\mu$。于是由定理 11.4.1 可知，最优投资 a^* 等于 0。对于非常小的风险溢价，a^* 的线性近似为：

$$a^* \cong (\bar{r}-\mu)\partial_{\bar{r}} a^* \tag{11.19}$$

其中，$\partial_{\bar{r}} a^*$ 是 a^* 在 $\bar{r}=\mu$ 处对 $\bar{r}$ 的导数。

为找出偏导数 $\partial_{\bar{r}} a^*$ 在 $\bar{r}=\mu$ 处的值，先由条件（11.11）对 $\bar{r}$ 求导。由于个体在 1 期的禀赋为 0，故而财富 w 不依赖于 $\bar{r}$，于是有：

$$E\left\{v''[w\bar{r}+a^*(r-\bar{r})](r-\bar{r})[w+(r-\bar{r})\partial_{\bar{r}} a^* - a^*] - v'[w\bar{r}+a^*(r-\bar{r})]\right\}=0 \tag{11.20}$$

117 令 $\bar{r}=\mu$，由于此时 a^* 等于 0，于是可解出（11.20）：

$$\partial_{\bar{r}} a^* = -\frac{1}{A(w\bar{r})\sigma^2} \tag{11.21}$$

将式（11.21）的右端代入式（11.19）中，便得到了式（11.18）。 □

式（11.19）给出的近似形式揭示了“很小”的风险溢价的含义。在这里，“很小”的意思是：在 $\bar{r}=\mu$ 附近，a^* 作为 $\bar{r}$ 的函数，它的二阶以上泰勒展开项均可忽略不计。并且，在风险溢价为 0 时不起作用的“消费必须为正”的限制条件，在风险溢价“很小”时也依然不起作用。

例 11.5.2 例 11.3.1 中的二次效用函数的绝对风险厌恶的阿罗一普拉特测度为：

$$A(w\bar{r}) = \frac{1}{\alpha - w\bar{r}} \tag{11.22}$$

另外，关于最优投资的表达式（11.14）可以改写为：

$$a^* = \frac{\mu - \bar{r}}{[\sigma^2 + (\mu - \bar{r})^2]A(w\bar{r})} \tag{11.23}$$

近似表达式（11.18）不同于完整解（11.23），因为前者略去了分母中的二阶项$(\mu - \bar{r})^2$。

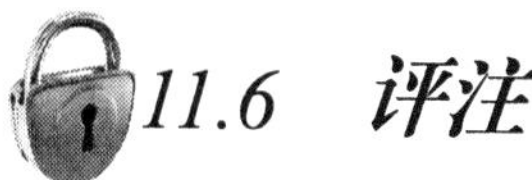

11.6　评注

最先对仅有一个风险证券的资产组合选择问题进行分析的有：Tobin[1]、Arrow[2] 和 Pratt[3]。

作为 Pratt 的一个研究结果的扩展，Wang and Werner[4] 得出：对单一风险证券的最优投资乃是一个等价于阿罗－普拉特测度的风险厌恶测度。对于财富水平各不相同的个体和风险溢价严格为正的各种风险回报，以下结论都是成立的：当且仅当某一个体在风险证券上的投资高于另一个体时，该个体的风险厌恶程度弱于后者。

参考文献

1．Tobin, J. Liquidity preference as behavior towards risk. Review of Economic Studies, 25:65-86, 1958.

2．Arrow, K.J. Aspects of the Theory of Risk Bearing. Yrjo Jahnssonin Saatio, Helsinki, 1965.

3．Pratt, J.W. Risk aversion in the small and in the large. Econometrica, 32:122-136, 1964.

4．Wang, Z. and Werner, J. Portfolio characterization of risk aversion. Economics Letters, 45:259-265, 1994.

最优资产组合的比较静态分析

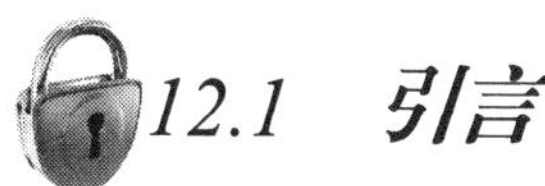

12.1 引言

本章将分析一下最优资产组合如何依赖于个体的财富、无风险回报的大小以及风险 118
回报的期望回报和风险程度。与第 11 章一样，分析是在只有两种证券的简单设定下进行的：一种风险证券和一种无风险证券。

假定个体的财富仅由 0 期禀赋构成，1 期禀赋被假定为 0。这意味着财富不依赖丁证券价格和回报情况，而这同时也得以从价格和回报变化对财富的影响中抽身而退。

本章基本上都假定个体的效用函数中不包含 0 期消费。12.5 节是个例外，因为这一节主要分析存在跨期消费时的最优资产组合。

在本章的最优资产组合分析中，借鉴了消费者理论中关于比较静态分析的方法和结论。

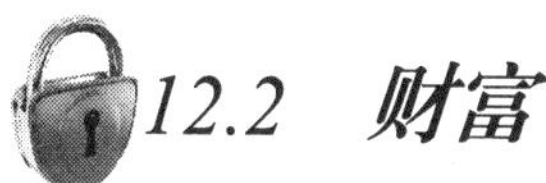

12.2 财富

如果你还记得的话，对风险证券的最优投资 a^* 是以下问题的解：

$$\max_{a} E\left\{v[w\bar{r}+(r-\bar{r})a]\right\} \tag{12.1}$$

其中，效用函数 v 严格递增且二次可微。最优投资存在内点解的一阶条件是：

$$E\left\{v'[w\bar{r}+a^*(r-\bar{r})](r-\bar{r})\right\}=0 \tag{12.2}$$

本节主要分析财富变化对最优投资 a^* 的影响。随财富的增加，a^* 是增大、减小还是保持不变，完全依赖于绝对风险厌恶（作为财富的一个函数）对财富变化所做出的反应。 119

定理 12.2.1 如果某一严格风险厌恶个体的绝对风险厌恶是递减的，并且风险证券的风险溢价为正，则其在风险证券上的最优投资 a^* 将随财富增长而递增。

证明：将一阶条件（12.2）对 w 求导，有：

$$E\left\{v''[w\overline{r}+a^*(r-\overline{r})](r-\overline{r})[\overline{r}+(r-\overline{r})\partial_w a^*]\right\}=0 \tag{12.3}$$

或

$$\partial_w a^* = -\frac{\overline{r}E\left\{v''[w\overline{r}+a^*(r-\overline{r})](r-\overline{r})\right\}}{E\left\{v''[w\overline{r}+a^*(r-\overline{r})](r-\overline{r})^2\right\}} \tag{12.4}$$

式（12.4）中的分母严格为负。下面来证明其分子是为正的。由于绝对风险厌恶测度 A 是递减的，于是对于所有满足 $r_s > \overline{r}$ 的状态 s，均有：

$$A[w\overline{r}+a^*(r_s-\overline{r})] \leqslant A(w\overline{r}) \tag{12.5}$$

由定理 11.5.1 可知：$a^* \geqslant 0$。在不等式（12.5）的左端用 A 的定义代入，并在两端同时乘上 $r_s-\overline{r}$，便得到了：

$$v''[w\overline{r}+a^*(r_s-\overline{r})](r_s-\overline{r}) \geqslant -A(w\overline{r})v'[w\overline{r}+a^*(r_s-\overline{r})](r_s-\overline{r}) \tag{12.6}$$

而对于满足 $r_s \leqslant \overline{r}$ 的状态，有：

$$A[w\overline{r}+a^*(r_s-\overline{r})] \geqslant A(w\overline{r}) \tag{12.7}$$

对它作同样的变换（注意，这时两边同时乘上 $r_s-\overline{r}$ 会导致不等号改变方向），也能得到不等式（12.6）。因此，不等式（12.6）对 r_s 的所有取值均成立。在不等式（12.6）两端取期望，并运用一阶条件（12.2），便得到了：

$$E\left\{v''[w\overline{r}+a^*(r-\overline{r})](r-\overline{r})\right\} \geqslant 0 \tag{12.8}$$

因而，式（12.4）右端的分子为正。进而有：

$$\partial_w a^* \geqslant 0 \tag{12.9}$$

□

因此，在定理 12.2.1 所描述的条件下，风险证券属于正常品（normal good）。在绝对
120 风险厌恶递增或保持不变的条件下，也有类似于定理 12.2.1 的结论成立。如果某一个体严格风险厌恶，并且其风险厌恶是递增的，则个体在风险溢价严格为正的风险证券上的最优投资将随财富的增长而递减。

因而对该个体而言，风险证券是劣等品（inferior good）。二次效用函数恰恰符合这种情况（参见式（11.14））。如果某一个体的绝对风险厌恶是个常数（负指数效用函数），则该个体在风险证券上的最优投资将独立于其财富水平。

我们还能得到：

定理 12.2.2 如果某一个体严格风险厌恶，其相对风险厌恶递减，并且风险证券的风险溢价为正，则投资于风险证券的财富比例 a^*/w 将随财富增长而递增。

证明：一阶条件（12.2）可被改写为：

$$E\left\{v'[w\bar{r}+w(\frac{a^*}{w})(r-\bar{r})](r-\bar{r})\right\}=0 \tag{12.10}$$

估算 $\partial_w(a^*/w)$ 的过程完全类似于证明定理 12.2.1 时对 $\partial_w a^*$ 的估算过程。不同之处在于，在这里要用相对风险厌恶测度替换掉定理 12.2.1 中的绝对风险厌恶测度。 □

在相对风险厌恶递增或保持不变的情况下，也有类似的结果。因此，在相对风险厌恶为常数时（对应于 $\alpha=0$ 时的幂效用和对数效用），投资于风险证券的财富比例随财富的增长而保持不变。

12.3　期望回报

本节来分析一下风险证券的期望回报和无风险回报的变化如何导致最优资产组合的变化。下面先从无风险回报开始分析。

定理 12.3.1　如果某一严格风险厌恶个体的绝对风险厌恶是递增的，其在无风险证券上的最优投资为正，并且风险证券的风险溢价为正，则该个体在风险证券上的最优投资 a^* 将随无风险回报的增大而严格递减。

证明：将一阶条件（12.2）对 $\bar{r}$ 求导（参见式（11.20）），便能得到：

$$\partial_{\bar{r}}a^*=\frac{E\left\{v'[w\bar{r}+a^*(r-\bar{r})]\right\}-E\left\{v''[w\bar{r}+a^*(r-\bar{r})](r-\bar{r})\right\}(w-a^*)}{E\left\{v''[w\bar{r}+a^*(r-\bar{r})](r-\bar{r})^2\right\}} \tag{12.11}$$

运用式（12.4），有： 121

$$\partial_{\bar{r}}a^*=\frac{E\left\{v'[w\bar{r}+a^*(r-\bar{r})]\right\}}{E\left\{v''[w\bar{r}+a^*(r-\bar{r})](r-\bar{r})^2\right\}}+\frac{w-a^*}{\bar{r}}\partial_w a^* \tag{12.12}$$

等式（12.12）右端的第一项的分子严格为正，分母严格为负。因此，第一项严格为负。定理 12.2.1 在绝对风险厌恶递增时的版本蕴涵着在本定理所给出的条件下 $\partial_w a^*$ 是为负的。加之本定理假设 $w-a^*$ 为正，因而有：$\partial_{\bar{r}}a^*<0$ 。 □

无风险回报的变化对个体在风险证券上的投资的影响，可被分解为替代效应和收入效应。

式（12.12）中右端的第一项即为替代效应。正如式（12.12）所显示的，替代效应总是为负的。如果无风险回报上升，则无风险证券将显得更有吸引力，而风险证券则相对更不吸引人，于是在风险证券上的投资也将随之而减少。

式（12.12）中右端的第二项即为收入效应。无风险回报的边际单位增长所带来的 1 期消费的增长恰好等于个体在无风险证券上的投资 $w-a^*$。而 1 期消费的这一增加恰好等于 $(w-a^*)/\overline{r}$ 所带来的 0 期财富的增长。这一财富增长对个体在风险证券上的最优投资的影响 $[(w-a^*)/\overline{r}]\partial_w a^*$ 即为收入效应。

一般而言，收入效应可正可负。在定理 12.3.1 的假设之下，收入效应为负；它进一步加强了替代效应的效果。

在下述定理的假设之上，虽然收入效应为正，但它的效果总是小于替代效应的效果。

定理 12.3.2 如果某一严格风险厌恶个体的相对风险厌恶小于或等于 1，并且风险回报为正，则个体在风险证券上的最优投资 a^* 随无风险回报的增长而严格递减。

证明：用 c_1^* 来表示 1 期的最优消费：

$$c_1^* = w\overline{r} + a^*(r-\overline{r}) \tag{12.13}$$

$\partial_{\overline{r}} a^*$ 的表达式（12.11）的分子可用绝对风险厌恶测度 A 改写为：

$$E\left\{v'(c_1^*)\left[1+A(c_1^*)(r-\overline{r})(w-a^*)\right]\right\} \tag{12.14}$$

122 运用式（12.13），可将表达式（12.14）改写为：

$$E\left\{v'(c_1^*)\left[1-A(c_1^*)c_1^*+A(c_1^*)wr\right]\right\} \tag{12.15}$$

将式（12.15）中的 $A(c_1^*)c_1^*$ 替换为相对风险厌恶测度 $R(c_1^*)$，得：

$$E\left\{v'(c_1^*)\left[1-R(c_1^*)+A(c_1^*)wr\right]\right\} \tag{12.16}$$

由于个体严格风险厌恶，风险回报 r 为正且非 0，则 $A(c_1^*)wr$ 为正且非 0。加之 R 小于或等于 1，于是式（12.16）严格为正。因而，式（12.11）中的分子严格为正。由于分母严格为负，故而有 $\partial_{\overline{r}} a^* < 0$。 □

相对风险厌恶小于等于 1 的效用函数有：$\gamma > 1$ 且 $\alpha \geqslant 0$ 时的幂效用函数，$\alpha \geqslant 0$ 时的对数效用函数。

最优资产组合对风险证券期望回报的依赖关系与其对无风险回报的依赖关系恰恰相反。为确定期望回报变动所带来的影响，先将 r 拆分为 $r=\mu+\Delta r$，其中 $\mu = E(r)$。然后再在保持 Δr 的分布不变的情况下考虑 μ 的变动所带来的影响。

运用定理 12.3.1 的证明过程中所采用的论证方法，就能得到：如果某一严格风险厌恶个体的绝对风险厌恶 A 递减，并且风险证券的风险溢价为正，则最优投资 a^* 随风险证券期望回报的增长而严格递增。若是个体的绝对风险厌恶是递减的（如当效用函数是二次效用时），则在最优投资与风险证券的期望回报之间并无明确不变的关系。

当风险证券的期望回报发生变化时，也有一个类似于定理 12.3.2 的结论成立。

12.4　风险

有人可能会猜想：当风险证券的回报在保持期望回报不变的同时变得更具风险时（以第 10 章中所给出的标准来看），个体在风险证券上的投资将会随之减少。对于二次效用函数而言，确实如此：在期望回报不变的情况下风险上升，就蕴涵着期望回报的方差增大，于是在风险证券上投资也将随之减少。这一点已为式（11.14）所揭示。但对于一般的严格风险厌恶的效用函数，这一猜想并不成立。

为分析风险证券的风险增加对在风险证券上的最优投资的影响，先来考虑一阶条 123
件（12.2）。

先引入一个 g 对两个标量 a 和 y 的函数：

$$g(a,y)\equiv v'[w\overline{r}+a(y-\overline{r})](y-\overline{r}) \tag{12.17}$$

如果个体严格风险厌恶，则对于任意 y，g 都是投资 a 的严格递减函数。于是式（12.2）可改写为：

$$E[g(a^*,r)]=0 \tag{12.18}$$

假如风险回报 r 被一个有着相同期望但更具风险的风险回报 $\tilde{r}$ 所替代。进一步假定 $g(a^*,y)$ 是一个关于 y 的凹函数。将 $g(a^*,\cdot)$ 代替效用函数代入定理 10.5.1 中，可得：

$$E[g(a^*,\tilde{r})]\leqslant E[g(a^*,r)]=0 \tag{12.19}$$

如果式（12.19）中的不等式取严格不等号，则 a^* 不是回报 $\tilde{r}$ 下的最优投资。为达到一阶条件，投资 a 会有所下降。当 g 是 y 的凸函数时，则有与此相反的结论成立。

还可以进一步得出，式（12.17）中的函数 g 是 y 的凹函数的一个充分条件是：相对风险厌恶递增且小于等于 1，并且绝对风险厌恶递减（可以在本章评注中引述的文献中找到）。如果风险证券的风险溢价严格为正，则这一条件蕴涵着个体对风险证券的投资将随其变得更具风险而趋于下降。

$\gamma>1$ 且 $\alpha\geqslant 0$ 的幂效用函数和 $\alpha\geqslant 0$ 的对数效用函数的风险厌恶测度就恰恰满足上述条件。

12.5　具有两期消费的最优资产组合

到目前为止，对最优资产组合的分析都是建立在个体效用函数不包括 0 期消费的假设之上的。如果效用函数包含 0 期消费，则个体在选择对每种证券的最优投资之外，还要选择 0 期消费与证券投资在其财富中的各自占比。

存在两期消费的资产组合选择问题可表示为：

$$\max_{a_1,a_2} E\left[v(w-a_1-a_2,\overline{r}a_1+ra_2)\right] \tag{12.20}$$

其中，a_1、a_2 分别表示个体投资于无风险证券和风险证券的财富规模。最优投资则表示为 a_1^* 和 a_2^*。

124 在存在两期消费的情况下，如果个体严格风险厌恶，则随风险证券的风险溢价严格为正、为 0 或严格为负，定理 11.4.1 中对风险证券的最优投资将严格为正、为 0 或严格为负。

为揭示这一点，用 $c_0^*=w-a_1^*-a_2^*$ 表示 0 期的最优消费，并令 $\overline{w}=w-c_0^*$、令 $\overline{v}(c_s)=v(c_0^*,c_s)$。因而此时 a_2^* 表示财富水平为 $\overline{w}$ 时在单期效用函数 $\overline{v}$ 下对风险证券的最优投资。由于 $\overline{v}$ 是严格凹的，因而定理 11.4.1 蕴涵了上述结论。

当个体存在风险中性时，最优资产组合非常容易刻画。例如，如果效用函数为：

$$v(c_0,c_s)=c_0+\delta c_s \tag{12.21}$$

其中 $\delta>0$，并且无风险回报等于 δ^{-1}，风险证券的风险溢价为 0，则所有资产组合对这一风险中性个体都是无差异的。

如果有一种或两种证券的期望回报不等于 δ^{-1}，而且对个体的消费没有约束，则该个体的最优资产组合将不存在。若是个体的消费被限定为正，则存在最优资产组合。这一资产组合是一个线性规划问题的解。

例如，要是无风险回报等于 δ^{-1}，而且风险溢价严格为正，则风险中性个体将卖空其无风险证券，并且会将全部财富均投资于风险证券。由于无风险回报至少在一个状态上要比风险回报高（否则就是一个套利机会），消费必须为正的限制也就蕴涵了一个关于无风险证券的卖空头寸限制。正是这一卖空头寸限制决定了个体的最优资产组合。

接下来在只有一种证券的设定下，给出了一个存在两期消费时的最优资产组合的比较静态分析。

先假定该证券具有无风险回报。于是，个体在进行消费－资产组合选择时，将不会面临不确定性条件下的选择问题。此时，个体的最优投资 a^* 是以下问题的解：

$$\max_{a} v(w-a,\overline{r}a) \tag{12.22}$$

最大化问题（12.22）是确定性环境下的标准储蓄问题。其内点解的一阶条件是：

$$\partial_0 v(w-a^*,\overline{r}a^*)=\overline{r}\partial_1 v(w-a^*,\overline{r}a^*) \tag{12.23}$$

为了解个体财富的增长对最优储蓄 a^* 的影响，对一阶条件（12.23）求导，于是有：

$$\partial_w a^*=\frac{\partial_{00}v-\overline{r}\partial_{01}v}{D} \tag{12.24}$$

上式中的 $\partial_{t\tau}v$ 表示 v 在 $(w-a^*,\bar{r}a^*)$ 时先后对 t 和 τ 求偏导所得到的二阶偏导数，其中 $t,\tau=0,1$。式（12.24）中的 $D=(\bar{r})^2\partial_{11}v-2\bar{r}\partial_{01}v+\partial_{00}v$。

如果个体严格风险厌恶，则 v 严格凹，于是由二阶条件可知 D 严格为负。不过，在 125
未对效用函数作进一步假设之前，式（12.24）中分子的符号，进而导数的符号是无法确定的。

如果效用函数是时序可分的，则 $\partial_{01}v=0$，进而 $\partial_w a^*>0$。亦即，个体的最优储蓄会随财富增长而增加。

将一阶条件（12.23）对无风险回报 $\bar{r}$ 求导，有：

$$\partial_{\bar{r}}a^*=-\frac{\partial_1 v}{D}+\frac{a^*(\partial_{01}v-\bar{r}\partial_{11}v)}{D} \tag{12.25}$$

如果效用函数是时序可分的，则有 $\partial_{01}v=0$；如果进一步有 $a^*\geqslant 0$，则还有 $\partial_{\bar{r}}a^*>0$。亦即，个体的最优储蓄会随无风险回报的提高而增加。

无风险回报的变化对最优储蓄的影响可被分解为收入效应和替代效应。将 $\partial_{01}v-\bar{r}\partial_{11}v=(1/\bar{r})(\partial_{00}v-\bar{r}\partial_{01}v-D)$ 代入式（12.25）中，并运用式（12.24），便可以得到：

$$\partial_{\bar{r}}a^*=-\frac{\partial_1 v}{D}-\frac{a^*}{r}+\frac{a^*}{\bar{r}}\partial_w a^* \tag{12.26}$$

式（12.26）中等号右端的前两项即为替代效应，第三项即为收入效应。在这里，替代效应的正负符号是不明确的。

对于时序可分的效用函数，若只存在一种证券，则无论其收益是无风险的，还是有风险的，最优投资都会随财富增长而增加。若只存在一种证券，且其回报为 r，则效用函数为 $v(y_0,y_1)=v_0(y_0)+v_1(y_1)$ 的个体在证券上的最优投资是以下问题的解：

$$\max_a v_0(w-a)+E\left[v_1(ra)\right] \tag{12.27}$$

式（12.27）的内点解的一阶条件为：

$$v_0'(w-a^*)=E[rv_1'(ra^*)] \tag{12.28}$$

将式（12.28）对 w 求导，得：

$$\partial_w a^*=\frac{v_0''}{v_0''+E(r^2v_1'')}>0 \tag{12.29}$$

现在来分析：如果只有一种证券，而且该证券是风险证券，那么随着风险水平的上升，个体在该证券上的最优投资将会如何变化。

还是采用 12.4 节的方法，先来定义函数 g：

$$g(a,y)\equiv yv_1'(ya)-v_0'(w-a) \tag{12.30}$$

于是现在一阶条件（12.28）可改写为： 126

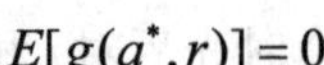

$$E[g(a^*,r)]=0 \tag{12.31}$$

如果两个时期的效用函数 v_0 和 v_1 均严格凹，则 g 是 a 的严格减函数。如果假定 $g(a^*,y)$ 是 y 的凹函数（论证过程省略），则有：如果把风险回报 r 替换为一个期望相同但更具风险的回报，则最优投资 a^* 会随之下降。

可以求出，函数 $g(a^*,y)$ 是 y 的凹函数的一个充分条件是三阶导数 v''' 严格为负且 $a^*>0$。其中，三阶导数严格为负，就蕴涵着个体的绝对风险厌恶严格递增。

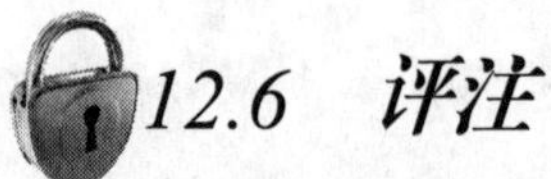

12.6 评注

有大量的文献专事讨论单期消费的资产组合选择问题的静态比较。其中有 Tobin[1]、Fishburn and Porter[2] 和 Cheng、Magill and Shafer[3]。最优资产组合对风险回报的风险水平的依赖性的详尽分析可在 Rothschild and Stiglitz[4] 中找到。Gollier[5、6] 给出了当风险证券的回报改变时，所有风险厌恶个体都减少在风险证券上的投资的充分条件。

同样也有大量的文献关于跨期消费下的储蓄决策和资产组合选择。主要有 Leland[7]、Dreze and Modigliani[8] 和 Sandmo[9]。Kimball[10] 给出了效用函数的三阶导数为负时的一个刻画，他称之为审慎性（prudence）。

参考文献

1．Tobin, J. Liquidity preference as behavior towards risk. Review of Economic Studies, 25:65-86, 1958.

2．Fishburn, P.C. and Porter, R.B. Optimal portfolios with one safe and one risky asset: Effects of changes in rate of return and risk. Management Science, 22:1064-1072, 1976.

3．Cheng, H., Magill, M., and Shafer, W. Some results on comparative statics under uncertainty. International Economic Review, 28:493-509, 1987.

4．Rothschild, M. and Stiglitz, J. Increasing risk I: A definition. Journal of Economic Theory, 2:225-243, 1970.

5．Gollier, C. The comparative statics of changes in risk revisited. Journal of Economic Theory, 66:522-535, 1995.

127 6．Gollier, C. A note on portfolio dominance. Review of Economic Studies, 64:147-150, 1997.

7．Leland, H.E. Saving and uncertainty: The precautionary demand for saving. Quarterly

Journal of Economics, 82:465-473, 1968.

8. Dreze, J.H., and Modigliani, F. Consumption decisions under uncertainty. Journal of Economic Theory, 5:308-335, 1972.

9. Sandmo, A. Capital risk, consumption, and portfolio choice. Econometrica, 37:586-599, 1969.

10. Kimball, M. Precautionary saving in the small and in the large. Econometrica, 58:53-73, 1990.

第13章 具有多个风险证券的最优资产组合

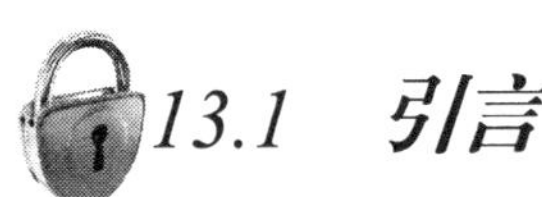

13.1 引言

本章将在存在多个风险证券的设定下刻画最优资产组合问题。当存在多个风险证券 128
时，在第12章中所得出的大多数有关比较静态分析的结论都不再适用。本章将会列出那些依然适用的结论，并且还会在对证券回报或个体效用函数施加了进一步的限制之后，对这些结论做深入的分析。

在第11章中用到的以下假设在本章中依然适用：个体效用函数具有期望效用表示，效用函数严格递增且可微，效用函数仅依赖于1期的消费（第13.7节除外）。个体的禀赋位于资产张成之上（亦即分析的是证券市场经济）。另外，还假定没有冗余证券存在。

13.2 最优资产组合

与第11、12章一样，为求方便，用投资于各种证券的财富规模来描述资产组合选择问题。用 $a_j = p_j h_j$ 表示投资在证券 j 上的财富，并且令 $a = (a_1,\cdots,a_J)$。于是，有着严格递增效用函数的个体的资产组合选择问题（11.8）可被改写为：

$$\max_a E[v(\sum_{j=1}^J a_j r_j)] \tag{13.1}$$

s.t.

$$\sum_{j=1}^J a_j = w \tag{13.2}$$

如果另外还有消费为正的限制的话，则还要把它作为约束条件加到上述问题中去。

129 将个体的最优投资标记为 $a^*=(a_1^*,\cdots,a_J^*)$，将其回报标记为 r^*。于是有：

$$r^*=\frac{\sum_{j=1}^{J}a_j^*r_j}{w} \tag{13.3}$$

如果有一种证券，姑且称其为证券 1，是回报为 $\bar{r}$ 的无风险证券，则资产组合选择问题（13.1）可表示为：

$$\max_{a_2,\cdots,a_J} E\left\{v[(w\bar{r}+\sum_{j=2}^{J}a_j(r_j-\bar{r})]\right\} \tag{13.4}$$

此时，最优投资 a^* 由式（13.4）的解 $(a_2^*,\cdots,a_J^*)$ 所给出，个体在无风险证券上的投资由 $a_1^*=w-\sum_{j=2}^{J}a_j^*$ 所给出。

13.3 风险－回报权衡

在第 11 章中曾给出过：如果只存在一种风险证券，则当且仅当其期望回报严格高于无风险回报时，严格风险厌恶个体才会选择一个含有风险的最优资产组合。

个体资产组合所承受的风险因其所具有的较高的期望回报而得到了补偿。这一风险和期望回报之间的权衡关系，在存在多个风险证券的更为一般化的情形下也依然成立。

定理 13.3.1 如果 r^* 是某一风险厌恶个体的最优资产组合的回报，且 r^* 比回报 r 更具风险，则 $E(r^*)\geqslant E(r)$。

证明：用 v 表示该个体的冯·诺依曼－摩根斯坦效用函数。由于 r^* 是最优资产组合的回报，故而有：

$$E[v(wr^*)]\geqslant E[v(wr)] \tag{13.5}$$

如果 r^* 比 r 更具风险，则 $r^*-E(r^*)+E(r)$ 也比 r 更具风险。因为 $r^*-E(r^*)+E(r)$ 和 r 有着相同的期望，由于该个体风险厌恶，应用定理 10.5.2，可以得到：

$$E[v(wr)]\geqslant E\left\{v[wr^*-wE(r^*)+wE(r)]\right\} \tag{13.6}$$

由于 v 严格递增，因而不等式（13.5）和（13.6）蕴涵着 $E(r^*)\geqslant E(r)$。 □

注意，即使个体的效用函数不可微，定理 13.3.1 也依然成立。

130 与其他定理一样，该定理也有一个更为严格的版本：

定理 13.3.2 如果 r^* 是某一严格风险厌恶个体最优资产组合的回报，且 r^* 比回报 r 严格更具风险，则 $E(r^*)>E(r)$。

定理 13.3.1 和定理 13.3.2 给出了一个风险－回报之间的权衡关系：最优资产组合的

期望回报越高，则该资产组合的风险也越大。这一结果的有趣之处在于："风险－回报权衡"中的"回报"由该证券回报概率分布的一阶矩（期望）决定，而在第 11 章中所引入的"风险"却并没有以证券回报概率分布的二阶矩（方差）来度量。

13.4 公平定价下的最优资产组合

如果所有证券都被公平定价，则所有（预算可行的）资产组合对风险中性个体均无差异，而且严格风险厌恶的个体会选择一个有着无风险收益的资产组合（参见定理 13.3.2），只要该资产组合是可获得的。在效用函数可微的假设下，这一命题的逆命题也成立：只有在公平定价时，严格风险厌恶个体才会选择收益为无风险收益的最优资产组合。

定理 13.4.1 假定证券 1 是回报为 $\overline{r}$ 的无风险证券。则当且仅当所有证券都被公平定价，亦即对任意 j 都有

$$E(r_j)=\overline{r} \qquad \forall j \tag{13.7}$$

时，严格风险厌恶个体的最优资产组合的收益才是无风险收益。

证明： 使得对应的消费为内点解的最优投资 a^* 的一阶条件为：

$$E\left\{v'[w\overline{r}+\sum_{j=2}^{J}a_j^*(r_j-\overline{r})](r_k-\overline{r})\right\}=0 \qquad \forall\ k\geqslant 2 \tag{13.8}$$

如果最优投资 a^* 的收益是无风险的，由于不存在冗余证券，则对于任意 $j\geqslant 2$，均有 $a_j^*=0$，并且 $a_1^*=w$。由此而得出的消费计划 $w\overline{r}$ 严格为正。使得任意 $j\geqslant 2$ 均有 $a_j^*=0$ 成立的一阶条件（13.8）蕴涵了公平定价（13.7）。

另一方面，由 v 可微和式（13.7）成立，可以得出："使得任意 $j\geqslant 2$ 均有 $a_j^*=0$ 成立"恰恰满足一阶条件（13.8）。于是定理的充分性也是成立的。

更进一步，如果 v 严格凹，则最优资产组合将是唯一的。 □

13.5 风险升水和最优资产组合

若只有一种风险证券，则对应于该风险证券风险溢价的严格为正、为 0 和严格为负， 131
个体对该风险证券的最优投资头寸将严格为正、为 0 和严格为负（定理 11.4.1）。有人可能会猜想：这一关系在有多个风险证券存在时是否也依然成立？遗憾的是，这一猜想是错误的。例如，只要某一风险溢价严格为负的风险证券的收益与另一风险溢价严格为正的证券的收益存在着强负相关（covaries strongly and negatively）关系，则个体的最优资

产组合也可以包含该风险证券的多头头寸（long position）。

在第 19 章的资本资产定价模型（Capital Asset Pricing Model，CAPM）中，这一类的证券被称之为负贝塔证券（negative-beta security）。

因此，定理 11.4.1 的证明无法推广到有多个风险证券存在的情形。和以前一样，当在某一证券上的投资为 0 时，风险溢价 $E(r_j)-\bar{r}$ 的正负符号将决定期望效用对投资于该证券的财富的偏导数的符号。

在没有个体效用函数的其他信息的情况下，证券回报，甚至再加上当对该证券的投资为 0 时的偏导数的符号，也不足以决定有多个风险证券存在时的最优投资配置。

当然了，如果所有证券的风险溢价均为 0，则如定理 13.4.1 所示，严格风险厌恶个体的最优投资中将不包含风险证券。

如果某一证券的回报能被写为由其他证券构成的资产组合与一个均值独立（mean-independent）项之和，则严格风险厌恶个体在该证券上的最优投资的正负符号，与均值独立项的期望相同。

定理 13.5.1 假如证券 j 的回报满足：

$$r_k=\sum_{j\neq k}\eta_j r_j+\varepsilon_k \tag{13.9}$$

其中，$\sum_{j\neq k}\eta_j=1$ 且 ε_k 均值独立于除证券 k 之外的其他证券的回报，亦即：

$$E(\varepsilon_k|r_1,\cdots,r_{k-1},r_{k+1},\cdots,r_J)=E(\varepsilon_k) \tag{13.10}$$

则当 $E(\varepsilon_k)$ 严格为正、为 0、严格为负时，严格风险厌恶个体对证券 k 的最优投资将严格为正、为 0、严格为负。

证明：考虑如下最大化问题：

$$\max_{\lambda} E\left\{v[\sum_{j\neq k}a_j^* r_j+\lambda r_k+(a_k^*-\lambda)\sum_{j\neq k}\eta_j r_j]\right\} \tag{13.11}$$

132 问题（13.11）中的期望效用小于等于 $E[v(\sum_j a_j^* r_j)]$，并且会在 $\lambda=a_k^*$ 时达到，因而 $\lambda=a_k^*$ 是最大化问题（13.11）的解。而 a_k^* 是严格为正、为 0 还是严格为负，则依赖于 $\lambda=0$ 时式（13.11）中（严格凹）的期望效用函数对 λ 的导数的符号。

当 $\lambda=0$ 时，式（13.11）中的期望效用对 λ 的导数为：

$$E\left\{v'[\sum_{j\neq k}(a_j^*+a_k^*\eta_j)r_j](r_k-\sum_{j\neq k}\eta_j r_j)\right\} \tag{13.12}$$

条件（13.9）与（13.10）及命题 10.4.1 蕴涵着表达式（13.12）等于：

$$E\left\{v'[\sum_{j\neq k}(a_j^*+a_k^*\eta_j)r_j]\right\}E(\varepsilon_k) \tag{13.13}$$

由式（13.13）可以看出，当 $\lambda=0$ 时，式（13.11）中的期望效用对 λ 的导数的符号由 $E(\varepsilon_k)$ 的符号所决定。进而，最优投资 a_k^* 的符号也由 $E(\varepsilon_k)$ 的符号决定。 □

定理 13.5.1 有一个简单但却很有用的推论。它说的是：如果某一证券的回报均值独立于其他证券的回报，则该证券的风险溢价与个体对该证券的最优投资规模存在某种关系。

推论 13.5.2　假如证券 1 是回报为 $\bar{r}$ 的无风险回报；证券 k 的回报均值独立于其他证券的回报，亦即有：

$$E(r_k|r_1,\cdots,r_{k-1},r_{k+1},\cdots,r_J)=E(r_k) \tag{13.14}$$

则随风险溢价 $E(r_k)-\bar{r}$ 的严格为正、为 0、严格为负，严格风险厌恶个体对证券 k 的最优投资将严格为正、为 0、严格为负。

证明：将证券 k 的回报写为：

$$r_k=\bar{r}+\varepsilon_k \tag{13.15}$$

如果式（13.14）成立，则 ε_k 均值独立于除证券 k 之外的其他证券的回报。定理 13.5.1 蕴涵着随 $E(\varepsilon_k)$ 的严格为正、为 0、严格为负，个体对证券 k 的最优投资将严格为正、为 0、严格为负。因为 $E(\varepsilon_k)$ 等于风险溢价 $E(r_k)-\bar{r}$，故而结论成立。 □

对推论 13.5.2 的直观解释非常的简洁明了。若是某一证券的回报均值独立于其他证 133
券的回报，而且风险溢价为 0，则含有该证券的非零头寸的投资组合，与将该投资组合中的该证券替换为等值的无风险证券的投资组合相比，其风险水平一定要更高一些。因而，唯有具有严格为正的风险溢价，才能让严格风险厌恶的个体将严格为正的财富投资于该证券。

定理 13.5.2 也可被看作是定理 11.4.1 的推广。如果只有一种风险证券，则条件（13.14）显然成立。

下面的例子正好反映了本节所讲述的内容。

例 13.5.3　假定存在三个状态，其概率分别是 $1/2$、$1/4$ 和 $1/4$；有三种证券，其回报分别为：

$$r_1=\bar{r}=(1,1,1),\quad r_2=(0,3,3),\quad r_3=(1,\frac{3}{2},\frac{1}{2}) \tag{13.16}$$

则证券 3 的风险溢价为 0，并且证券 3 的回报均值独立于证券 1 和证券 2 的回报。

要想弄清这一点，只需注意到证券 3 关于证券 1 和证券 2 的两个可能实现值 $(1,0)$ 和 $(1,3)$ 的期望回报相等，并且都等于其期望回报 $E(r_3)=1$。于是，推论 13.5.2 蕴涵着每一个严格风险厌恶的个体都不会投资于证券 3。

如果将证券 3 的回报由式（13.16）中的数值更换为：

$$r_3 = (\frac{5}{4}, 2, \frac{1}{2}) \tag{13.17}$$

则证券 3 的风险溢价将严格为正。此时均值独立依然成立，而且严格风险厌恶个体对证券 3 的最优投资将严格为正。 □

13.6 线性风险容忍度下的最优资产组合

对于 9.9 节中所引入的线性风险容忍效用函数，其最优资产组合有着极其简单的形式。对于负指数效用函数，个体对单个风险证券的最优投资独立于其财富（参见定理 12.2.1）。对于二次效用函数，个体对单个风险证券的最优投资与其财富水平呈线性关系（参见式（11.14））。对于其他的线性风险容忍（LRT）效用函数，当存在多个风险证券时，个体对每种证券的最优投资与其财富水平呈线性关系。

134 **定理 13.6.1** 如果某一个体的风险容忍是线性的，亦即有：

$$T(y) = \alpha + \gamma y \tag{13.18}$$

则个体对每一风险证券的最优投资由下式给出：

$$a_j^*(w) = (\alpha + \gamma w\overline{r}) b_j \tag{13.19}$$

其中，$j = 2, \cdots, J$，b_j 独立于财富和参数 α。亦即个体对每种证券的最优投资均是财富水平的线性函数。

证明： 令 v 是个体的冯·诺依曼－摩根斯坦效用函数。v 具有线性风险容忍度，具体形式由式（13.18）给出。固定财富 $\hat{w}$，并令 $\hat{a} = a^*(\hat{w})$ 为与之相对应的最优投资。于是，当 $j \geqslant 2$ 时，可以得到：

$$a_j^*(w) = \frac{\alpha + \gamma w\overline{r}}{\alpha + \gamma \hat{w}\overline{r}} \hat{a}_j \tag{13.20}$$

因而，式（13.19）中的 b_j 可由下式给出：

$$b_j = \frac{\hat{a}_j}{\alpha + \gamma \hat{w}\overline{r}} \tag{13.21}$$

$\hat{a}$ 的一阶条件为：

$$E\left\{ v'[\hat{w}\overline{r} + \sum_{j=2}^{J} \hat{a}_j (r_j - \overline{r})](r_k - \overline{r}) \right\} = 0, \quad \forall\ k \geqslant 2 \tag{13.22}$$

下面针对 γ 的不同取值进行分类讨论。

当 $\gamma \neq 0$ 时，对式（9.29）求导，便能得到边际效用 v'：

$$v'(y)=(\alpha+\gamma y)^{-\frac{1}{\gamma}} \tag{13.23}$$

将式（13.23）代入式（13.22），即有：

$$E\left\{[\alpha+\gamma\hat{w}\bar{r}+\gamma\sum_{j=2}^{J}\hat{a}_j(r_j-\bar{r})]^{-\frac{1}{\gamma}}(r_k-\bar{r})\right\}=0\text{，}\ \forall\ k\geqslant 2 \tag{13.24}$$

在式（13.24）的两端同时除以$(\alpha+\gamma\hat{w}\bar{r})^{-\frac{1}{\gamma}}$，得：

$$E\left\{[1+\gamma\sum_{j=2}^{J}\frac{\hat{a}_j}{\alpha+\gamma\hat{w}\bar{r}}(r_j-\bar{r})]^{-\frac{1}{\gamma}}(r_k-\bar{r})\right\}=0\text{，}\ \forall\ k\geqslant 2 \tag{13.25}$$

再在式（13.25）的两端同时乘上$(\alpha+\gamma w\bar{r})^{-\frac{1}{\gamma}}$，于是有： 135

$$E\left\{[\alpha+\gamma w\bar{r}+\gamma\sum_{j=2}^{J}\hat{a}_j(\frac{\alpha+\gamma w\bar{r}}{\alpha+\gamma\hat{w}\bar{r}})(r_j-\bar{r})]^{-\frac{1}{\gamma}}(r_k-\bar{r})\right\}=0\text{，}\ \forall\ k\geqslant 2 \tag{13.26}$$

因此，正如式（13.20）所示，在财富为w时，$a^*(w)$满足一阶条件，因而是一个最优资产组合。

当$\gamma=0$时，边际效用为$v'(y)=\alpha e^{-\alpha y}$。一阶条件为：

$$E[(\alpha e^{-\alpha[\hat{w}\bar{r}+\sum_j\hat{a}_j(r_j-\bar{r})]})(r_k-\bar{r})]=0\text{，}\ \forall\ k\geqslant 2 \tag{13.27}$$

在式（13.27）两端同时乘上$e^{-\alpha\bar{r}(w-\hat{w})}$，得：

$$E[(\alpha e^{-\alpha[w\bar{r}+\sum_j\hat{a}_j(r_j-\bar{r})]})(r_k-\bar{r})]=0\text{，}\ \forall\ k\geqslant 2 \tag{13.28}$$

式（13.28）揭示了当$\gamma=0$时，$\hat{a}$符合式（13.20），它也是与财富w相对应的最优投资。

显然，式（13.21）中的b_j不依赖于财富w。并且，如果在$\gamma\neq 0$时将式（13.21）代入到式（13.25）中，在$\gamma=0$时将式（13.21）代入到式（13.28）中，就可以看出：b_j也不依赖于α。 □

定理 13.6.1 蕴涵着：对于具线性风险容忍度的个体，其最优投资在各个风险证券上的分配比例依赖于其财富水平。亦即对于任意w和任意$j,k\geqslant 2$，都有：

$$\frac{a_j^*(w)}{a_k^*(w)}=\frac{b_j}{b_k} \tag{13.29}$$

因而在改变个体的财富水平时，个体只会改变其最优投资中投资于风险证券的财富规模，而不会改变其资产组合中所含的各个风险证券的构成比例。也就是说，最优投资$a^*(w)$可写为：

$$a^*(w)=[a_1^*(w),(\alpha+\gamma w\bar{r})b] \tag{13.30}$$

其中，$b=(b_2,\cdots,b_J)$是独立于财富水平的个体在风险证券上的资产组合；另外，还有：

$$a_1^*(w) = w - (\alpha + w\gamma\bar{r})\sum_{j=2}^{J} b_j \tag{13.31}$$

定理 13.6.1 也蕴涵着：对于所有有着相同斜率γ的线性风险容忍度的个体，式(13.30)中的风险证券的资产组合b都是相同的。这一性质在第 15、16 章中分析线性风险容忍个体的均衡配置时非常有用。

13.7 具有两期消费的最优资产组合

136 当个体效用函数中包含 0 期消费时，定理 13.3.1 和定理 13.4.1 依然成立。

假定个体是风险中性的，其效用函数为：

$$v(c_0, c_s) = c_0 + \delta c_s, \quad \delta > 0 \tag{13.32}$$

若无风险回报等于$1/\delta$，且所有证券均被公平定价，则所有资产组合对个体均无差异。如果至少有一种证券的风险溢价不等于 0，或无风险回报不等于$1/\delta$且没有消费限制存在，则风险中性个体将没有最优资产组合存在。但如果个体的消费被限定为正且不存在套利，则最优资产组合存在（定理 3.6.5）且可通过求解某一线性规划问题而找到。

13.8 评注

有关有多个风险证券存在时的最优资产组合的相关结论，可在 Merton[1] 和 Cass and Stiglitz[2] 中找到。定理 13.5.1 和 Ross[3] 中所提出的分离定理密切相关。如果定理 13.5.1 中的期望$E(\varepsilon_k)$为 0，则证券回报将呈$J-1$项基金分离（exhibit($J-1$)-fund separation）。

线性风险容忍下的资产组合需求的有关结论最早由 Rubinstein[4] 提出，Pye[5] 和 Cass and Stiglitz[6] 也做出了部分贡献。Milne[7] 提出了：对于任意选定的证券回报，线性风险容忍始终是线性资产组合需求的必要条件。线性资产组合需求蕴涵着线性的消费需求。另一方面，自 Gorman[8] 和 Pollak[9] 以来，线性风险容忍（LRT）效用函数的线性消费需求在消费者理论中早就以线性恩格尔曲线的面目为人熟知多时了。

参考文献

1．Merton, R.C. Capital market theory and the pricing of financial securities. In Frank H. Hahn and Benjamin M. Friedman, editors, Handbook of Monetary Economics. North-Holland,

1990.

2. Cass, D. and Stiglitz, J.E. Risk aversion and wealth effects on portfolios with many assets. Review of Economic Studies, 2:331-354, 1973.

3. Ross, S.A. Mutual fund separation in financial theory—the separating distributions. Journal of Economic Theory, 17:254-286, 1978.

4. Rubinstein, M. An aggregation theorem for securities markets. Journal of Financial Economics, 1:225-244, 1974.

5. Pye, G. Portfolio selection and security prices. Review of Economics and Statistics, 49:111-115, 1967. 137

6. Cass, D. and Stiglitz, J.E. The structure of investor preferences and asset returns and separability in portfolio allocation: A contribution to the pure theory of mutual funds. Journal of Financial Economics, 2:122-160, 1970.

7. Milne, F. Consumer preferences, linear demand functions and aggregation in competitive asset markets. Review of Economic Studies, 46:407-417, 1979.

8. Gorman, W.M. Community preference fields. Econometrica, 21:63-80, 1953.

9. Pollak, R.A. Additive utility functions and linear engel curves. Review of Economic Studies, 1971.

第 5 篇

均衡定价和配置

第14章 基于消费的证券定价

14.1 引言

消费－资产组合选择问题的一阶条件（1.13）将证券价格与其收益及个体在0期和1期的各个状态下的消费的边际替代率联系在了一起。在均衡状态下，这一关系对所有个体都成立。如果所有个体的效用函数均可微且具有期望效用表示，则还可以从这一关系中得出基于消费的证券定价。

14.2 均衡中的无风险回报

对于效用函数具有期望效用表示$E[v(c_0,c_1)]$的个体，其0期消费的边际效用为$\sum_{s=1}^{S}\pi_s\partial_0 v(c_0,c_s)$，其1期位于状态$s$下的消费的边际效用为$\pi_s\partial_1 v(c_0,c_s)$。其中，$\partial_0 v(c_0,c_s)$和$\partial_1 v(c_0,c_s)$表示冯·诺依曼－摩根斯坦效用函数$v$的偏导数。而0期消费的边际效用则被标记为$E(\partial_0 v)$。并且$\partial_1 v$将被视作一个随机变量，而$\partial_1 v(c_0,c_s)$则是它的一个实现值。

如果冯·诺依曼－摩根斯坦效用v是时序可分的，亦即$v(c_0,c_s)=v_0(c_0)+v_1(c_s)$，则0期消费的边际效用为$v_0'(c_0)$，有时也将它简记为$v_0'$。

如果假定最优消费位于内点，则对任意的证券j，消费资产组合选择问题的一阶条件都是：

$$p_j E(\partial_0 v)=E(\partial_1 v x_j) \tag{14.1}$$

式（14.1）是一阶条件（1.13）在期望效用下的特殊形式。

如果用回报表示，则式（14.1）可改写为：

$$E(\partial_0 v) = E(\partial_1 v r_j) \tag{14.2}$$

142 假如无风险证券（或资产组合）能被交易，则式（14.2）蕴涵着无风险证券的回报$\bar{r}$满足：

$$\bar{r} = \frac{E(\partial_0 v)}{E(\partial_1 v)} \tag{14.3}$$

如果个体风险厌恶，且有着以$v(c_0, c_s) = c_0 + \delta c_s$的形式存在的冯·诺依曼—摩根斯坦效用函数（且内点消费能被达到的话），则$\bar{r} = \delta^{-1}$。已在 12.5 节中指出过这一点。

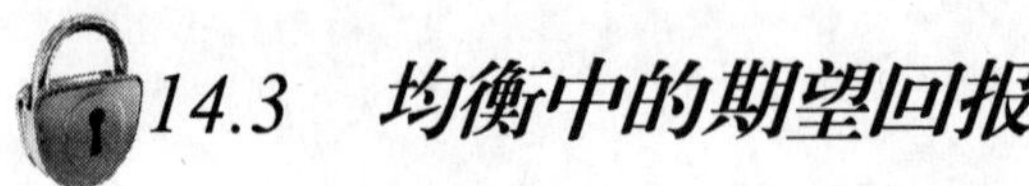

14.3 均衡中的期望回报

任意两个随机变量y和z的积的期望，均可被拆分为它们的协方差与它们的期望之积的和：

$$E(yz) = \text{cov}(y, z) + E(y)E(z) \tag{14.4}$$

应用这一结果，可将式（14.2）化为：

$$\text{cov}(\partial_1 v, r_j) + E(\partial_1 v)E(r_j) = E(\partial_0 v) \tag{14.5}$$

解出期望回报$E(r_j)$并应用式（14.3），可得：

$$E(r_j) = \bar{r} - \frac{\text{cov}(\partial_1 v, r_j)}{E(\partial_1 v)} = \bar{r} - \bar{r}\frac{\text{cov}(\partial_1 v, r_j)}{E(\partial_0 v)} \tag{14.6}$$

式（14.6）正是基于消费的证券定价（consumption-based security pricing）方程。它的含义是：任意证券的风险溢价（亦即期望超额回报）均与其回报同 1 期与 0 期消费间的边际替代率的协方差成比例，而且这一比例是负的。

严格来说，式（14.6）中的表达式$\partial_1 v / E(\partial_0 v)$并不是 1 期与 0 期的状态依存消费间的边际替代率，因为该式中缺了概率。类似地，尽管缺了概率，但以后也还是会把$\partial_1 v$当作消费的边际效用来看。虽然没有必要对这一术语的不精确性做过多的比较，但认识到这一点还是很有必要的。

对于严格风险厌恶的个体，$\partial_1 v(c_0, c_s)$是 1 期消费的一个减函数。因此，一个在消费水平较高时有着较高收益、在消费水平较低时有着较低收益的证券的期望回报，要高于无风险回报。

在另一方面，在消费水平较高时有着较低收益、在消费水平较低时有着较高收益的证券的期望回报，要比无风险回报还要低。这样的证券可用来降低个体消费的风险水平。它的低回报恰恰反映了它的价格比较高。

而如果某一证券的回报与边际替代率的协方差为 0，则其期望回报将等于无风险回报。

由式（14.6）可以看出：某一证券的风险溢价仅依赖于其回报同 0 期消费与 1 期消费 143
的边际替代率之间的协方差。

用户也可以将该协方差理解为该证券风险的一个测度。这一风险测度在很多方面都与第 10 章中所给出的风险测度不太一样。首先，它适用于均衡状态下的证券回报；而第 10 章中所给出的风险测度在度量依存权益的风险时，既不要求它们一定要位于资产张成之上，也没说明要有均衡存在。其次，协方差测度给出了回报风险水平的一个全序，而不仅是偏序。

如果边际替代率是确定性的，则基于消费的证券定价（式（14.6））蕴涵着公平定价。在以下两种情况下，边际替代率是确定性的：个体的消费是确定性的；个体具有风险中性。

对于任意资产组合的回报 r，基于消费的证券定价方程均成立：

$$E(r)=\overline{r}-\overline{r}\frac{\operatorname{cov}(\partial_1 v,r)}{E(\partial_0 v)} \tag{14.7}$$

下面的例子反映了证券的期望回报对其回报与边际替代率的协方差的依赖关系。

例 14.3.1　考虑如下代表性个体经济：在 1 期有两个概率相等的状态；个体在 0 期的禀赋为 1，在 1 期的禀赋为 $(2,1)$；个体的期望效用为：

$$E[v(c_0,c_1)]=\ln(c_0)+\frac{1}{2}\ln(c_1)+\frac{1}{2}\ln(c_2) \tag{14.8}$$

市场上有三个证券可供交易：其中两个为阿罗证券 $x_1=(1,0)$ 和 $x_2=(0,1)$；另一个为无风险证券 $x_3=(1,1)$。个体以禀赋度量的 0 期消费的边际效用为 $E(\partial_0 v)=1$。$\partial_1 v$ 在状态 1 下等于 $1/2$，在状态 2 下等于 1。用式（14.1）所求得的证券价格为：

$$p_1=\frac{1}{4},\quad p_2=\frac{1}{2},\quad p_3=\frac{3}{4} \tag{14.9}$$

证券的回报为：

$$r_1=\frac{x_1}{p_1}=(4,0),\quad r_2=\frac{x_2}{p_2}=(0,2),\quad r_3=\frac{x_3}{p_3}=(\frac{4}{3},\frac{4}{3}) \tag{14.10}$$

其期望回报为：

$$E(r_1)=2,\quad E(r_2)=1,\quad E(r_3)\equiv\overline{r}=\frac{4}{3} \tag{14.11}$$

证券 1 的期望回报比无风险回报要高，因为它的收益发生在消费价值最低的时候。证券 2 的期望回报比无风险回报要低，因为不然的话，其持有者就会用它来为 1 期的低消费提供保险。　□

14.4 边际替代率的波动性

144 基于消费的证券定价，把可以观察得到的均衡证券定价和观察不到的 0 期与 1 期消费的边际替代率联系在了一起。因而，通过对可观察到的均衡定价的特征分析，可以得出许多有关边际替代率的重要论断。其中一个显然的推论是：假如风险溢价严格为正，则个体不可能具有风险中性。更为有趣的推论在于：由证券资产组合的期望回报和标准差，可以推算出个体边际替代率的标准差的下界。

式（14.2）和式（14.3）蕴涵着：

$$E[\partial_1 v(r_j - \overline{r})] = 0 \tag{14.12}$$

用 ρ 表示 $\partial_1 v$ 和 $r_j - \overline{r}$ 的相关系数，则有：

$$\rho = \frac{E[\partial_1 v(r_j - \overline{r})] - E(\partial_1 v)E(r_j - \overline{r})}{\sigma(\partial_1 v)\sigma(r_j)} \tag{14.13}$$

其中，$\sigma(\cdot)$ 表示标准差。

将式（14.12）代入到式（14.13）中，并应用 $|\rho| \leqslant 1$，就得到了：

$$\sigma(\partial_1 v) \geqslant \frac{E(\partial_1 v)\left|E(r_j) - \overline{r}\right|}{\sigma(r_j)} \tag{14.14}$$

在不等式（14.14）两端同时除以 $E(\partial_0 v)$，再对无风险回报应用式（14.3），于是有：

$$\sigma\left[\frac{\partial_1 v}{E(\partial_0 v)}\right] \geqslant \frac{\left|E(r_j) - \overline{r}\right|}{\overline{r}\sigma(r_j)} \tag{14.15}$$

风险溢价和证券回报的标准差之间的比率叫做**夏普比率（sharpe ratio）**。不等式（14.15）的含义是：0 期消费与 1 期消费间的边际替代率的波动，要大于每一证券的夏普比率的绝对值与无风险回报之商。与前面一样，在这里，表达式 $\partial_1 v / E(\partial_0 v)$ 因为缺少了概率，并不是严格的边际替代率。

式（14.12）——进而不等式（14.15）——对任意资产组合回报 r 均成立，并非仅对证券回报才有效。对所有的回报（无风险回报除外）取上确界，便得到了边际替代率的波动水平的下界：

$$\sigma\left[\frac{\partial_1 v}{E(\partial_0 v)}\right] \geqslant \sup_r \frac{\left|E(r) - \overline{r}\right|}{\overline{r}\sigma(r)} \tag{14.16}$$

如果把不等式（14.16）与整个证券市场的数据作比较，将会得出令人惊讶的结果。一方面，观察表明：相对于证券市场指数的波动水平，其风险溢价明显偏高。因此，证

券市场指数的夏普比率很高，因而边际替代率波动水平的下界也很高。另一方面，在现 145
实中所观察到的消费波动水平却很低。若要低水平的消费波动与边际替代率的高波动共存，则个体必须对风险极度厌恶才行。

而根据之前的分析，风险厌恶即为效用函数的曲率（curvature），因而高风险厌恶便意味着消费的微小变动（variation）都会带来该消费所对应的边际效用的巨大改变；与此相对，低风险厌恶便蕴涵着对应于不同的消费水平，消费的边际效用的差异并不大。这里所得出的个体高度风险厌恶的结论已被普遍当成了一个谜，因为它与经验证据及常识相悖。从后二者来看，个体的风险厌恶都应该是中度的。这一反常的现象，即为**股权溢价之谜（the equity premium puzzle）**。

14.5　资本资产定价模型的第一步

基于消费的证券定价可用于推导资本资产定价模型（CAPM）。对于 1 期消费的冯•诺依曼－摩根斯坦效用函数为二次函数的个体，有：

$$v(c_0,c_s)=v_0(c_0)-(c_s-\alpha)^2 \quad , \quad c_s<\alpha \tag{14.17}$$

其中的 v_0 是 0 期消费的效用函数。其边际效用 $\partial_1 v$ 为：

$$\partial_1 v = 2(\alpha - c_1) \tag{14.18}$$

于是可将式（14.6）化为：

$$E(r_j)=\overline{r}+\frac{\operatorname{cov}(c_1,r_j)}{\alpha-E(c_1)} \tag{14.19}$$

在一个证券市场经济中，总禀赋（the aggregate endowment）落在资产张成上。也就是说，总禀赋可被视作是某一证券资产组合的收益。这一资产组合被称作**市场组合（market portfolio）**，其回报被标记为 r_m 。式（14.19）对于资产组合的回报也依然成立（参见式（14.7））。当然，它对市场组合也成立，于是有：

$$E(r_m)=\overline{r}+\frac{\operatorname{cov}(c_1,r_m)}{\alpha-E(c_1)} \tag{14.20}$$

将以上两式中的 $\overline{r}$ 移至等式左端，并用式（14.19）除以式（14.20），于是有：

$$\frac{E(r_j)-\overline{r}}{E(r_m)-\overline{r}}=\frac{\operatorname{cov}(c_1,r_j)}{\operatorname{cov}(c_1,r_m)} \tag{14.21}$$

假如市场组合的风险溢价（market risk remium）不为 0，则这一变换是可行的。

在一个证券市场经济中，个体在 1 期的均衡消费必位于资产张成上。如果个体的均衡消费还落在市场回报和无风险回报张成的线性空间上，则个体的 1 期消费和市场回报

146 将完全相关。于是，可将式（14.20）中的 c_1 替换为 r_m，于是有：

$$\frac{E(r_j)-\overline{r}}{E(r_m)-\overline{r}}=\frac{\operatorname{cov}(r_m,r_j)}{\operatorname{var}(r_m)} \tag{14.22}$$

用 β_j 表示 $\operatorname{cov}(r_m,r_j)/\operatorname{var}(r_m)$，于是便得到了 CAPM 的**证券市场线**（**security market line**）的方程：

$$E(r_j)=\overline{r}+\beta_j[E(r_m)-\overline{r}] \tag{14.23}$$

由于在一个代表性个体经济（representative-agent economy）中，任意个体的均衡消费均等于其持有的市场组合的收益，所以均衡消费落在市场收益和无风险收益的张成之上的假设显然是成立的。在第 19 章中的更为一般的讨论中，将会对代表性个体经济的假设加以放松。

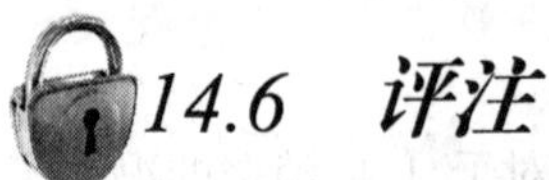

14.6 评注

消费边际替代率波动的边界源自 Hansen and Jagannathan[1]。夏普比率最早由 Sharpe[2] 提出。关于股权溢价之谜，可参见 Mehra and Prescott[3] 和 Kocherlakota[4]。

我们在本章中所给出的风险溢价处理已经非常一般化了，但它还是与许多关于风险溢价的非正式讨论相冲突。例如，经常有人建议政府全部通过短期债券来融资，因为这样就可以免于承担长期负债高于短期负债的那部分风险溢价了。但在基于消费的证券定价中，唯有当长期债券的单期回报与边际替代率的协方差要比短期债券更小时，长期债务的风险溢价才能超过短期债券。因此，如果债务的收益依边际效用加权的话，缩短债务的期限并不会降低纳税人的成本。

参考文献

1．Hansen, L.P. and Jagannathan, R. Implications of security market data for models of dynamic economies. Journal of Political Economy, 99:225-262, 1991.

2．Sharpe, W. F. Mutual fund performance. Journal of Business, 39:119-138, 1966.

3．Mehra, R. and Prescott, E.C. The equity premium: A puzzle. Journal of Monetary Economics, 15:145-161, 1985.

4．Kocherlakota, N.R. The equity premium: It's still a puzzle. Journal of Economic Literature, XXXIV:42-71, 1996

完备市场和风险的帕累托最优配置

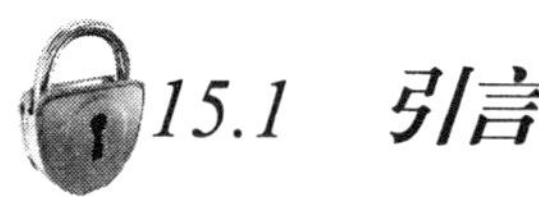

15.1 引言

有关消费配置效率的一个基本判断标准是帕累托最优。对于某一消费配置，如果将总禀赋进行重新配置，并不能在不降低某些个体的效用水平的同时提高任何个体的效用水平，则称这一消费配置达到了帕累托最优。在一个带有不确定性的经济中，总禀赋同时也代表了经济的加总消费风险（aggregate consumption risk）。因此，某一消费配置是否最优，依赖于加总消费风险如何在个体间进行分配。

根据经典的福利经济学定理，在适当配置总禀赋的情况下，完备市场下的一个竞争性均衡配置必是帕累托最优的，而任何一个帕累托最优配置也必是在总禀赋的某一适当分配下的均衡配置。

本章刻画了带风险的帕累托最优配置，并给出了福利经济学第一定理的一个证明。

15.2 帕累托最优配置

如果相对于消费计划$\{c^i\}$，所有个体i均弱偏好（weakly prefer）于消费计划$\{\tilde{c}^i\}$，亦即有

$$u^i(\tilde{c}^i) \geqslant u^i(c^i) \tag{15.1}$$

便称消费配置$\{\tilde{c}^i\}$**弱帕累托占优（weakly pareto dominate）**于消费配置$\{c^i\}$。

如果$\{\tilde{c}^i\}$弱帕累托占优于$\{c^i\}$，而且相对于c^i，至少有一个个体i严格偏好于$\tilde{c}^i$（即至少有一个个体i使得不等式(15.1)两边取严格不等号)，则称配置$\{\tilde{c}^i\}$**帕累托占优(pareto**

dominate）于配置$\{c^i\}$。

如果没有其他可行配置$\{\tilde{c}^i\}$帕累托占优于$\{c^i\}$，就称可行消费配置$\{c^i\}$是**帕累托最优**（**pareto optimal**）的。而可行配置$\{c^i\}$指的是满足：

$$\sum_{i=1}^{I} c^i \leqslant \bar{w} \tag{15.2}$$

148 的配置，其中$\bar{w}=\sum_{i=1}^{I} w^i$表示总禀赋。

帕累托最优配置可作为社会计划者的最优化问题的解，这是帕累托最优配置的一个重要表示形式。而作为最大化目标的社会福利函数，则是所有个体效用函数的加权求和。社会计划者的问题是：

$$\max_{\{c^i\}} \sum_{i=1}^{I} \mu^i u^i(c^i) \tag{15.3}$$

其可行性约束为：

$$\sum_{i=1}^{I} c^i \leqslant \bar{w} \tag{15.4}$$

其中，$\{\mu^i\}$是对每个个体的权重，全部都为正。

如果一个消费配置是权重严格为正的社会计划者问题的解，则它必是帕累托最优的。与此相对，如果所有个体的效用函数都是凹的，则每一帕累托最优配置必是社会计划者问题在权重μ^i全为正且至少有一项非 0 时的解。并且如果帕累托最优配置是内点解，且个体效用函数全都严格递增，则所有的权重全都严格为正。

当可行配置集是紧集且效用函数全为连续函数时，社会计划者问题有解。而个体的消费集全为有下界的闭集，则是可行配置集为紧集的一个充分条件。如果消费集是无界的，则对于任何正的权重，社会计划者问题都有可能无解。因而，此时也就不存在帕累托最优配置。

例 15.2.1 假如没有不确定性因素；存在两个个体，其效用函数分别为$u^1(c_0,c_1)=c_0+\delta^1 c_1$和$u^2(c_0,c_1)=c_0+\delta^2 c_1$。如果$\delta^1 \neq \delta^2$且消费集不受限制，则对于任何的禀赋水平，均无帕累托最优配置存在。 □

消费集是无界集时的帕累托最优配置的存在性的充分条件，可在本章评注中提到的文献中找到。

149 社会计划者问题（15.3）的内点解的一阶条件是：

$$\mu^i \partial_s u^i = \nu_s\,,\quad \forall s\,,\quad \forall i \tag{15.5}$$

其中，ν_s是与 1 期状态s下的可行消费约束相对应的拉格朗日乘子（lagrange multiplier）；若$s=0$，则表示 0 期可行消费约束的拉格朗日乘子。式（15.5）意味着：在一个帕累托最优配置中，在状态 s 下，所有个体 i 的消费增加对社会福利的边际贡献都相同，而且都等于状态 s 下的拉格朗日乘子的值。

一阶条件（15.5）蕴涵着：在位于内点的帕累托最优配置中，边际替代率

$$\frac{\partial_s u^i}{\partial_0 u^i} \tag{15.6}$$

对所有个体都相同。

15.3　完备市场下的帕累托最优均衡

当证券市场是完备市场时，福利经济学第一定理成立。

定理 15.3.1　如果证券市场是完备的，而且所有个体的效用函数均严格递增，则任何一个均衡消费配置都是帕累托最优的。

证明： 令 p 为一个完备证券市场下的均衡证券价格向量，而 $\{c^i\}$ 是相应的均衡消费配置。运用 2.6 节中的框架，个体通过确定消费计划 $c^i=(c_0^i,c_1^i)$ 来最大化其效用 $u^i(c_0,c_1)$；预算约束为：

$$c_0 \leqslant w_0^i - qz \tag{15.7}$$

和

$$c_1 \leqslant w_1^i + z, \quad z \in \Re^S \tag{15.8}$$

其中，q 是与 p 相对应的（唯一的）状态价格向量。注意，这里的 q 是严格正的。

假定消费计划 $c=(c_0,c_1)$ 满足预算约束（15.7）和（15.8）。在不等式（15.8）两端乘以 q，再将其加到不等式（15.7）中去，便得：

$$c_0 + qc_1 \leqslant w_0^i + qw_1^i \tag{15.9}$$

另一方面，假如 c 满足预算约束（15.9），则 c 也满足预算约束（15.7）和（15.8），而且 $z=c_1-w_1^i$。于是，预算约束（15.7）和（15.8）等价于不等式（15.9）。因此，最优 150
消费计划 c^i 在使得不等式（15.9）成立的情况下，使效用 u^i 达到最大。

现在假定配置 $\{c^i\}$ 不是帕累托最优的，并且 $\{\tilde{c}^i\}$ 是一个帕累托占优于 $\{c^i\}$ 的可行配置。由于效用函数 u^i 严格递增，加之 c^i 在不等式（15.9）的约束下使效用 u^i 达到最大，于是有：

$$\tilde{c}_0^i + q\tilde{c}_1^i \geqslant w_0^i + qw_1^i \tag{15.10}$$

对于所有在 $\tilde{c}^i$ 与 c^i 之间严格偏好于 $\tilde{c}^i$ 的个体 i，式（15.10）取严格不等号。对所有个体加总，便得到了：

$$\sum_{i=1}^{I}\tilde{c}_0^i+\sum_{i=1}^{I}q\tilde{c}_1^i>\bar{w}_0+q\bar{w}_1 \tag{15.11}$$

而这与配置$\{\tilde{c}^i\}$是可行消费配置的假设相矛盾。 □

在这里，福利经济学第二定理也同样成立：如果所有个体的效用函数都是拟凹（quasi-concave）且严格递增的，并且证券市场是完备的，则每一个位于内点的帕累托最优配置都是总禀赋在某一适当分布下的均衡配置。

在2.6节中曾经观察到：如果市场是完备的，则对于所有个体i和所有状态s，（位于内点的）均衡消费配置的一阶条件为：

$$q_s=\frac{\partial_s u^i}{\partial_0 u^i} \tag{15.12}$$

式（15.12）意味着边际替代率与状态价格相等。因此，所有个体在各个状态下的边际替代率必然相等。而这恰恰是帕累托最优配置的条件。

15.4 完备市场和期权

到目前为止，所接触过的证券中唯一能生成完备市场的便是由状态权益（state claim）构成的集合。状态权益并非真实世界中的证券，但它与真实世界中的期权有着紧密的联系。因为凡是期权能做到的，它都能做到。

假定存在某一收益z，它在不同状态下取不同的值。亦即对任意一对状态s和s'，都有$z_s\neq z_{s'}$。收益z既可以是某一证券的收益，也可以是某一资产组合的收益。进一步假定收益z的以任意价格为执行价的买权（call option）在市场上均有交易。执行价为k的买权在收益z小于等于k的状态下均为虚值的（out-of-the-money），此时其收益为0；而在其他状态下，该买权则是实值的（in-the-money），此时收益严格为正。

151 显而易见，如果市场上有收益z和$S-1$个执行价格分别取遍所有z_s（最大的z_s除外）的期权可供交易，则市场是完备的。此时，除收益为z的证券和$S-1$份期权之外的其他证券全部都是冗余证券。

如果收益z在两个状态下取值相同，则所有期权在这两个状态下的收益全都相同。这就意味着，即便执行价为任意价格的期权均可被交易，市场也依然是不完备的。不过，此时建立在收益z上的期权的张成，能够表示在收益z的中状态独立的状态下的所有状态独立收益[①]。

① 此句非常难以理解，为促进读者理解，特将原文照录如下："Options on payoff z do , however,span all payoffs that are state independent in any subset of in which payoff Z is state independent."。

下面给出一个用期权构建完备市场的例子。

例 15.4.1　假定有三个状态，收益 z 为 $(1,3,6)$。于是，执行价为 3 的买权的收益为 $(0,0,3)$，执行价为 1 的买权的收益为 $(0,2,5)$。如果 z 和这两种买权在市场上均有交易，则此时市场显然是完备的。

现在假定有四个状态，收益 z 为 $(1,3,3,6)$。显然，z 在状态 2 和状态 3 下的收益相同。于是，期权在这两个状态下的收益必然相等。而这一点，对于由 z 和基于 z 的期权所构成的资产组合也是一样的。因此，此时，即使以任意价格为执行价的期权都可以交易，市场也依然是不完备的。 □

15.5　期望效用下的帕累托最优配置

现在给出个体效用函数具有期望效用表示时的帕累托最优风险配置的一个刻画。在分析的过程中，假定所有个体都有同样的主观概率。

假定所有个体的冯•诺依曼－摩根斯坦效用函数 v^i 均为严格凹、严格递增且可微的。因而，所有个体均严格风险厌恶。与 15.2 节中一样，一个位于内点的帕累托最优配置 $\{c^i\}$ 是最优化问题（15.3）取严格正的权重 $\{\mu_i\}$ 时的解。此时，一阶条件（15.5）蕴涵着任意两个个体 i 和 k 在任意状态 s 下均有：

$$\mu^i\partial_1 v^i(c_0^i,c_s^i)=\mu^k\partial_1 v^k(c_0^k,c_s^k) \tag{15.13}$$

对于任意两个状态 s 和 t，如果个体在状态 s 下的消费比在状态 t 下要多，亦即

$$c_s^i>c_t^i \tag{15.14}$$

则由边际效用 $\partial_1 v^i$ 相对于 1 期消费严格递减，可得： 152

$$\partial_1 v^i(c_0^i,c_s^i)<\partial_1 v^i(c_0^i,c_t^i) \tag{15.15}$$

由式（15.13）和不等式（15.15）可知，对于个体 k，也存在同样的关系：

$$\partial_1 v^k(c_0^k,c_s^k)<\partial_1 v^k(c_0^k,c_t^k) \tag{15.16}$$

因此，个体 k 在状态 s 下的消费比状态 t 下的消费要高，即

$$c_s^k>c_t^k \tag{15.17}$$

进而，如果有一个个体在状态 s 下消费得比状态 t 下多，则所有个体都会这样。

现在已经揭示出在位于内点的帕累托最优配置下，个体的 1 期消费计划具有**严格协同单调性（strictly co-monotone）**。亦即，对于所有个体 i、k 和所有状态 s、t，均有：当且仅当 $c_s^k\geqslant c_t^k$ 时，必有 $c_s^i\geqslant c_t^i$。

由于社会总消费等于总禀赋，因而每个个体的 1 期消费计划都与总禀赋严格协同单调。

以上分析建立在效用函数可微且帕累托最优配置位于内点的假设之上。下面来证明一个弱一点的协同单调性，它不要求效用函数可微，而且对所有的帕累托最优配置都有效。这一命题建立在第 10 章中所定义的更具风险（greater risk）的概念之上。

如果对于所有个体 i、k 和所有状态 s、t，均有"当且仅当 $c_s^k \geqslant c_t^k$ 时，必有 $c_s^i \geqslant c_t^i$"成立，便称所有个体的 1 期消费计划 $\{c_1^i\}$ 均具有**协同单调性（co-monotone）**。

定理 15.5.1 如果所有个体均严格风险厌恶，则他们在任意一个帕累托最优配置下的 1 期消费计划均具有协同单调性。

证明：为简化标记，假定所有个体均不关心 0 期的消费。先假定某一帕累托最优配置 $\{c^i\}$ 下的消费计划不具有协同单调性。于是存在满足：

$$c_s^i < c_t^i \quad 且 \quad c_s^k > c_t^k \tag{15.18}$$

的个体 i、k 和状态 s、t。

定义一个消费计划 $\tilde{c}^i$，使它满足

$$\tilde{c}_s^i = \tilde{c}_t^i = E(c^i \big| \{s,t\}) \tag{15.19}$$

并且对于任意 $s' \neq s,t$，均有 $\tilde{c}_{s'}^i = c_{s'}^i$。显然，消费计划 $\tilde{c}^i$ 与 c^i 的不同之处仅在于，前者将状态 s、t 下的消费替换为了 s、t 下消费的条件期望。

与个体 i 的消费计划 $\tilde{c}^i$ 的定义一样，也用类似于式（15.19）的方法来定义 $\tilde{c}^k$。令

$$\varepsilon^i = c^i - \tilde{c}^i \quad , \quad \varepsilon^k = c^k - \tilde{c}^k \tag{15.20}$$

153 因为 ε^k 和 ε^i 仅在两个状态下非 0，而且其期望均为 0，所以它们必定线性相关，亦即有：

$$\varepsilon^k = -\lambda \varepsilon^i \tag{15.21}$$

由不等式（15.18）可知，上式中的 $\lambda > 0$。

先假定 $\lambda \geqslant 1$。现在来证明将 ε^i 由个体 i 转移到个体 k 会让双方都过得更好。由式(15.20)可知，ε^i 均值独立于 $\tilde{c}^i$。类似地，也有 ε^k 均值独立于 $\tilde{c}^k$，进而有 $-\varepsilon^i$ 均值独立于 $\tilde{c}^k$。在转移走 ε^i 之后，个体 i 的消费计划变为了 $\tilde{c}^i$。因为 $c^i = \tilde{c}^i + \varepsilon^i$，所以消费计划 c^i 比 $\tilde{c}^i$ 更具风险。进而在转移走 ε^i 之后，个体 i 的效用水平得到了提高。而得到 ε^i 之后，个体 k 的消费计划变为了：$c^k + \varepsilon^i = \tilde{c}^k + (\lambda - 1)(-\varepsilon^i)$。由于 $0 \leqslant \lambda - 1 < \lambda$ 且 $\tilde{c}^k + \lambda(-\varepsilon^i) = c^k$，因而消费计划 c^k 比 $c^k + \varepsilon^i$ 更具风险（参见命题 10.5.5）。进而转移之后，个体 k 的效用水平也得到了提高。

如果 $\lambda < 1$，就不再将 ε^i 从个体 i 转移到个体 k，而是将 ε^k 由个体 k 转移到个体 i，而

这恰恰也能提高双方的效用水平。而以上两类转移所得到的结果，恰恰都与消费配置$\{c^i\}$是帕累托最优配置的条件相矛盾。□

由定理 15.5.1 可知，如果 1 期总禀赋在状态集的某一个子集上相等，则在任何一个帕累托最优配置下，所有个体的 1 期消费均在这一子状态集上保持状态独立。

推论 15.5.2　如果所有个体均严格风险厌恶，且 1 期总禀赋在某一子状态集上保持状态独立，则在任意帕累托最优配置下，所有个体的 1 期消费均在这一子状态集上保持状态独立。

如果 1 期总禀赋对所有状态均保持状态独立（亦即总禀赋是无风险的），便称该经济**无总体风险（no aggregate risk）**。当然了，在这种情况下，个人的禀赋还可以是有风险的，只不过它们的风险因素在加总之后相互抵消了而已。由推论 15.5.2 可知，在一个无总体风险的经济中，如果所有个体均严格风险厌恶，则在任意帕累托最优配置下，它们在 1 期的消费计划均是无风险的。

15.6　线性风险容忍度下的帕累托最优配置

如果所有个体均具有斜率相同的线性风险容忍度（亦即具有 LRT 效用函数），则帕累托最优配置有一个简单的刻画：在帕累托最优配置下，所有个体的 1 期消费计划均位于无风险回报和总禀赋所张成的线性空间上。

在这里，假定具有线性风险容忍效用（LRT utility）的个体仅在 1 期进行消费。尽管 154
当个体在 0 期和 1 期均有消费且具有时序可分效用函数（time-separable utility function）时，相关的结论也依然成立。

根据设定，每个个体的风险容忍度均可表示为：

$$T^i(y) = \alpha^i + \gamma y \tag{15.22}$$

其中，γ 是所有个体共有的斜率。此时，个体i的消费集由$\{c \in \Re^S : T^i(s) > 0, s \in S\}$给出。

共同的斜率γ意味着，要么所有个体均有负指数效用（$\gamma = 0$），要么他们均有对数效用（$\gamma = 1$），要么他们均具有指数相同的幂效用（$\gamma \neq 0,1$）。因而，共同的斜率γ提供了一个限制条件。不过，在这一限制条件下，个体的风险厌恶程度和各自的禀赋水平还是可以各不相同的。

定理 15.6.1　如果所有个体的风险容忍度均是线性的，而且都有着共同的斜率γ，则在任意帕累托最优配置下，所有个体的 1 期消费计划均位于无风险收益和总禀赋所张成的线性空间上。

证明：令$\{c^i\}$为一个帕累托最优配置。于是由式（15.5）可知，对于任意两个个体i和k，均有：

$$\mu^i v'^i(c_s^i)=\mu^k v'^k(c_s^k) \tag{15.23}$$

由于每个个体的消费集均为开集，因而配置$\{c^i\}$必是其内点，进而权重μ^i和μ^k严格为正。对式（15.23）两端同时取对数，得：

$$\ln(\mu^i)+\ln[v'^i(c_s^i)]=\ln(\mu^k)+\ln[v'^k(c_s^k)] \tag{15.24}$$

但另一方面，对于在v^i的定义域上的任意$\overline{y}^i$，均有：

$$\ln[v'^i(c_s^i)]=\ln[v'^i(\overline{y}^i)]-\int_{\overline{y}^i}^{c_s^i}A^i(y)\mathrm{d}y \tag{15.25}$$

其中，$A^i(y)=1/T^i(y)$，是绝对风险厌恶的阿罗－普拉特测度。

于是，应用式（15.22）和式（15.25），式（15.24）便可改写为：

$$\ln(\mu^i)-\int_{\overline{y}^i}^{c_s^i}\frac{1}{(\alpha^i+\gamma y)}\mathrm{d}y+\ln[v'^i(\overline{y}^i)]$$
$$=\ln(\mu^k)-\int_{\overline{y}^k}^{c_s^k}\frac{1}{(\alpha^k+\gamma y)}\mathrm{d}y+\ln[v'^k(\overline{y}^k)] \tag{15.26}$$

155 在$\gamma\neq 0$时，求出式（15.26）中的积分并化简，可得

$$\ln[\mu^i v'^i(\overline{y}^i)]-\frac{1}{\gamma}\ln(\alpha^i+\gamma c_s^i)+\frac{1}{\gamma}\ln(\alpha^i+\gamma\overline{y}^i)$$
$$=\ln[\mu^k v'^k(\overline{y}^k)]-\frac{1}{\gamma}\ln(\alpha^k+\gamma c_s^k)+\frac{1}{\gamma}\ln(\alpha^k+\gamma\overline{y}^k) \tag{15.27}$$

在式（15.27）两端乘以$-\gamma$，再对两边取指数，并在$D^i\neq 0$时应用$D^i\equiv[\mu^i v'^i(\overline{y}^i)]^\gamma(\alpha^i+\gamma\overline{y}^i)$，于是有：

$$\frac{1}{D^i}(\alpha^i+\gamma c_s^i)=\frac{1}{D^k}(\alpha^k+\gamma c_s^k) \tag{15.28}$$

而后，在式（15.28）两端同时乘上D^k，再对k求和，并应用式$\sum_i c_s^i=\overline{w}_s$，就得到了：

$$\frac{\sum_k D^k}{D^i}(\alpha^i+\gamma c_s^i)=\sum_k\alpha^k+\gamma\overline{w}_s \tag{15.29}$$

由式（15.29）可以解出：

$$c_s^i=F^i\overline{w}_s+G^i \tag{15.30}$$

其中，$F^i>0$和G^i均为常数。

如果$\gamma=0$（负指数效用函数），则式（15.27）不再成立，但有下式成立：

$$
\begin{aligned}
&\ln[\mu^i v'^i(\overline{y}^i)]-\frac{1}{\alpha^i}c_s^i+\frac{1}{\alpha^i}\overline{y}^i \\
&=\ln[\mu^k v'^k(\overline{y}^k)]-\frac{1}{\alpha^k}c_s^k+\frac{1}{\alpha^k}\overline{y}^k \qquad (15.31)
\end{aligned}
$$

与式（15.27）一样，由式（15.31）也能得出每个个体i在 1 期的消费计划均落在总禀赋和无风险收益的张成之上。 □

如果所有的帕累托最优消费计划均落在无风险收益和总禀赋的张成之上，便称存在**二项基金扩张（two-fund spanning）**。此时，社会计划者问题（15.3）可简化为社会计划者如何在两项基金之间分配资源的问题：一项是无风险收益；另一项是对总禀赋的索取权。

15.7　评注

完备证券市场下的福利经济学第一定理 15.3.1 最早由 Arrow[1] 提出。其实严格单调假设远非必要，在这里只要效用函数非饱和（nonsatiation）就足够了。使用严格单调性的原因仅在于至今仍未引入非饱和的概念。另外，Debreu[2] 给出了不包含不确定性时的福利经济学第一定理的一个现代表述。 156

关于如何将帕累托最优配置刻画为社会计划者的最优化问题（15.3）的解，可参见 Mas-Colell、Whinston and Green[3]。无界消费集的帕累托最优配置的存在性的充分条件可从 Page and Wooders[4] 中找到。

15.4 节的分析基于 Ross[5]。Pye[6]、Rubinstein[7]、Borch[8] 和 Wilson[9] 分析了所有个体都具有线性风险容忍效用函数时的帕累托最优配置。

参考文献

1．Arrow, K.J. The role of securities in the optimal allocation of risk bearing. Review of Economic Studies, pages 91-96, 1964.

2．Debreu, G. Theory of Value. Wiley, New York, 1959.

3．Mas-Colell, A., Whinston, M.D., and Green, J. Microeconomic Theory. Oxford University Press, New York, 1995.

4．Page, F.H. and Wooders, M.H. A necessary and sufficient condition for the compactness of individually rational and feasible outcomes and the existence of an equilibrium. Economic Letters, 52:153-162, 1996.

5．Ross, S.A. Options and efficiency. Quarterly Journal of Economics, 90:75-89, 1976.

6．Pye, G. Portfolio selection and security prices. Review of Economics and Statistics, 49:111-115, 1967.

7．Rubinstein, M. An aggregation theorem for securities markets. Journal of Financial Economics, 1:225-244, 1974.

8．Borch, K. General equilibrium in the economics of uncertainty. In Karl Borch and Jan Mossin, editors, Proceedings of a Conference Held by the International Economic Association. MacMillan and St. Martin's Press, 1968.

9．Wilson, R. The theory of syndicates. Econometrica, 36:119-131, 1968.

第16章 不完备证券市场中的最优化

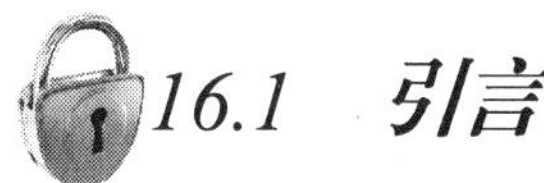

16.1 引言

如果证券市场不完备，则均衡配置一般都不是帕累托最优配置。因为在这种情况下， 157
对于为达到帕累托最优配置所需进行的许多交易，个体是无法实施的。但在另一个更为狭隘的视角下，此时的均衡消费配置却依然是最优的：如果仅仅只能通过证券市场来重新配置禀赋，那么就无法通过重新配置总禀赋来提高某些个体的效用，而又不降低另一些个体的效用水平。在这一章，我们引入了受限最优化（constrained optimality）的概念来分析这些问题。

对于某些特定的偏好、禀赋和证券收益，即使市场不完备，均衡消费配置也依然是帕累托最优的。这一类的偏好、禀赋和证券收益同样也是本章的主题之一。

16.2 约束最优化

如果所有个体i的净交易部分$c_1^i - w_1^i$都落在资产张成M上，便称消费配置$\{c^i\}$是**可通过证券市场获得（attainable through security markets）**的。如果某一消费配置$\{c^i\}$可通过证券市场获得，且无其他可通过证券市场获得并帕累托占优于该配置的消费配置$\{\tilde{c}^i\}$存在，则称该可行消费配置$\{c^i\}$是**受限最优（constrained optimal）**的。

定理 16.2.1 如果所有个体的效用函数都严格递增，则证券市场的所有均衡消费配置都是受限最优的。

证明：本定理的证明非常类似于定理 15.3.1。令p为一个均衡证券价格向量，$\{c^i\}$为
一个均衡消费配置。于是，个体i的消费计划c^i在以下约束条件下最优化其效用u^i： 158

$$c_0 \leqslant w_0^i - qz \tag{16.1}$$

$$c_1 \leqslant w_1^i + z, \quad z \in M \tag{16.2}$$

其中，q 是与证券价格 p 相对应的任意严格正的状态价格向量。由于 u^i 严格递增，所以在取得最优消费计划 c^i 时，预算约束以等号成立。进而有：$c_1^i - w_1^i \in M$。

现在假定 $\{c^i\}$ 不是受限最优的。于是，必定存在可通过证券市场获得且帕累托占优于 $\{c^i\}$ 的可行消费配置 $\{\tilde{c}^i\}$。亦即对所有的 i，均有 $\tilde{c}_1^i - w_1^i \in M$。令 $z^i = \tilde{c}_1^i - w_1^i$，则消费计划 $\tilde{c}_1^i$ 满足 1 期的预算约束（16.2）。由于 $u^i(\tilde{c}^i) \geqslant u^i(c^i)$，且 u^i 严格递增，于是对于所有个体 i，均有：

$$\tilde{c}_0^i \geqslant w_0^i - q(\tilde{c}_1^i - w_1^i) \tag{16.3}$$

并且至少有一个个体使得上式两端取严格不等号。将所有个体 i 的不等式（16.3）加总，所得结果恰好与 $\{\tilde{c}^i\}$ 是可行配置的假设相矛盾。 □

 16.3 有效完备市场

如果证券市场是完备的，则任意消费配置均可通过证券市场获得。显然，此时受限最优配置必是帕累托最优的。并且，证券市场均衡配置也是帕累托最优的。本节将给出一个较弱的确保受限最优配置为帕累托最优配置的充分条件：帕累托最优配置可通过证券市场获得。

如果任意一个帕累托最优配置均可通过证券市场获得，便称该证券市场是**有效完备（effectively complete）**的。

定理 16.3.1 如果证券市场有效完备，且对于任意一个可行的消费配置，均存在一个弱帕累托占优于该配置的帕累托最优配置，则任意受限最优配置均是帕累托最优的。

证明：令 $\{c^i\}$ 为一个受限最优配置。根据定理的假设条件，必定存在一个弱帕累托占优于配置 $\{c^i\}$ 的帕累托最优配置 $\{\tilde{c}^i\}$。由于市场是有效完备的，于是配置 $\{\tilde{c}^i\}$ 可通过证券市场而获得。如果 $\{c^i\}$ 不是帕累托最优的，则 $\{\tilde{c}^i\}$ 必（严格）帕累托占优于 $\{c^i\}$。而这与 $\{c^i\}$ 是受限帕累托最优配置相矛盾。 □

159 存在弱占优于任意可行配置的帕累托最优配置的一个充分条件是：所有的消费集均为有下界的闭集（在 16.7 节中还会给出另一个充分条件）。

命题 16.3.2 如果所有个体的消费集均是有下界的闭集，则对于任意可行配置，均存在一个弱帕累托占优于它的帕累托最优配置。

证明：令 $\{c^i\}$ 为一个不是帕累托最优配置的可行配置。因为效用函数连续，所以由弱

帕累托占优于 $\{c^i\}$ 的可行配置构成的集合必是可行配置集的一个闭子集。而可行配置集又是一个紧集，因为所有的消费集均为有下界的闭集（参见 15.2 节）。因此，由弱帕累托占优于 $\{c^i\}$ 的可行配置所构成的集合也是一个紧集。只需在最大化社会福利函数（15.3）时对该集合中的所有元素均取严格正的权重，便能得到所需要的帕累托最优配置。　□

最为重要的一个有效完备市场的例子来自证券市场经济（此时，所有个体的禀赋均落在资产张成上）。当且仅当所有个体在任何帕累托最优配置下的 1 期消费计划均落在资产张成上时，证券市场经济中的市场是有效完备的。因此，如果证券市场对位于资产张成上的某一禀赋配置是有效完备的，则对于资产张成上的任意禀赋配置，证券市场都是有效完备的。

16.4　有效完备市场中的均衡

将定理 16.2.1 和定理 16.3.1 相结合，便能得到有效完备证券市场下的福利经济学第一定理。

定理 16.4.1　如果所有个体的效用函数均严格递增，并且定理 16.3.1 的假设能被满足，则有效完备证券市场下的所有均衡消费配置都是帕累托最优的。

读到这里，你很自然便会想要知道：有效完备市场下的均衡消费配置是否与完备证券市场下的均衡配置相同呢？

尽管有许多截然不同的证券收益集都能生成完备市场，但完备证券市场下的均衡其实可以由一个消费配置和一个状态价格向量来确定，而与特定的证券集无关。特定证券集的均衡价格可以通过状态价格和证券价格之间的一般关系而求出。相应的均衡资产组合配置的存在性则可以通过均衡消费配置的可行性而得出，具体可参见 1.7 节。

当将有效完备市场下的均衡配置和完备市场下的均衡配置相比较时，相对于给出一
个据以生成完备市场的特定证券集，我们宁愿用一组状态价格和与之相对应的消费配置 160
来表示某一完备市场均衡配置。而有效完备市场下的均衡配置则通过一组证券价格和与之相对应的消费配置来给出。

定理 16.4.2　假定证券市场是有效完备的。假如状态价格向量 q 和消费配置 $\{c^i\}$ 构成一个完备市场均衡，则证券价格可由下式给出：

$$p_j = qx_j, \quad \forall j \tag{16.4}$$

而且，此时配置 $\{c^i\}$ 是一个证券市场均衡。

证明： 向量 q 是一个与式（16.4）中所定义的证券价格相对应的状态价格向量。由

式（16.1）和式（16.2）所表示的证券市场预算约束条件可知，价格 p 下的证券市场预算可行消费计划集是状态价格为 q 时的完备市场下的预算集的一个子集。

由福利经济学第一定理 15.3.1 可知，消费配置 $\{c^i\}$ 是帕累托最优的。由于证券市场是有效完备的，配置 $\{c^i\}$ 可通过证券市场而实现；亦即对于任意个体 i，净交易部分 $c_1^i - w_1^i$ 均落在证券市场的资产张成上。因此，消费计划 c^i 位于证券市场的预算可行消费计划集上，并且还是最优的。于是，配置 $\{c^i\}$ 是证券市场的一个均衡配置。 □

如果所有个体的效用函数都是可微的，则定理 16.4.2 的部分逆命题也成立。

定理 16.4.3　假定证券市场是有效完备的，所有个体的效用函数均严格递增且拟凹，并且定理 16.3.1 的假定条件依旧成立。如果证券价格向量 p 和消费配置 $\{c^i\}$ 是一个使得 $\{c^i\}$ 位于内点的证券市场均衡，则由

$$q_s = \frac{\partial_s u^i}{\partial_0 u^i}, \quad \forall s \tag{16.5}$$

所给出的状态价格和配置构成一个完备市场均衡。

证明：由定理 16.2.1 和定理 16.3.1 可知，证券市场均衡配置 $\{c^i\}$ 是帕累托最优的。由于它是一个内点，因而将在 16.5 节中讲到的边际替代率对所有个体都相同。而状态价格
161 等于边际替代率则蕴涵着在配置 $\{c^i\}$ 下，所有个体均满足完备市场下的消费选择问题的一阶条件。由于效用函数是拟凹的，所以此时的一阶条件同时也是充分条件，并且配置 $\{c^i\}$ 与状态价格向量 q 构成一个完备市场均衡。 □

这一结果给出了“有效完备市场”这一术语的原理所在：如果定理的条件都能被满足，则即使将缺失的那部分市场加到原来的证券市场中去，均衡消费计划和均衡证券价格也不会有什么实质性的改变。

下面的例子解释了定理 16.4.3 中要求均衡配置是内点的原因所在。

例 16.4.4　假定存在两个状态和一个收益 $x=(1,-1)$ 的证券。有两个个体，其效用函数分别为：

$$u^1(c_0,c_1,c_2) = c_0 + 2c_1 \quad \text{和} \quad u^2(c_0,c_1,c_2) = c_0 + c_2 \tag{16.6}$$

其禀赋分别为 $w^1=(2,0,1)$ 和 $w^2=(2,1,0)$。个体在各个状态下的消费均被限定为正。

此时，帕累托最优配置以 $c^1=(a,1,0)$ 和 $c^2=(4-a,0,1)$ 的形式存在，其中 $0 \leqslant a \leqslant 4$。很显然，这一证券市场是有效完备的。

为找出所有证券市场的均衡解，将这两个个体的最优证券头寸视作证券价格 p 的函数。于是，在证券价格 $p<2$ 时，个体 1 的最优证券头寸为 1；在证券价格 $p>2$ 时，个体 1 的最优头寸为 0；在证券价格 $p=2$ 时，任何位于闭区间 $[0,2]$ 上的值均为个体 1 的最优头寸。对于个体 2，在 $p<-1$ 时，其最优头寸为 0；在 $p>-1$ 时，其最优头寸为-1（表示

卖空 1 单位的证券)；在 $p=-1$ 时，闭区间 $[-1,0]$ 上的任何值均为其最优头寸。

当 p 满足 $-1\leqslant p\leqslant 2$ 时，证券市场出清。此时，个体 1 的均衡消费配置为 $(2-p,1,0)$，个体 2 的均衡消费配置为 $(2+p,0,1)$。因此，存在一系列连续的均衡解，它们所对应的均衡配置全部都是帕累托最优的。

现在来考虑完备市场的情形。在状态价格 $q_1=2$、$q_2=1$ 时，个体 1 的消费计划 $(1,1,0)$ 和个体 2 的消费计划 $(3,0,1)$ 在满足预算约束的条件下，最大化他们各自的效用。请注意，由于个体 1 在 0 期和状态 1 下的消费均是内点，故而个体 1 的 0 期和状态 1 下的消费的边际替代率等于 q_1。同理，个体 2 的 0 期和状态 2 下的消费的边际替代率等于 q_2。由于市场出清，此时市场达到均衡。很容易验证，此时并没有其他的完备市场均衡存在。

因而，完备市场下的均衡配置构成的集合是证券市场的均衡配置集的一个真子集。□

16.5　无加总风险时的有效完备市场

在本章的后续部分来看一下有效完备市场的几种具体情形。在所有这些实例当中，均假定所有个体的偏好均具有以严格递增的冯·诺依曼－摩根斯坦效用函数的形式存在的期望效用表示。

第一种情形满足如下设定：没有加总风险存在，所有个体均具有严格风险厌恶，所 162
有个体的 1 期禀赋均位于资产张成上。我们将这样的一个经济称之为无加总风险的证券市场经济（a security markets economy with no aggregate risk）。

在无加总风险的证券市场经济中，所有个体在任意帕累托最优配置下的 1 期消费计划都是无风险的（推论 15.5.2）。由于无风险收益位于资产张成上，因而这样一些消费计划也都位于资产张成上，并且此时市场是有效完备的。如果所有个体的消费均被限定为正（以保证消费集是有下界的闭集），则所有的均衡配置都是帕累托最优配置（定理 16.4.1 和命题 16.3.2），进而也是无风险的。进一步，此时有效完备市场下的位于内点的所有均衡配置都与完备市场下的均衡配置相同（定理 16.4.2 和定理 16.4.3）。在位于内点的均衡下（假如所有个体的效用函数都是可微的），证券的定价是公平定价（参见定理 13.4.1）：

$$E(r_j)=\bar{r}\ ,\quad \forall j \tag{16.7}$$

如果所有个体的效用函数中都不包含 0 期消费，则均衡消费计划等于禀赋 $E(w^i)$ 的期望值。

例 16.5.1　假定有三个状态；有两种证券，其收益分别为：

$$x_1=(1,1,1)\ \text{和}\ x_2=(1,0,0) \tag{16.8}$$

有两个个体，他们的偏好仅依赖于 1 期消费，而且都具有以严格递增、可微的冯·诺依曼－摩根斯坦效用函数的形式存在的期望效用表示，并且对 1 期的三个状态均具有相同

的主观概率 (1/4,1/2,1/4) 。两个个体都具有严格风险厌恶，他们各自的禀赋分别为 $w^1=(0,1,1)$ 和 $w^2=(1,0,0)$ 。

由于所有个体的禀赋均位于资产张成上，并且无加总风险存在，所以市场是有效完备的。在均衡状态下，证券必然会被公平定价。令 $p_1=1$，于是 $\bar{r}=1$，进而 $p_2=E(x_2)/\bar{r}=1/4$ 。此时，两个个体的均衡消费计划都是无风险的，并且都等于他们各自禀赋的期望值；它们分别为 $c^1=(3/4,3/4,3/4)$ 和 $c^2=(1/4,1/4,1/4)$ 。

请注意，在本例中，在计算均衡解时并没有用到效用函数的任何具体形式。 □

16.6 具有期权的有效完备市场

第二种情形为：加总禀赋的所有期权均在资产张成上，所有个体均严格风险厌恶，并且所有个体的 1 期禀赋均位于资产张成上。将这样的经济称之为存在市场收益期权的证券市场经济（a security markets economy with options on the market payoff），因为加总禀赋即为市场收益。

163 在存在市场收益期权的证券市场经济中，在由满足加总禀赋状态独立的所有状态构成的子状态集下，所有个体在任意帕累托最优配置下的 1 期消费计划都是状态独立的（推论 15.5.2）。而这样的消费计划位于由市场收益的期权所张成的空间上，因而此时市场是有效完备的。如果消费被限定为正，则所有均衡配置均为帕累托最优配置（定理 16.4.1 和命题 16.3.2）。每个完备市场均衡配置均为存在期权的证券市场下的均衡配置（定理 16.4.2），并且具有期权的证券市场下的位于内点的均衡配置与完备市场下的位于内点的均衡配置相同（定理 16.4.3）。

注意到：如果市场收益在每个状态下都是可微的，则正如 15.4 节中所曾观察到的，存在市场收益期权的证券市场经济下的证券市场是完备的。否则，如果有两个（或更多个）状态下的市场收益取值相同，则市场是有效完备的，但却不是完备的。

16.7 具有线性风险容忍度的有效完备市场

第三种情形为：所有个体均具有斜率相同的线性风险容忍度（LRT 效用函数），无风险收益和所有个体的禀赋均位于资产张成上。将这样的经济称之为具有线性风险容忍效用的证券市场经济（a security markets economy with LRT utilities）。我们假定所有个体的效用函数中均不包含 0 期消费。

在具有线性风险容忍效用的证券市场经济中，任意帕累托最优配置下的个体消费计划均位于由无风险收益和加总禀赋所张成的线性空间上（定理 15.6.1）。因此，它们也落在资产张成上，并且市场是有效完备的。定理 16.4.2 蕴涵着每个完备市场均衡配置均是一个证券市场均衡配置。为说明定理 16.4.3 蕴涵着该命题的逆命题，我们需要揭示：对于任何一个具有线性风险容忍效用的证券市场经济下的可行配置，必定存在一个弱帕累托占优于该配置的帕累托最优配置。在这里不能用命题 16.3.2，因为具有线性风险容忍效用的个体（15.6 节中有详尽分析）的消费集既不是闭集也不具有下界。

通过观察定理 16.4.3 的证明过程，可以发现：只需揭示对于所有的个人理性配置（individually rational allocation）（即为所有弱帕累托占优于初始禀赋配置的可行配置），均存在一个弱帕累托占优于该配置的帕累托最优配置，便已足够。在下面的命题中，将揭示出具有线性风险容忍效用的证券市场经济正好具有这一性质。对于具有斜率严格为负的风险容忍度的线性风险容忍效用函数，这里施加了一个附加条件，以确保个人理性配置存在一个位于消费集的边界之外的边界。当风险容忍度的斜率 γ 严格为负时，消费集有上界但无下界。

命题 16.7.1　假定所有个体的风险容忍度都是线性的，并且具有相同的斜率 γ。则在 164
$\gamma<0$ 时，对于所有的个人理性配置 $\{c^i\}$ 以及所有的 i 和 s，均存在 $\varepsilon>0$，正好使得 $\alpha^i+\gamma c_s^i\geqslant\varepsilon$。于是，对于所有的个人理性配置，均存在弱帕累托占优于该配置的帕累托最优配置。

证明： 用 $\{c^i\}$ 表示一个个人理性配置，用 A 表示由所有弱帕累托占优于配置 $\{c^i\}$ 的配置所构成的集合。于是

$$A=\{(\tilde{c}^1,\cdots,\tilde{c}^I)\in\Re^{SI}:\sum_i\tilde{c}^i\leqslant\overline{w},\tilde{c}^i\in C^i,E[v^i(\tilde{c}^i)]\geqslant E[v^i(c^i)]\}\tag{16.9}$$

其中，$C^i=\{c\in\Re^S:\alpha^i+\gamma c_s>0,s\in S\}$。

除 $\gamma=1$（对数效用）时之外，所有线性风险容忍效用函数均在集合 C^i 的边界上有良定义（well defined）。首先假定 $\gamma\neq1$（下面会专门加以探讨），此时以类似于式（16.9）中定义 A 的方式来定义集合 $\overline{A}$，不同之处只在于用 C^i 的闭包（closure）$\overline{C}^i=\{c\in\Re^S:\alpha^i+\gamma c_s>0,s\in S\}$ 来代替 C^i。很显然，$\overline{A}$ 是 A 的闭包，进而是一个闭集。并且，$\overline{A}$ 还是一个非空凸集。

对于 $\overline{A}$ 中的所有配置，考虑社会福利函数（15.3）（取严格正的权重时）的最大化问题。如果 $\overline{A}$ 是紧集，则该问题有解。下面来证明 $\overline{A}$ 是一个紧集。

判断闭凸集是紧集的一个基本标准是其唯一的凹入方向（direction of recession）（或渐近方向（asymptotic direction））是零向量。如果在 $y_0\in Y$、$\lambda\geqslant0$ 时，某一向量 z 满足

$y_0 - \lambda z \in Y$，便称 z 是凸集 $Y \in \Re^n$ 的一个凹入方向（**direction of recession**）。请注意，Y 是凸集就蕴涵着：如果有一些 $y_0 \in Y$ 在任意 $\lambda \geqslant 0$ 时满足 $y_0 + \lambda z \in Y$，则所有的 $y_0 \in Y$ 对于任意 $\lambda \geqslant 0$ 均满足 $y_0 + \lambda z \in Y$。如果集合 Y 有下界，则 Y 的所有凹入方向 z 均满足 $z \geqslant 0$。

为揭示 $\overline{A}$ 的唯一凹入方向是零向量，分两种情况加以讨论：$\gamma > 0$ 或 $\gamma \leqslant 0$。当 $\gamma > 0$ 时，集合 $\overline{C}^i$ 对任意 i 均有下界。因此，如果 $z = (z^1, \cdots, z^I) \in \Re^{SI}$ 是 $\overline{A}$ 的一个凹入方向，则对于任意 i 均有 $z^i \geqslant 0$。而预算可行约束条件则蕴涵着对于 $\overline{A}$ 的所有凹入方向 z，均有：

$$\sum_i z^i \leqslant 0 \tag{16.10}$$

由式（16.10）和 $z^i \geqslant 0$，便能得到 $z = 0$。

如果 $\gamma \leqslant 0$，则集合 $\overline{C}^i$ 没有下界。不过，可以证明个体的偏好集 $\{\overline{c}^i \in \overline{C}^i : E[v^i(\overline{c}^i)] \geqslant E[v^i(c^i)]\}$（the preferred set）有下界。通过与在 $\gamma > 0$ 时相同的论证，就可以得到 $\overline{A}$ 的唯一凹入方向也是零向量。

偏好集有下界的结论源于线性风险容忍效用函数在 $\gamma \leqslant 0$ 时有上界但无下界（参见 9.9 节）。更为详尽的论证过程为：令 $\overline{v}^i$ 为效用函数 v^i 的函数值的上界（upper bound），用 $E[v^i(c^i)]$ 表示 $\overline{u}^i$。于是

$$E[v^i(\tilde{c}^i)] \geqslant \overline{u}^i \tag{16.11}$$

165 蕴涵着

$$\pi_s v^i(\tilde{c}_s^i) \geqslant \overline{u}^i - \sum_{s' \neq s} \pi_{s'} v^i(\tilde{c}_{s'}^i) \geqslant \overline{u}^i - \overline{v}^i \tag{16.12}$$

因此，要么

$$v^i(\tilde{c}_s^i) \geqslant \overline{u}^i - \overline{v}^i \tag{16.13}$$

要么

$$\tilde{c}_s^i \geqslant (v^i)^{-1}(\overline{u}^i - \overline{v}^i) \tag{16.14}$$

式（16.14）的右端（它是良定义的，因为效用函数 v^i 严格递增且无下界）构成偏好集的一个下界。

令 $\{\tilde{c}^i\}$ 是社会福利函数（15.3）的最大化问题的一个位于集合 $\overline{A}$ 中的解。我们需要揭示 $\{\tilde{c}^i\}$ 同时也是一个可行配置，亦即有 $\{\tilde{c}^i\} \in A$。

先考虑第一种情形（$\gamma < 0$ 时）。由于配置 $\{c^i\}$ 是个人理性的，并且 A 中的所有配置也都是个人理性的，由命题 16.7.1 的假定可知，通过 ε，必然存在一个位于集合 C^i 的边界之外的个人理性配置集的边界。因此，可以用 $\{c \in \Re^S : \alpha^i + \gamma c_s \geqslant \varepsilon, s \in S\}$ 代替 A 的定义（式（16.9））中的集合 C^i。由于 A 是闭集，于是 $A = \overline{A}$。

对于 $\gamma = 0$ 的情况，由于 $C^i = \overline{C}^i = \Re^S$，故而也有 $A = \overline{A}$。

接着来分析$\gamma > 0$的情况。由于$\overline{C}^i$的边界上的消费的边际效用是无穷大的（Inada 条件），故而作为社会福利最大化问题的解，配置$\{\tilde{c}^i\}$不可能落在集合$\overline{A}$的边界上，故而$\{\tilde{c}^i\}$必在A上。

最后来考虑$\gamma = 1$，亦即效用函数为对数效用的情形。此时，集合C^i不是闭集，不过在集合C^i的边界上，效用函数并不会趋向负无穷。这意味着对于任意i，偏好集$\{\tilde{c}^i \in C^i : E[v^i(\tilde{c}^i)] \geqslant E[v^i(c^i)]\}$均是闭集，进而$A$也是闭集。通过与$\gamma > 0$时的其他论证相同的论证过程，便能得出$A$是闭集。故而，此时的福利最大化配置正是所要找的帕累托最优配置。 □

由于在效用函数为线性风险容忍效用的经济中，所有的均衡配置均为内点，故而命题 16.7.1、定理 16.4.2 及定理 16.4.3 蕴涵着证券市场中的均衡配置等同于完备市场下的均衡配置。

16.8　多项基金扩张

前面所列举的三种情形都有一个共同的特点：在有效完备市场下，个体在任意帕累托最优配置下的 1 期消费计划均落在资产张成的一个低维子空间上。我们将这类情形称之为**多项基金扩张（multifund spanning）**，因为此时均衡消费计划落在少数几个资产组合（共同基金）收益的张成之上。

若某一经济无加总风险（aggregate risk），则所有个体的均衡消费计划都是无风险的。
我们将这种情形称之为**单项基金扩张（one-fund spanning）**。在所有个体均具有线性风险 166
容忍效用时，所有个体的均衡消费计划均落在市场收益和无风险收益的张成上。此时，我们称之为**二项基金扩张（two-fund spanning）**。存在市场收益期权时，所有个体的均衡消费计划均落在期权的张成上。此时，市场收益有多少个不同的取值，多项基金扩张便由多少项基金构成。

16.9　资本资产定价模型的第二步

14.5 节中曾揭示出，如果某一个体至少有一个均衡消费位于市场收益和无风险收益的张成之上，并且该个体具有二次效用，则资本资产定价模型（CAPM）中的证券市场线方程（the equation of the security market line of CAPM）在均衡状态下成立。特别地，在代表性个体具有二次效用的代表性个体经济中，资本资产定价模型（CAPM）成立。

对于无风险收益位于资产张成上的证券市场经济，如果所有个体均具有二次效用，故而他们的风险容忍度均是线性的，并且斜率都为-1。又由 16.7 节的结论可知，此时均衡消费计划位于由市场收益和无风险收益的张成上。因此，此时资本资产定价模型（CAPM）成立。

于是，我们将资本资产定价模型（CAPM）推广到了包含无风险证券的由多个具有不同的二次效用函数的个体（各个个体的二次效用函数可以具有不同的参数 α）所构成的证券市场经济之中。没有无风险证券存在时的非证券市场经济下的资本资产定价模型（CAPM）将在第 19 章中给出。

16.10 评注

受限帕累托最优的概念由 Diamond[1] 提出。关于（具有多个商品时的）不完备市场下的均衡配置优化问题的一般探讨可在 Geanakoplos and Polemarchakis[2] 中找到。当存在不止一个商品时，或是将在本书第 7 篇所讨论的多期证券市场中，受限帕累托最优这一概念的用处非常有限，因为此时的资产张成具有内生性（此时证券收益依赖于未来的价格）。

Hart[3] 给出了一个例子，在该例子中，市场是不完备的，有两个商品存在。此时存在两个均衡配置，其中之一帕累托占优于另一个，但每一个配置都是它们各自的资产张成上的受限最优配置。很显然，这种情况在只有一个商品时是不可能发生的。

受限最优的消费配置可被视为在所有个体均依资产组合所带来的消费效用，而给资
167 产组合进行排序时所得出的帕累托最优配置。更确切地说，如果效用函数 u^i 严格递增，则可以将资产组合 h 和 0 期消费 c_0 的间接效用函数定义为 $v^i(c_0,h)\equiv u^i(c_0,w_1^i+hX)$。如果没有对任意个体 i 均满足 $v^i(c_0^i,h^i)\geqslant v^i(c_0'^i,h'^i)$（至少有一个个体使得该式两端取严格不等号）的其他可行配置 $\{c_0'^i,h'^i\}$，则预算可行的资产组合配置和 0 期消费 $\{(c_0^i,h^i)\}$ 构成一个帕累托最优配置。并且，当且仅当消费配置 $\{(c_0^i,c_1^i)\}$ 是一个受限最优配置时，配置 $\{(c_0^i,h^i)\}$ 是一个帕累托最优配置；其中，$c_1^i=w_1^i+h^iX$。

16.3 节中所给出的有效完备市场的定义并非标准定义。对该概念的另一个定义为：如果每个均衡配置均为帕累托最优配置，则市场是有效完备的（参见 Elul[4]）。定理 16.4.1 表明：如果所有个体的效用函数均严格递增且所有个体的消费集均是有下界的闭集，则 16.3 节所定义的有效完备市场中的每个均衡配置均是帕累托最优配置。因此，在对个体的效用函数和消费集作了这些假设之后，前面所给出的有效完备市场的另一个定义要弱于 16.3 节中所给出的定义。

Rubinstein[5]在效用函数为线性风险容忍效用时，分析了风险的有效配置。而有关市场收益期权的例子则来自于 Breeden and Litzenberger[6]。

关于集合凹入方向这一概念的精彩说明可在 Rockafellar[7]中找到。而“闭凸集在凹入方向为零向量时是个紧集”的结论也同样可以在 Rockafellar 中找到。若想更多地了解期望效用偏好集的凹入方向的特征刻画，建议阅读 Bertsekas[8]。

参考文献

1．Diamond, P. The role of a stock market in a general equilibrium model with technological uncertainty. American Economic Review, 48:759-776, 1967.

2．Geanakoplos, J. and Polemarchakis, H. Existence, regularity, and constrained suboptimality of competitive allocations when the asset markets is incomplete. In Walter Heller and David Starrett, editors, Essays in Honor of Kenneth J. Arrow, Volume III. Cambridge University Press, 1986.

3．Hart, O. On the optimality of equilibrium when the market structure is incomplete. 1975, 11:418-443, Journal of Economic Theory.

4．Elul, R. Effectively complete equilibria—a note. Journal of Mathematical Economics, 32:113-119, 1999.

5．Rubinstein, M. An aggregation theorem for securities markets. Journal of Financial Economics, 1:225-244, 1974.

6．Breeden, D.T. and Litzenberger, R. Prices of state-contingent claims implicit in option prices. Journal of Business, 51:621-651, 1978.

7．Rockafellar, R.T. Convex Analysis. Princeton University Press, Princeton, NJ, 1970.

8．Bertsekas, D. Necessary and sufficient conditions for existence of an optimal portfolio. Journal of Economic Theory, 8:235-247, 1974.

第 6 篇

均值—方差分析

第 17 章

期望和定价核

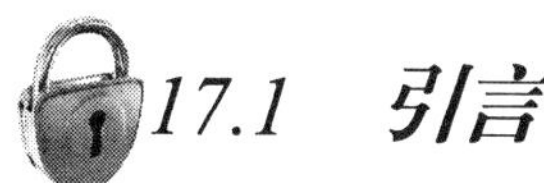

17.1 引言

第 6 章中曾指出过收益定价泛函（以及它的扩展形式，估价泛函）既可以用状态价格，也可以用风险中性概率来表示。本章将给出收益定价泛函的另一种表示形式——定价核（pricing kernel）。定价核的存在性源于黎兹表示定理（Riesz representation theorem），该定理说的是向量空间上的任何线性泛函均可用该空间上的一个向量来表示。

这里先介绍内积（inner product）、正交（orthogonality）、正交投影（orthogonal projection）等几个概念。这些概念都与一类被称作希尔伯特空间（Hilbert space）的非常重要的向量空间有关。而黎兹表示定理也适用于希尔伯特空间。在金融环境下，黎兹表示定理蕴涵着资产张成上的任意线性泛函都可以用一个收益向量来表示。有两类线性泛函特别为人所关注：收益定价泛函和期望泛函（the expectations functional）。前者在第 6 章中就有详尽的介绍，后者将所有的收益映射为其各自的期望。它们各自的表示向量分别被称作定价核和期望核。

希尔伯特空间在后续章节中学习资本资产定价模型（CAPM）和因子定价（factor pricing）时有非常重要的作用。在本章中对希尔伯特空间所做的介绍和处理在数学上是非常浅显的，因为我们的目的在于迅速找到能用于分析金融问题的一些数学结论。特别地，将有限维依存权益空间 $\mathfrak{R}^S$（the finite-dimensional contingent calims space）作为希尔伯特空间的一个首选实例。

希尔伯特空间最为重要的应用在于收益空间是无穷维空间时的情形。对于有志于进一步学习无穷维情形的读者，强烈建议读者读一读本章最后所列出的参考文献中的相关文献。

17.2 希尔伯特空间与内积

向量空间 H 上的**内积（inner product）**是一个从 $H\times H$ 到 $\Re$ 的函数，通常用一个点表示（如 $x\cdot y$ 表示 x 和 y 的内积），它遵循以下性质。

172 对于任意 $x,y\in H$ 和 $a,b\in\Re$，均有：

（1）**对称性**：$x\cdot y=y\cdot x$。

（2）**线性**：$x\cdot(ay+bz)=a(x\cdot y)+b(x\cdot z)$。

（3）**正性**：$x\cdot x>0$，当 $x\neq 0$ 时。

内积有时也称作标量积（scalar product）或点积（dot product）。

通过内积，可以通过下式在向量空间 H 中定义一个向量的**范数（norm）**：

$$\|x\|\equiv\sqrt{(x\cdot x)} \tag{17.1}$$

范数有下述重要性质。

对于任意 $x,y\in H$，均有：

（1）**三角不等式（triangle inequality）**：$\|x+y\|\leqslant\|x\|+\|y\|$。

（2）**柯西－施瓦茨不等式（Cauchy-Schwarz inequality）**：$|x\cdot y|\leqslant\|x\|\|y\|$。

通过范数，可以在 H 中定义序列的收敛性，并进而可以在 H 中定义泛函的连续性。

希尔伯特空间（Hilbert space）指的是一个向量空间 H，该向量空间装备了内积，并且在由内积诱导的范数下是完备的（completeness）。在这里，完备性指的是由向量空间 H 的元素所构成的任意柯西列（Cauchy sequence）均收敛于该向量空间中的某个元素。

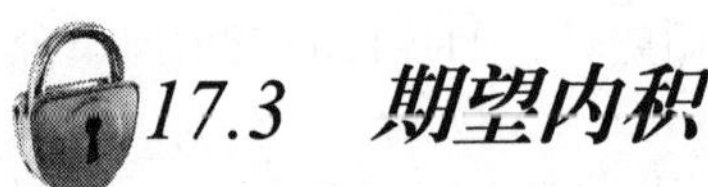

17.3 期望内积

由 1 期状态依存消费计划构成的空间 $\Re^S$ 就是一个希尔伯特空间。在该空间中，最为人熟知的内积便是欧几里德内积（Eulidean inner product）：

$$x\cdot y=\sum_s x_s y_s \tag{17.2}$$

另外，还有一类内积；它在推导资本资产定价模型时非常有用，该内积是**期望内积（expectations inner product）**：

$$x\cdot y=E(xy) \tag{17.3}$$

在式（17.3）中，与通常一样，$E(xy)=\sum_s \pi_s x_s y_s$；其中的 π 是 S 上的概率测度（probability measure）。由期望内积所诱导的范数为：

$$\|x\| = \sqrt{E(x^2)} = \sqrt{\operatorname{var}(x) + [E(x)]^2} \tag{17.4}$$

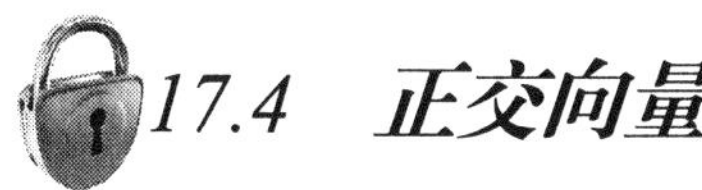

17.4　正交向量

如果两个向量 $x, y \in H$ 的内积等于 0，便称它们正交（**orthogonal**），用 $x \perp y$ 表示； 173
亦即：

$$\text{当且仅当 } x \cdot y = 0 \text{ 时，有 } x \perp y。 \tag{17.5}$$

如果对于所有的 $i \neq j$，均有 $z_i \perp z_j$，则称向量组 $\{z_1, \cdots, z_n\}$ 在希尔伯特空间 H 中是一个**正交系统（orthogonal system）**。正交系统是其线性张成（linear span）的一组**标准正交基（orthonormal basis）**。

毕达哥拉斯定理（Pythagorean Theorem）17.4.1　如果 $\{z_1, \cdots, z_n\}$ 是希尔伯特空间 H 中的一个正交系统，则有：

$$\left\|\sum_{i=1}^{n} z_i\right\|^2 = \sum_{i=1}^{n} \|z_i\|^2 \tag{17.6}$$

证明：将等式左端写为内积的形式再运用正则性的定义，便可得出式(17.6)。　□

下面给出毕达哥拉斯（Pythagorean）定理的一个非常有用的应用。

推论 17.4.2　任意一个由非零向量所构成的正交系统必然是线性独立的。

证明：令 $\{z_1, \cdots, z_n\}$ 是一个对于任意 i 均有 $z_i \neq 0$ 的正交系统。假定有 $\lambda_i \in \Re$，使得：

$$\sum_{i=1}^{n} \lambda_i z_i = 0 \tag{17.7}$$

由于 $\{\lambda_1 z_1, \cdots, \lambda_n z_n\}$ 也是一个正交系统，由式（17.6）和式（17.7）可得：

$$\sum_{i=1}^{n} \lambda_i^2 \|z_i\| = \left\|\sum_{i=1}^{n} \lambda_i z_i\right\| = 0 \tag{17.8}$$

而这蕴涵着对于任意 i 均有 $\lambda_i = 0$，因而向量 $z_1, \cdots, z_n$ 是线性独立的。　□

17.5　正交投影

当且仅当向量 $x \in H$ 正交于空间 H 的线性子空间 $Z \subset H$ 中的每一个向量 $z \in Z$ 时，称向量 x 正交于线性空间 Z 。亦即：

$$\text{当且仅当对于 } \forall z \in Z \text{，均有 } x \cdot z = 0 \text{ 时，} x \perp Z。 \tag{17.9}$$

如果子空间 Z 是向量 $z_1,\cdots,z_n$ 的线性张成，则当且仅当某一向量 x 正交于每个 z_i（其
174 中，$i=1,\cdots,n$）时，向量 x 正交于 Z。正交于子空间 Z 的全部向量所构成的集合即为 Z 的正交补（**the orthogonal complement**）。一般将它标记为 $Z^{\perp}$，它也是 H 的一个线性子空间。

投影定理 17.5.1 对于希尔伯特空间 H 的任意有限维子空间 Z 和希尔伯特空间 H 中的任意向量 $x\in H$，存在唯一的一对向量 $x^z\in Z$ 和 $y\in Z^{\perp}$，正好使得 $x=x^z+y$。[①]

证明：令 $\{z_1,\cdots,z_n\}$ 是张成 Z 的一个正交系统，并定义

$$x^z=\sum_{i=1}^{n}\frac{x\cdot z_i}{z_i\cdot z_i}z_i \tag{17.10}$$

和

$$y=x-x^z \tag{17.11}$$

显然，所定义的 $x^z\in Z$。于是，有：

$$y\cdot z_j=(x-\sum_{i=1}^{n}\frac{x\cdot z_i}{z_i\cdot z_i}z_i)\cdot z_j \tag{17.12}$$

$$=(x-\frac{x\cdot z_j}{z_j\cdot z_j}z_j)\cdot z_j=0 \tag{17.13}$$

进而，对于任意 $j=1,\cdots,n$，均有 $y\perp z_j$。因此，$y\in Z^{\perp}$。

为揭示 x^z 的唯一性，对于 $x_1^z,x_2^z\in Z$、$y_1,y_2\in Z^{\perp}$，假定 $x=x_1^z+y_1=x_2^z+y_2$。由毕达哥拉斯定理（Pythagorean Theorem）可得：

$$\|y_2\|^2=\|x_1^z-x_2^z\|^2+\|y_1\|^2 \tag{17.14}$$

和

$$\|y_1\|^2=\|x_1^z-x_2^z\|^2+\|y_2\|^2 \tag{17.15}$$

等式（17.14）和等式（17.15）蕴涵着

$$\|x_1^z-x_2^z\|^2=0 \tag{17.16}$$

于是，由内积的严格正性，可得 $x_1^z=x_2^z$。 □

如果 Z 是希尔伯特空间 H 的一个（有限维）子空间，则定理 17.5.1 蕴涵着 H 能被分解为 $H=Z+Z^{\perp}$，其中 $Z\cap Z^{\perp}=\{0\}$。

175 定理 17.5.1 中分解所得的唯一向量 x^z，其实就是 x 在 Z 上的**正交投影**（**orthogonal projection**）。如果投影是通过期望内积而求得的，则正交投影的表达式（17.10）中的系

---

① 投影定理对 H 的任意闭子空间（包括无穷维空间）均成立。不过，我们的证明仅限于有限维的情形。因为在接下来要讨论的金融问题中，有限维条件下的投影定理便已敷用了。

数为

$$\frac{x \cdot z_i}{z_i \cdot z_i} = \frac{E(xz_i)}{E(z_i^2)} \quad (17.17)$$

并且

$$x^z = \sum_{i=1}^{n} \frac{E(xz_i)}{E(z_i^2)} z_i \quad (17.18)$$

因此，期望内积的投影与线性回归的结果是相同的。式（17.18）通过给定的自变量的值而算出了因变量的预测值。

例 17.5.2　假定希尔伯特空间 $\Re^2$ 装备了概率为 $(1/4, 3/4)$ 的期望内积。令 $Z = \text{span}\{(1,1)\}$、$x = (1,2)$。则正交投影 x^z 为：

$$x^z = \frac{(1,2)\cdot(1,1)}{(1,1)\cdot(1,1)}(1,1) = \frac{7}{4}(1,1) = (7/4, 7/4) \quad (17.19)$$

□

17.6　希尔伯特空间中的图解方法

希尔伯特空间有一个备受称道的特征——非常易于进行图解表示。为揭示这一点，来看一看二维希尔伯特空间的例子。在二维希尔伯特空间中，任何坐标均可用由一组标准正交基 ε_1、ε_2 构成的式子来表示。于是向量 x、y 的内积则可由下式给出：

$$x \cdot y = (x_1\varepsilon_1 + x_2\varepsilon_2)\cdot(y_1\varepsilon_1 + y_2\varepsilon_2) \quad (17.20)$$

由于 ε_1、ε_2 是标准正交的，有：

$$x \cdot y = x_1 y_1 + x_2 y_2 \quad (17.21)$$

因此，也可以用欧几里德平面（Euclidean plane）来表示希尔伯特空间。欧几里德平面指的是以“自然基”（natural basis）$(1,0)$ 和 $(0,1)$ 为基的有序实数对（ordered pairs of real numbers）所构成的平面，其上的内积是欧几里德内积（the Euclidean inner product）。因而有：如果 x 和 y 垂直（亦即有 $x_1y_1 + x_2y_2 = 0$），则它们正交。

在金融问题中，一般用状态权益作为基向量。尽管状态权益向量在期望内积下是正交的，但由它们构成的基并非标准正交基，因为它们的范数不是单位范数： 176

$$e_s \cdot e_s = E(e_s^2) = \pi_s \neq 1 \quad (17.22)$$

如果在图解表示中用状态权益作为基向量的话，则正交收益（orthogonal payoffs）未必是垂直的（除非在所有状态下的概率都相等），而正交投影（orthogonal projections）则是倾斜的。例如，向量 $x = (1,2)$ 在例 17.5.2 中的 $Z = \text{span}\{(1,1)\}$ 上的正交投影 $x^z = (7/4, 7/4)$

就不同于垂直投影(3/2,3/2)。当然了，要想消除正交投影的倾斜效果，只需对基向量稍作改变即可。

17.7　黎兹表示定理

希尔伯特空间中的线性连续泛函[①]有一种非常简洁的表达形式——可以表示为与该空间中的某一向量的内积。

定理 17.7.1（Riesz-Frechet） 如果是希尔伯特空间 H 上的一个线性连续泛函 $F: H \to \Re$，则在 H 上存在唯一的向量 k_f，使得：

$$F(x) = k_f \cdot x, \quad \forall x \in H \tag{17.23}$$

证明：如果 F 是 0 泛函（the zero functional），则取 $k_f = 0$。如果 F 是非 0 泛函，则用 $N = \{x \in H : F(x) = 0\}$ 表示 F 的 0 空间（the null space），用 $N^{\perp}$ 表示 N 的正交补。于是有 $H = N + N^{\perp}$、$N^{\perp} \neq \{0\}$。

在 $N^{\perp}$ 中选一个非零向量 z。用一个合适的标量（scalar）乘上 z，便能得到 $F(z) = 1$。任意向量 $x \in H$ 均可写为：

$$x = [x - F(x)z] + F(x)z \tag{17.24}$$

请注意，$[x - F(x)z] \in N$。由于 $z \in N^{\perp}$，于是

$$z \cdot x = z \cdot [F(x)z] \tag{17.25}$$

令

$$k_f = \frac{z}{(z \cdot z)} \tag{17.26}$$

则式（17.25）蕴涵着：

$$k_f \cdot x = \frac{F(x)(z \cdot z)}{z \cdot z} = F(x) \tag{17.27}$$

进而 k_f 满足等式（17.23）。

177 现在来证明 k_f 是唯一的。如果 k_f 和 k'_f 均满足式（17.23），则对任意的 $x \in H$，均有

$$(k_f - k'_f) \cdot x = 0 \tag{17.28}$$

因此，$(k_f - k'_f) = 0$。 □

表达式（17.23）中的向量 k_f 即为 F 的**黎兹核（Riesz kernel）**。

---

① 对范数连续。

17.8 黎兹核的构造

线性泛函的黎兹核在装备了欧几里德内积的希尔伯特空间中非常好找。此时，黎兹核可由 $k_{fs}=F(e_s)$ 而得到，因为 F 的线性便蕴涵着 $F(x)=\sum_s k_{fs}x_s$ 。期望内积的黎兹核也很好构造。可以先将泛函表示为 $F(x)=\sum_s k_s x_s$ ，再运用 $k_{fs}=k_s/\pi_s$ ，便能得到黎兹核的表达式 $F(x)=\sum_s \pi_s k_{fs}x_s=E(k_f x)$ 。

希尔伯特空间的任意完备子空间在原空间的内积下依然是希尔伯特空间。于是，对于希尔伯特空间的完备子空间上的线性泛函，黎兹表示定理也同样适用。因此，如果 Z 是希尔伯特空间 H 上的一个完备子空间，F 是 Z 上的一个线性连续泛函，则在 Z 上存在唯一的核 k_f ，使得对于任意 $z\in Z$ ，均有 $F(z)=k_f\cdot z$ 。

如果子空间 Z 是有限向量集 $\{z_1,\cdots,z_n\}$ 的线性张成（linear span），则线性泛函 $F:Z\to\Re$ 的核 k_f 可通过如下方法来加以构造。

令

$$w_i=F(z_i) \tag{17.29}$$

为 Z 的基向量在 F 下的值，其中 $i=1,\cdots,n$ 。核 k_f 必须同时满足 n 个方程：

$$w_i=k_f\cdot z_i,\quad i=1,\cdots,n \tag{17.30}$$

由于 $k_f\in Z$ ，有 $k_f=\sum_{j=1}^n a_j z_j$ 。将其代入到式（17.30）中，便得到了 n 个方程：

$$w_i=\sum_{j=1}^n a_j z_j\cdot z_i,\quad i=1,\cdots,n \tag{17.31}$$

在式（17.31）所表示的方程组中，共有 n 个未知数 a_j ，因此用标准方法就可以将方程组解出。

下面的例子正好用到了前面所给出的构造过程。 178

例 17.8.1 令 $Z=\text{span}\{(1,1)\}\subset\Re^2$ ，内积为由概率 $(1/4,3/4)$ 所给出的期望内积。令 $F:Z\to\Re$ 为由

$$F(z)=2z_1 \tag{17.32}$$

所给出的泛函，其中 $z=(z_1,z_2)\in Z$ 。

向量 $(1,1)$ 构成了 Z 的一个基。核 k_f 在特定的标量 a 下须满足 $k_f=a(1,1)$ 。由于 $F(1,1)=2$ ，可由方程

$$2=a(1,1)\cdot(1,1)=a(1/4+3/4) \tag{17.33}$$

解出 a 的值。

因此 $a=2$ 且

$$k_f=(2,2) \tag{17.34}$$

□

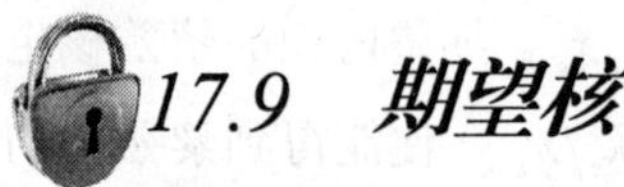

17.9 期望核

资产张成是装备了期望内积的希尔伯特空间 $\Re^S$ 上的一个子空间，因而它也是一个希尔伯特空间。于是，黎兹表示定理也适用于资产张成上的线性泛函。资产张成 M 上有两个泛函尤其让我们感兴趣：期望泛函将在这一节加以讨论；定价泛函将在 17.10 节中加以讨论。

用个体的主观概率测度（subjective probability measure）来作为定义期望内积的概率测度 π。如果所有个体的偏好均有期望效用表示，则 π 是期望效用的概率测度（假定对所有个体都相同）。

期望泛函（expectations functional） E 将所有的收益 $z\in M$ 都映射为该收益的期望 $E(z)$。而期望泛函的黎兹核 k_e 则是使得下式成立的唯一收益：

$$E(z)=E(k_e z)\quad,\quad \forall z\in M \tag{17.35}$$

需要强调的是，式（17.35）只有当 z 在资产张成上时才有效，对于位于资产张成之外的依存权益（contingent claims）则未必成立。将证券收益 $x_1,\cdots,x_n$ 作为 M 的基，便可以用 17.8 节中所给出的方法构造出期望核。

如果无风险收益位于资产张成 M 上，则期望核 k_e 是无风险的，并且在每个状态下都
179 等于 1。如果无风险收益不在资产张成上，则期望核 k_e 是无风险收益在 M 上的正交投影。
为揭示这一点，注意到对于任意 $z\in M$，均有：

$$E[(e-k_e)z]=0 \tag{17.36}$$

其中，e 表示在所有状态下的收益均为 1 的收益向量。于是 $e-k_e$ 正交于 M。由于 $e=(e-k_e)+k_e$，进而 k_e 是 e 在 M 上的正交投影。

例 17.9.1 假定有三个状态；有两种证券，其收益分别为 $x_1=(1,1,0)$ 和 $x_2=(0,1,1)$。在每个状态下的概率均为 $1/3$。

为找出期望核，来考虑两个关于期望收益的等式：

$$\frac{2}{3}=E(k_e x_1) \tag{17.37}$$

和

$$\frac{2}{3}=E(k_e x_2) \tag{17.38}$$

由于期望核 k_e 位于资产张成上，对于资产组合 (h_1,h_2)，有：

$$k_e = h_1 x_1 + h_2 x_2 = (h_1, h_1 + h_2, h_2) \tag{17.39}$$

将式（17.37）和式（17.38）代入到式（17.39）中，便得到了

$$\frac{2}{3}=\frac{1}{3}h_1+\frac{1}{3}(h_1+h_2) \tag{17.40}$$

和

$$\frac{2}{3}=\frac{1}{3}(h_1+h_2)+\frac{1}{3}h_2 \tag{17.41}$$

上述两个方程的解为 $h_1=h_2=2/3$，进而

$$k_e=(\frac{2}{3},\frac{4}{3},\frac{2}{3}) \tag{17.42}$$

请注意，这里的 k_e 并不是无风险收益，因为无风险收益不在资产张成上。 □

17.10 定价核

资产张成 M 上的收益定价泛函 q 的黎兹核即为**定价核（pricing kernel）**k_q。它是 M 上唯一满足下式的收益：

$$q(z)=E(k_q z), \quad \forall z \in M \tag{17.43}$$

以证券收益 $x_1,\cdots,x_n$ 作为 M 的基，便可以用 17.8 节中所给出的方法构造出定价核。 180

对于不在资产张成上的依存权益 z，期望 $E(k_q z)$ 是良定义的，但并不能通过它而在 $\mathfrak{R}^S$ 上定义出一个一般化的正估价泛函。原因在于即便没有强套利（套利）存在，定价核也未必为正（严格为正）。例如，如果没有收益严格为正的资产组合存在，则定价核将不可能严格为正。

如果无套利（强套利）存在，则对于任意 $z \in M$，皆存在严格为正（为正）的状态价格向量 $q=(q_1,\cdots,q_S)$，使得：

$$q(z)=\sum_s q_s z_s \tag{17.44}$$

考虑经状态概率（the probabilities of states）重估过之后的状态价格向量 $q/\pi=(q_1/\pi_1,\cdots,q_S/\pi_S)$，可将式（17.44）改写为：

$$q(z)=E(\frac{q}{\pi}z) \tag{17.45}$$

式（17.43）和式（17.45）蕴涵着对于任意 $z \in M$ ，均有：

$$E[(\frac{q}{\pi} - k_q)z] = 0 \tag{17.46}$$

进而 $q/\pi - k_q$ 正交于 M 。由于 $q/\pi = (q/\pi - k_q) + k_q$ ，进而定价核 k_q 是 q/π 在 M 上的投影。

无论市场是否完备，定价核都是唯一的。如果市场是不完备的，则存在多个状态向量组。不过，这些状态向量组经概率重估之后，在资产张成之上都有着相同的投影。该投影即为定价核 k_q 。如果市场是完备的，则存在唯一的状态价格向量 q ，而定价核 k_q 则等于 q/π 。

如果 q 是一个均衡收益定价泛函，则对于任意 $z \in M$ ，均有：

$$q(z) = E(\frac{\partial_1 v}{\partial_0 v} z) \tag{17.47}$$

式（17.47）由式（14.1）而来，其中 $\partial_1 v/\partial_0 v$ 是效用函数的期望效用表示为 $E[v(c)]$ 且均衡消费位于内点的个体的边际替代率向量。向量 $\partial_1 v/\partial_0 v$ 在资产张成 M 上的投影等于定价核 k_q 。如果市场是完备的，则边际替代率向量等于 k_q ，并且这一关系对所有均衡消费是内
181 点解的所有个体都成立。

将 $z = k_e$ 代入式（17.46）中，可得：

$$E(\frac{q}{\pi}) = E(k_q) \tag{17.48}$$

于是，只要状态价格向量 q 为正且非零，则定价核的期望严格为正。如果无风险收益在资产张成上，则

$$E(k_q) = E(k_q k_e) = \frac{1}{\bar{r}} \tag{17.49}$$

这一结论在第 18 章中会用到。

例 17.10.1 在例 17.9.1 中，假定证券价格为： $p_1 = 1$ ， $p_2 = 4/3$ 。为找出定价核，考虑两种证券的价格方程：

$$1 = E(k_q x_1) \tag{17.50}$$

和

$$4/3 = E(k_q x_2) \tag{17.51}$$

定价核 k_q 位于资产张成上，于是对于资产组合 (h_1, h_2) ，有：

$$k_q = h_1 x_1 + h_2 x_2 = (h_1, h_1 + h_2, h_2) \tag{17.52}$$

解出 $h_1 = 2/3$ ， $h_2 = 5/3$ 。于是，有：

$$k_q = (\frac{2}{3}, \frac{7}{3}, \frac{5}{3}) \tag{17.53}$$

□

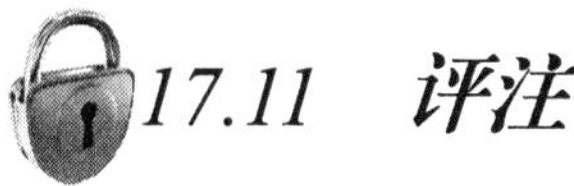

17.11　评注

有关希尔伯特空间理论的全面介绍，可参见 Luenberger[1]、Dudley[2] 和 Young[3]。希尔伯特空间方法最早是由 Chamberlain[4] 和 Chamberlain and Rothschild[5] 引入到金融经济学中来的。

在 17.2 节中，我们曾指出“定义了内积的空间必定完备，因而必是希尔伯特空间”，但未加详细探讨。这一说法在装备了欧几里德内积和期望内积的有限维空间中是成立的，但在无穷维空间中，则未必成立了。例如，令 Φ 是一个由非零实数构成的有限序列（亦即，这些序列全由有限个非零项构成）所组成的空间。于是，依概率 1/2,1/4,1/8,⋯定义的期望内积满足 17.2 节所给出的所有性质，但空间 Φ 是不完备的，因而并非希尔伯特空间。

为说明这一点，来看一下由 Φ 中的元素所构成的序列 $\{z_n\}$ ，该序列的前 n 个元素都 182
为 1，在 n 个元素之后的所有元素都为 0。则序列 $\{z_n\}$ 依范数收敛于(1,1⋯)，因此是一个柯西列，但其极限却不是 Φ 中的元素。

参考文献

1．Luenberger, D.G. Optimization by Vector Space Methods. Wiley, New York, 1969.

2. Dudley, R.M. Real Analysis and Probability. Wadsworth and Brooks, Pacific Grove, Ca., 1989.

3．Young, N. An Introduction to Hilbert Space. Cambridge University Press, Cambridge, 1988.

4．Chamberlain, G. Funds, factors and diversification in arbitrage pricing models. Econometrica, 51:1305-1323, 1983.

5．Chamberlain, G. and Rothschild, M. Arbitrage, factor structure and mean variance analysis in large asset markets. Econometrica, 51:1281-1304, 1983.

第 18 章 均值方差前沿收益

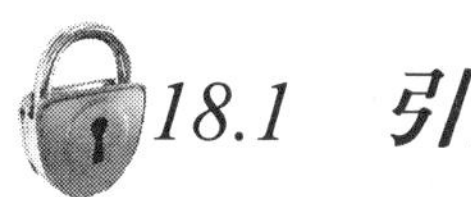

18.1 引言

尽管在一般情况下，方差并不能提供风险的准确测度（参见第 10 章），但有关期望 183
回报和回报方差的分析仍然在金融理论和实务中扮演着非常重要的角色。这类分析的目标一般都是：在给定的期望回报下，找出使得方差最小的回报。

这一分析建立在 17 章中所介绍的希尔伯特空间方法之上。具体而言，是建立在收益定价泛函的定价核表示和期望泛函的期望核表示之上。给定期望回报时的最小方差回报落在由定价核的回报和期望核的回报所确定的直线上。关于期望回报与回报方差的分析有着非常简洁的图解表示。

18.2 均值方差前沿收益

对于某一收益，如果没有其他价格、期望均与它相同但方差更小的收益存在，则称该收益为**均值－方差前沿收益（mean-vriance frontier payoff）**。换句话说，在价格和期望受限的条件下，均值方差前沿收益是方差最小的收益。

令 ε 是 M 的子空间，而且是由期望核 k_e 和定价核 k_q 所张成的。本章的核心结论如下：

定理 18.2.1 当且仅当某一收益位于期望核与定价核的张成之上时，该收益是一个均值－方差前沿收益（mean-vriance frontier payoff）。

证明：对任意收益 $z \in M$，取其在 ε 上（对期望内积）的正交投影，得：

$$z = z^{\varepsilon} + \varepsilon \tag{18.1}$$

其中，$z^{\varepsilon} \in \varepsilon$，$\varepsilon \in \varepsilon^{\perp}$。特别地，$\varepsilon$ 同时正交于 k_e 和 k_q。因此，ε 的期望为 0，价格 184

也为 0。这蕴涵着 z 和 z^{ε} 具有相同的期望和价格。进而由于 ε 正交于 z^{ε} 且 $E(\varepsilon)=0$，于是 $\operatorname{cov}(\varepsilon,z^{\varepsilon})=E(\varepsilon)E(z^{\varepsilon})=0$。因此，$\operatorname{var}(z)=\operatorname{var}(z^{\varepsilon})+\operatorname{var}(\varepsilon)$，进而 $\operatorname{var}(z^{\varepsilon})\leqslant\operatorname{var}(z)$ 且在 $\varepsilon\neq 0$ 时两端取严格不等号。这蕴涵着所有均值－方差前沿收益均在 ε 上。

为证明定理的必要性，需要揭示出 ε 上的任意收益均是均值－方差前沿收益。首先来假定，在 ε 上存在一个不是均值－方差前沿收益的收益 z。于是，必然存在另一个收益 z'，它与 z 有着相同的价格和期望，但方差更小。运用与前一部分相同的证明过程，我们有 $z'\in\varepsilon$。由于 z 和 z' 的价格和期望都相同，有 $E[k_q(z-z')]=0$ 和 $E[k_e(z-z')]=0$。这蕴涵着 $z-z'\in\varepsilon^{\perp}$。又因为 $z-z'\in\varepsilon$，故而 $z=z'$。而这与 z' 的方差小于 z 的假设相矛盾。

□

如果期望核和定价核具有共线性（collinear）（亦即对于 $\gamma\neq 0$，有 $k_q=\gamma k_e$），则均值－方差前沿收益的集合 ε 是一条直线。当且仅当所有资产组合都有着相同的期望回报（等于 $1/\gamma$）时，期望核与定价核具有共线性。如果无风险收益位于资产张成上，则当且仅当公平定价（fair pricing）成立时，k_e 和 k_q 具有共线性。在公平定价时，亦即当对于任意证券 j 均有 $E(r_j)=\bar{r}$ 时，期望核与定价核为 $k_e=e$ 和 $k_q=(1/\bar{r})e$；其中，e 为无风险的单位收益（the risk-free unit payoff）。

由于公平定价的情况已在 13.4 节和 16.5 节中详细讨论过，因此在这部分，我们的兴趣主要在于 k_e 和 k_q 不存在共线性的情形。此时，均值－方差前沿收益的集合 ε 构成一个平面，如图 18.1 所示。

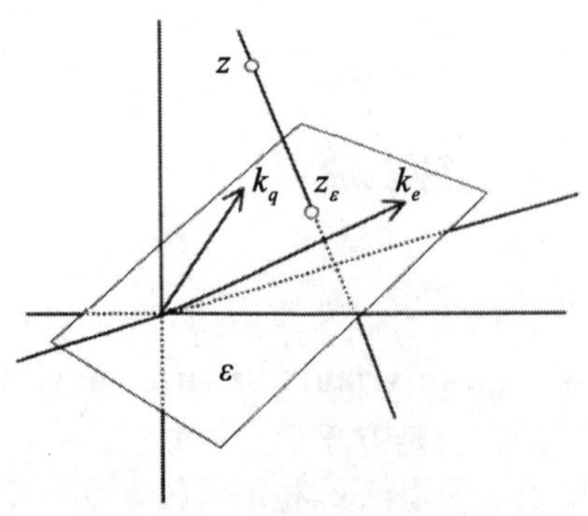

图 18.1

图 18.1 中，前沿收益的集合即为由 k_e 和 k_q 所张成的平面 ε。任何收益 z 均可被投影到 ε 上。

如果只有两种非冗余证券（nonredundant securities）存在，则资产张成是一个平面。进而，如果期望核和定价核无限性相关关系，则资产张成与均值－方差前沿收益的集合相重合。因此，如果只有两种证券存在，则每种证券的收益都是均值－方差前沿收益。请注意，这一结论与状态的个数无关。

为求简洁，下面将经常用“前沿收益”（frontier payoff）来代替“均值－方差前沿收益”。

18.3　前沿回报

任何价格不等于零的收益的回报等于该收益与其价格的商。**前沿回报（frontier returns）**指的是前沿收益的回报，或者是单位价格的前沿收益。 185

由定理 18.2.1 可知，定价核的回报 r_q 与期望核的回报 r_e 都是前沿回报。它们分别是：

$$r_q = \frac{k_q}{E(k_q^2)} \qquad \text{和} \qquad r_e = \frac{k_e}{E(k_q)} \tag{18.2}$$

其中，定价核可用于确定 k_q 和 k_e 的价格。

如果期望核与定价核具有共线性，则回报 r_q 与 r_e 相等。此时，前沿回报集由单一回报 r_e 构成。如果无风险回报在资产张成上，则该单一回报就等于无风险回报 $\bar{r}$ 。

在本章的后续部分，均假定期望核与定价核不具有共线性。如果 k_e 和 k_q 不具有共线性，则前沿回报集是一条经过回报 r_q 和回报 r_e 的直线，如图 18.2 所示。这条线可由唯一的变量 λ 确定，亦即有：

$$r_\lambda = r_e + \lambda(r_q - r_e) \tag{18.3}$$

其中，$-\infty < \lambda < \infty$ 。

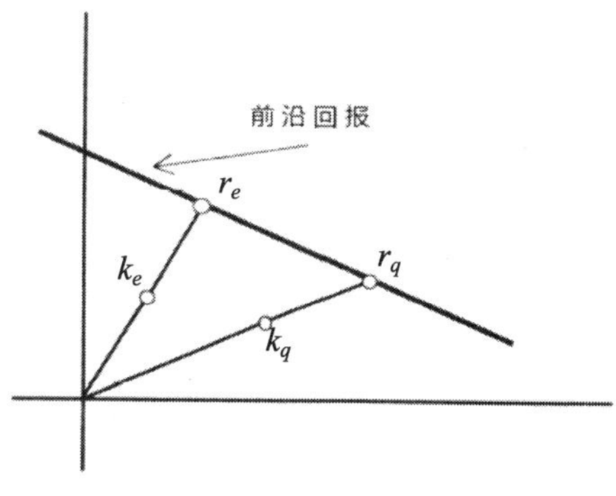

图　18.2

图 18.2 中，前沿回报由经过期望核的回报与定价核的回报的直线构成。

186 **例 18.3.1** 假定有三个概率相等的状态，市场上有三种证券可供交易。证券回报分别为：

$$r_1=(3,0,0) \tag{18.4}$$

$$r_2=(0,6,0) \tag{18.5}$$

$$r_3=(\frac{6}{7},\frac{3}{7},\frac{9}{7}) \tag{18.6}$$

我们想知道的是，如果在这三个回报中有位于均值－方差前沿上的回报，那么，究竟哪一个是均值－方差前沿回报？

为了确定是否有证券回报是均值－方差前沿回报，需要找出前沿回报的集合。首先，来找出期望核与定价核的回报。由于市场是完备的，期望核即为无风险收益 (1,1,1)，而定价核则是经状态概率重估之后的状态价格向量 q。状态价格向量是下述方程的唯一解：

$$1=3q_1 \tag{18.7}$$

$$1=6q_2 \tag{18.8}$$

$$1=\frac{6}{7}q_1+\frac{3}{7}q_2+\frac{9}{7}q_3 \tag{18.9}$$

上述方程组的解为 $q_1=1/3$、$q_2=1/6$、$q_3=1/2$。定价核等于 q/π，为 $(1,1/2,3/2)$。

期望核与定价核的价格可通过定价核而得以确定。期望核 (1,1,1) 的价格为 1，因此其回报 r_e 为 (1,1,1)。定价核 $(1,1/2,3/2)$ 的价格为 7/6，因此其回报 r_q 等于 r_3。因而，r_3 是一个前沿回报。回报 r_1 和 r_2 则不是前沿回报，因为它们不在由 r_e 和 r_q 所确定的直线上。 □

式（18.3）所定义的前沿回报 r_λ 的期望为：

$$E(r_\lambda)=E(r_e)+\lambda[E(r_q)-E(r_e)] \tag{18.10}$$

r_λ 的方差为：

$$\text{var}(r_\lambda)=\text{var}(r_e)+2\lambda\,\text{cov}(r_e,r_q-r_e)+\lambda^2\,\text{var}(r_q-r_e) \tag{18.11}$$

而 r_λ 的标准差 $\sigma(r_\lambda)$ 则是 $\text{var}(r_\lambda)$ 的平方根。前沿回报的期望和标准差在图 18.3 和图 18.4 中。

187

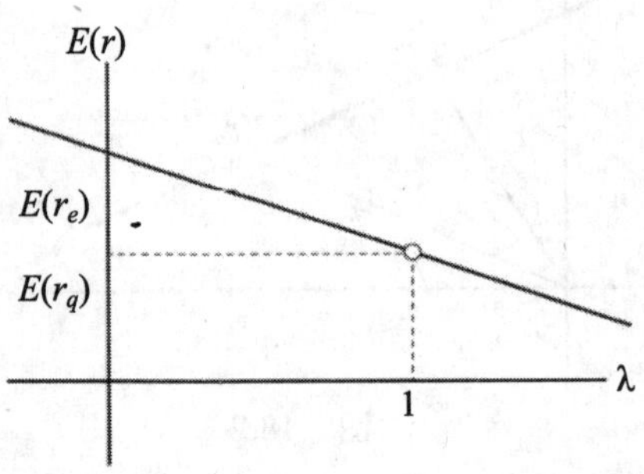

图 18.3

图 18.3 中，前沿回报的期望回报由 λ 确定。对于期望核，$\lambda = 0$；对于定价核，$\lambda = 1$。

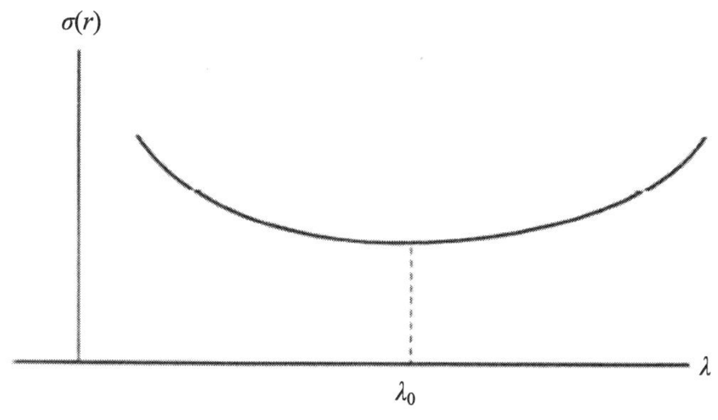

图　18.4

图 18.4 中，不存在无风险回报时前沿回报的标准差。

如果期望核是无风险的，则 $E(r_e)$ 等于无风险回报 $\overline{r}$；由式（18.10），此时前沿回报 r_λ 的期望为：

$$E(r_\lambda) = \overline{r} + \lambda[E(r_q) - \overline{r}] \tag{18.12}$$

请注意，

$$\overline{r} > E(r_q) \tag{18.13}$$

这一结论在后面会用到，现在来证明它。由于定价核不是无风险的（因为假定 k_q 和 k_e 188
不具有共线性），因此有：

$$E(k_q^2) = [E(k_q)]^2 + \operatorname{var}(k_q) > [E(k_q)]^2 \tag{18.14}$$

在式（18.2）的右端取期望，并运用式（18.14）和 $\overline{r} = 1/E(k_q)$（参见式（17.49））的事实，有：

$$E(r_q) = \frac{E(k_q)}{E(k_q^2)} < \frac{1}{E(k_q)} = \overline{r} \tag{18.15}$$

如果期望核是无风险的，则由式（18.11），前沿回报 r_λ 的方差为：

$$\operatorname{var}(r_\lambda) = \lambda^2 \operatorname{var}(r_q) \tag{18.16}$$

标准差为：

$$\sigma(r_\lambda) = |\lambda| \sigma(r_q) \tag{18.17}$$

关于这一点，可参见图 18.5。

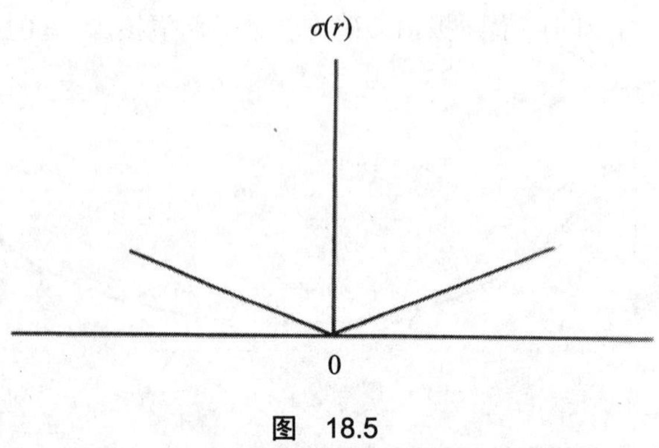

图 18.5

图 18.5 中，当存在无风险回报时前沿回报的标准差。

总是会存在一个具有最小方差的前沿回报。当然了，如果无风险权益（risk-free return）在资产张成上，则最小方差前沿回报（minimum-variance frontier return）即为无风险回报。但是如果无风险收益不在资产张成上，则所有回报均具有严格正的方差。此时，最小方差前沿回报可通过在式（18.11）中对 λ 求最小化（minimizing（18.11）with respect to λ）而得到。由于式（18.11）中的 $\mathrm{var}(r_\lambda)$ 是 λ 的一个二次多项式，于是最小化问题的唯一解 λ_0 可通过一阶条件而得到。它由下式给出：

$$\lambda_0 = -\frac{\mathrm{cov}(r_e, r_q - r_e)}{\mathrm{var}(r_q - r_e)} \tag{18.18}$$

189 给定以上结果，便能画出期望回报的集合与回报的标准差，具体如图 18.6 和图 18.7 所示。

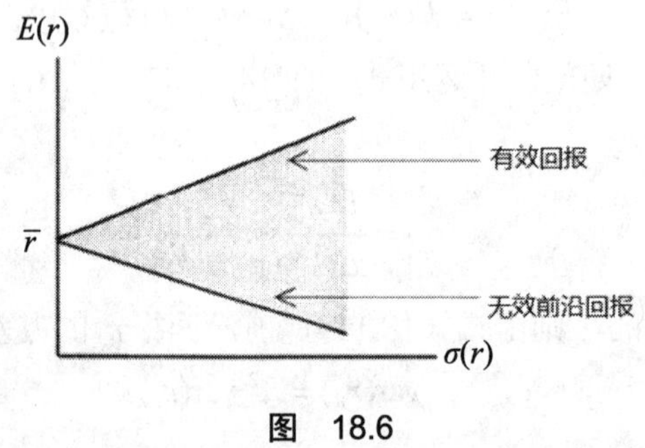

图 18.6

图 18.6 中的阴影区域给出了在市场上有无风险回报可供交易时可行回报的均值与标准差。该区域的上界由有效前沿回报（efficient frontier returns）构成；该区域的下界则由无效前沿回报（inefficient frontier returns）构成。

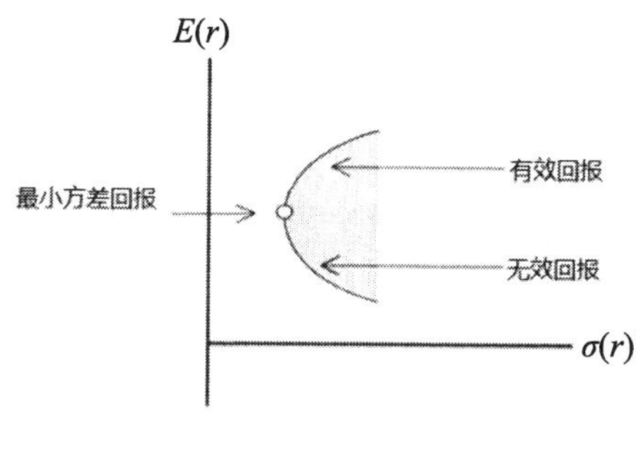

图 18.7

图 18.7 中的阴影区域给出了当无风险收益不在资产张成上时的期望回报和回报标准差。

18.4 零协方差前沿回报

由于前沿回报集是条直线，因而任意两个不同的前沿回报都可以代替 r_e 和 r_q 而据以确定这条线。在 18.5 节中推导贝塔定价关系时，用了两个不相关的前沿回报（亦即其协方差等于 0）。

现在给出：对于任意前沿回报 r_λ，只要它不是最小方差回报，则必定存在另一个与 r_λ 的协方差为 0 的前沿回报。

下面来考虑式（18.3）所给出的前沿回报 r_λ。如果将式（18.3）中的参数 λ 换为 μ 而确定的另一个前沿回报 r_μ 满足：

$$\operatorname{cov}(r_\lambda, r_\mu) = \operatorname{var}(r_e) + (\lambda + \mu)\operatorname{cov}(r_e, r_q - r_e) + \lambda\mu \operatorname{var}(r_q - r_e) = 0 \qquad (18.19)$$

则它与 r_λ 的协方差等于 0，因而是 r_λ 的零协方差前沿回报（zero-covariance frontier return）。

由式（18.19）中解出 μ，得： 190

$$\mu = \frac{\operatorname{var}(r_e) + \lambda \operatorname{cov}(r_e, r_q - r_e)}{\operatorname{cov}(r_e, r_q - r_e) + \lambda \operatorname{var}(r_q - r_e)} \qquad (18.20)$$

因此，如果分母不等于 0，则 μ 是良定义的。只有当 $\lambda = \lambda_0$ 时，式（18.20）的分母才等于 0（参见式（18.18））；亦即当 r_λ 是最小方差回报时，式（18.20）的分母才等于 0。因而对于最小方差前沿回报，不存在零协方差前沿回报。

如果无风险收益在资产张成上，则任意前沿回报（只要不是无风险回报）的零协方差前沿回报都是无风险回报。

18.5 贝塔定价

令 r_λ 是一个并非最小方差回报的前沿回报，令 r_μ 为其零协方差前沿回报。取证券 j 的回报 r_j 在前沿收益平面（the plane of frontier payoffs）ε 上的正交投影，得：

$$r_j = r_j^\varepsilon + \varepsilon_j \tag{18.21}$$

其中，$r_j^\varepsilon \in \varepsilon$，并且 $\varepsilon_j \in \varepsilon^\perp$。在式（18.21）中，$\varepsilon_j$ 同时正交于 k_e 和 k_q，因此其期望和价格均为 0。

由于 ε_j 的价格为 0，因而 r_j^ε 是一个前沿回报。如果用回报 r_λ 和 r_μ 来描述前沿线（the frontier line），则对于 β_j，回报 r_j^ε 可表示为 $r_\mu + \beta_j(r_\lambda - r_\mu)$。因此，

$$r_j = r_\mu + \beta_j(r_\lambda - r_\mu) + \varepsilon_j \tag{18.22}$$

由于 ε_j 的期望为 0，在式（18.22）两端同时取期望，得：

$$E(r_j) = E(r_\mu) + \beta_j[E(r_\lambda) - E(r_\mu)] \tag{18.23}$$

在式（18.22）两端同时分别取对 r_λ 的协方差，并解出由此而得到的关于 β_j 的方程，同时运用 r_λ 与 r_μ、ε_j 不相关的事实，可得：

$$\beta_j = \frac{\mathrm{cov}(r_j, r_\lambda)}{\mathrm{var}(r_\lambda)} \tag{18.24}$$

因此，β_j 是 r_j 对 r_λ 的回归系数（regression coefficient）。

如果无风险收益在资产张成上，则式（18.23）将变为：

$$E(r_j) = \bar{r} + \beta_j[E(r_\lambda) - \bar{r}] \tag{18.25}$$

191 关系式（18.24）和式（18.25）即为**贝塔定价方程（beta pricing equations）**。它们的含义是：任何证券的风险溢价与该证券回报同参照前沿回报（a reference frontier return）的协方差成比例。在第 14 章中也曾给出过一个与此相似的关系（式（14.23），在该式中，r_λ 为市场回报所替代，它就是资本资产定价模型（CAPM）中的证券市场线（security market line）的方程。

下面将要揭示市场回报对应于资本资产定价模型中的一个前沿回报，这蕴涵着证券市场线方程是贝塔定价的一个特例。

对于任意给定的证券市场，一般来说，市场回报并不是前沿回报。因而，不可以将式（18.25）中的 r_λ 替换为市场回报。

关系式（18.24）和（18.25）对于资产组合回报也同样成立。如果无风险回报在资产

张成上，则任意回报 r 的期望 $E(r)$ 均满足：

$$E(r)=\overline{r}+\beta[E(r_{\lambda})-\overline{r}] \tag{18.26}$$

其中

$$\beta=\frac{\operatorname{cov}(r,r_{\lambda})}{\operatorname{var}(r_{\lambda})} \tag{18.27}$$

18.6　均值方差有效回报

对于某一回报，如果没有其他与它方差相同但期望更大的回报存在，则称该回报为**均值－方差有效回报（mean-variance efficient return）**。换句话说，在方差受限的情况下，均值－方差有效回报是期望回报最大的回报。

正如图 18.6 和图 18.7 所示，均值－方差有效回报是前沿回报中期望回报大于等于最小方差回报的回报。如果期望核是无风险的，则均值－方差有效回报是所有满足 $\lambda\leqslant 0$ 的前沿回报 r_{λ} 都是均值－方差有效回报。并且在期望核无风险时，由式（18.13）看来，定价核的回报是无效的。

18.7　边际替代率的波动

14.4 节中给出过个体边际替代率的标准差的边界：

$$\sigma\left[\frac{\partial_1 v}{E(\partial_0 v)}\right]\geqslant\sup_r\frac{\left|E(r)-\overline{r}\right|}{\overline{r}\sigma(r)} \tag{18.28}$$

式（18.28）中的上确界取自除无风险回报之外的所有回报。该边界是夏普比率的绝对值中最大的一个与无风险回报之商。

现在来深入分析该不等式的含义。首先，可以确定式（18.28）中的上确界一定会在某一前沿回报处取到。因为对于任意一个不是前沿回报的回报，都存在另一个与它期望相同但方差更小的回报，进而另一个方差更小回报的夏普比率的绝对值也更大。其次，192
所有除无风险回报之外的所有前沿回报的夏普比率的绝对值均相同。对于某一 $\lambda\neq 0$ 时的前沿回报 r_{λ}，式（18.12）和式（18.17）蕴涵着：

$$\frac{\left|E(r_{\lambda})-\overline{r}\right|}{\sigma(r_{\lambda})}=\frac{\left|\lambda(E(r_q)-\overline{r})\right|}{\left|\lambda\right|\sigma(r_q)}=\frac{\left|E(r_q)-\overline{r}\right|}{\sigma(r_q)} \tag{18.29}$$

因此，式（18.28）中的上确界可以在除无风险回报之外的任意前沿回报上取得。当然，它也可以在定价核的回报 r_q 上取得。

于是，r_q 的夏普比率的绝对值除以无风险回报所得之商正好等于定价核 k_q 的标准差。将 $r_q = k_q / E(k_q^2)$ 及 $\overline{r} = 1/E(k_q)$（参见式（18.2））代入下式最左端的部分，得：

$$\frac{|E(r_q)-\overline{r}|}{\overline{r}\sigma(r_q)} = \frac{|[E(k_q)]^2 - E(k_q^2)|}{\sigma(k_q)} = \frac{\sigma^2(k_q)}{\sigma(k_q)} = \sigma(k_q) \tag{18.30}$$

将所有等式加总，于是对任意个体，均有：

$$\sup_r \frac{|E(r)-\overline{r}|}{\overline{r}\sigma(r)} = \sigma(k_q) \tag{18.31}$$

和

$$\sigma\left[\frac{\partial_1 v}{E(\partial_0 v)}\right] \geqslant \sigma(k_q) \tag{18.32}$$

因此，定价核的标准差是个体边际替代率的波动的下界。当然，也可以直接证明式（18.32），因为任意个体的边际替代率在资产张成上的投影都等于 k_q（见图 18.8）。

193

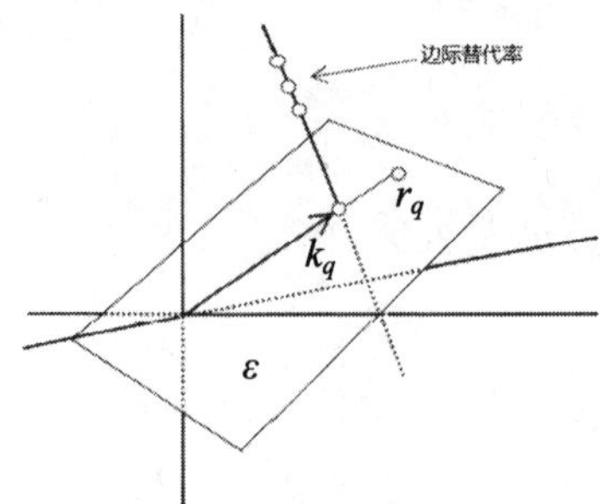

图 18.8

图 18.8 中向量表示投影于 k_q 的个体边际替代率。

例 18.7.1 在例 18.3.1 中，定价核 k_q 等于 $(1,1/2,3/2)$，其标准差为：

$$\sigma(k_q) = \frac{1}{\sqrt{6}} \tag{18.33}$$

无风险回报 $\overline{r}$ 等于 1，而回报 r_1 和 r_2 的夏普比率则分别等于

$$\frac{E(r_1)-1}{\sigma(r_1)} = 0 \tag{18.34}$$

和

$$\frac{E(r_2)-1}{\sigma(r_2)} = \frac{1}{\sqrt{8}} \tag{18.35}$$

因为必须满足式（18.31），所以求得的两个数字均小于$\sigma(k_q)$。这一事实也证实了回报r_1和r_2不是前沿回报。 □

18.8　评注

资产组合回报的均值－方差分析自经 Markowitz[1、2] 提出以来，在金融上有着非常广泛的应用。而均值－方差前沿的特征分析则是由 Merton[3] 最早提出的。

参考文献

1．Markowitz, H. Portfolio selection: Efficient diversification of investments. Journal of Finance, 7:77-91, 1952.

2．Markowitz, H. Portfolio Selection: Efficient Diversification of Investments. Wiley, New York, 1959.

3．Merton, R.C. An analytic derivation of the efficient portfolio frontier. Journal of Financial and Quantitative Analysis, 7:1851-1871, 1972.

第19章 资本资产定价模型

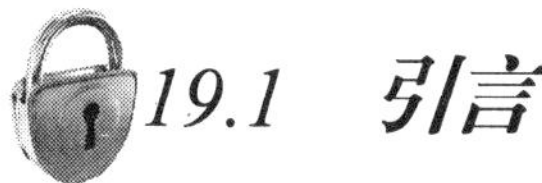19.1 引言

贝塔定价（参见 18.5 节）蕴涵着任何证券或资产组合的风险溢价同其回报与某一前 194
沿回报的协方差成比例。不过，贝塔定价本身并未给出怎样的回报才是前沿回报。如果市场是前沿回报，便可以采用资本资产定价模型（CAPM）这一术语。请注意，在这里，资本资产定价模型乃是均衡证券价格的一个特征，而非描述证券市场的一类模型。因此，很有必要确定若想使均衡证券价格满足 CAPM[①]的定义，需要对偏好和收益做什么样的限制。

CAPM 下的市场回报，作为一个前沿回报，可作为贝塔定价方程中的参照资产组合，并可由其而求出证券市场线。而证券市场线则将任意证券的风险溢价和该证券回报与市场回报的协方差联系在了一起。

在第 14 章中，在所有个体均具有二次效用的假设下，运用基于消费的证券定价给出了证券市场线的方程。在第 16 章中又针对一般情况进行了推导。本章将在所有个体均将方差作为消费风险测度（均值－方差偏好）的假设下推导出均衡状态下的 CAPM。这一假设成立的条件是：所有个体的偏好均具有二次期望效用表示，或者各证券收益满足多维正态分布。

在本章中，放松了在第 14 章的推导中曾用过的两条假设：个体禀赋位于资产张成上（证券市场经济）；无风险收益在资产张成上。

[①] 为求简洁，下文中对于资本资产定价模型一律以其英文简写 CAPM 代之。——译者注

19.2 证券市场线

在第 14 章中，曾将 1 期的总禀赋 $\bar{w}_1$ 定义为某一证券市场经济的**市场收益（the market**
195 **payoff）**，并将收益等于市场收益的资产组合定义为市场组合。现在，将这两个定义推广到一般情形。此时，个体的禀赋，进而总禀赋，都未必在资产张成上。

任意个体的 1 期禀赋 w_1^i 均可被分解为两个正交部分之和。运用期望内积，可以将 w_1^i 投影到资产张成上，进而可以得出个体禀赋中的可交易部分（tradable component），以与正交于资产张成的不可交易部分（nontradable component）相区分。于是有：

$$w_1^i = w_{1M}^i + w_{1N}^i \tag{19.1}$$

其中，$w_{1M}^i \in M$ 是个体 i 的禀赋中的可交易部分，而 $w_{1N}^i \in N = M^{\perp}$ 则是不可交易部分。投影定理 17.5.1 确保了这一分解是清晰、明确的。与式（19.1）相对应的对总禀赋的分解为：

$$\bar{w}_1 = \bar{w}_{1M} + \bar{w}_{1N} \tag{19.2}$$

市场收益（market payoff） m 被定义为总禀赋中的可交易部分，亦即：

$$m = \bar{w}_{1M} \tag{19.3}$$

而**市场回报（market return）** r_m 则是市场收益与其均衡价格 $q(m)$ 之商，后者被假定为不等于 0。

由 CAPM 的定义可知，市场回报 r_m 是一个前沿回报。如果 r_m 不是最小方差回报，则必存在另一个与 r_m 协方差为 0 的前沿回报，用 r_{m0} 来表示。这两个前沿回报可用来表示贝塔定价关系（式（18.23））。因此有：

定理 19.2.1 如果市场回报在均值－方差前沿上，则对于任意证券 j，均有：

$$E(r_j) = E(r_{m0}) + \beta_j[E(r_m) - E(r_{m0})] \tag{19.4}$$

其中，$\beta_j = \text{cov}(r_j, r_m)/\text{var}(r_m)$。

式（19.4）即为证券市场线的方程。如果无风险收益在资产张成上，则 r_{m0} 是无风险的，且等于 $\bar{r}$。此时，式（19.4）变为：

$$E(r_j) = \bar{r} + \beta_j[E(r_m) - \bar{r}] \tag{19.5}$$

式（19.5）说明风险溢价 $E(r_j) - \bar{r}$ 与系数 β_j 成比例，而相应的比例因子乃是市场回报的风险溢价 $E(r_m) - \bar{r}$（**市场风险溢价，market risk premium**）。因而，系数 β_j（r_j 对市场回报的回归系数）是 CAPM 下的证券风险的一个合适测度。

196 证券市场线的方程对资产组合也一样成立。用 β 和 r 代替式（19.4）中的 β_j 和 r_j，便得到了：

$$E(r)=E(r_{m0})+\beta[E(r_m)-E(r_{m0})] \tag{19.6}$$

其中，β 是回报 r 对市场回报的回归系数。对于市场回报，β 等于 1；对于零协方差回报 r_{m0}，β 等于 0。回报 r_{m0} 被称为**零贝塔回报**（**zero-beta return**）。

下面的例子揭示了式（19.5）在证券定价中的应用。

例 19.2.2　假定 1 期有三个概率相等的状态。1 期的总禀赋为 $(2,3,4)$。有三种证券存在：第一种为无风险证券，其回报 $\overline{r}=1$；第二种的回报为 $r_2=(0,3/2,3)$；第三种证券的收益为 $x_3=(0,0,1)$。问题是：如果假定 CAPM 成立，则第三种证券的价格 p_3 是多少？

由上可观察到，总禀赋位于前两种证券的张成上，于是可以用这两种证券的价格来找出市场回报。第三种证券的价格可以通过证券市场线而找出来。

市场收益的价格为 $8/3$，其回报为 $r_m=(3/4,9/8,3/2)$。市场组合的期望回报为 $E(r_m)=9/8$。

由证券市场线可得：

$$\frac{E(x_3)}{p_3}=\overline{r}+\frac{\operatorname{cov}(x_3,r_m)}{p_3\operatorname{var}(r_m)}[E(r_m)-\overline{r}] \tag{19.7}$$

或

$$p_3=\frac{1}{\overline{r}}\left\{E(x_3)-\frac{\operatorname{cov}(x_3,r_m)}{\operatorname{var}(r_m)}[E(r_m)-\overline{r}]\right\} \tag{19.8}$$

将 $E(r_m)=9/8$，$E(x_3)=1/3$，$\overline{r}=1$，$\operatorname{cov}(x_3,r_m)=1/8$，$\operatorname{var}(r_m)=3/32$ 代入到式（19.8）中，便能得到 $p_3=1/6$。

p_3 也可以通过定价核位于前沿平面上而求出。由于市场收益在前沿平面上，于是定价核位于市场收益和无风险收益的张成上，或者说位于 r_2 和无风险回报的张成上（这两个说法是等价的）。通过写出无风险回报和 r_2 的定价方程（17.30），便可求出定价核，其值为 $(3/2,1,1/2)$。将定价核用于 x_3 便得到了 $p_3=1/6$。 □

使得式（19.5）（证券市场线）成立的最简单情形是只有两种证券的情况。由 18.2 节可知，在只有两种证券的情况下，任何一种证券的回报均为均值－方差前沿回报。此时，市场回报落在前沿上，而且 CAPM 成立。 197

19.3　均值方差偏好

当所有个体均具有均值－方差偏好时，CAPM 在均衡状态下成立。如果某一个体的效用函数 $u(c_0,c_1)$ 严格递增且具有：

$$u(c_0,c_1)=v_0(c_0)+f[E(c_1),\text{var}(c_1)] \tag{19.9}$$

的表示形式，便称该个体具有**均值－方差偏好**（**mean-variance preferences**）；其中，$v_0:\Re\to\Re$ 和 $f:\Re\times\Re_+\to\Re$ 均是函数。在式（19.9）中，所有个体的偏好均是时序可分的（time seprable），而且所有个体对 1 期消费计划的偏好仅依赖于该消费计划的期望和方差。因此，此时个体将方差作为消费风险的测度。如果式（19.9）中的 f 随方差而严格递减，则对应的均值－方差偏好个体是**严格方差厌恶的**（**strictly variance averse**）。

有两类重要的情形都会带来均值－方差偏好：二次效用；收益和 1 期禀赋服从正态分布。下面的两节中将对它们加以探讨。

定理 19.3.1 如果每个个体都具有均值－方差偏好和严格方差厌恶，则在均衡状态下，市场回报位于均值－方差前沿上。

证明：令 c_1^i 是个体 i 在均衡状态下的 1 期消费计划，将 c_1^i 分解为可交易部分和不可交易部分（参见式（19.2））。于是

$$c_1^i=c_{1M}^i+c_{1N}^i \tag{19.10}$$

其中，$c_{1M}^i\in M$，$c_{1N}^i\in N$。

只需证明任意个体的 1 期消费的可交易部分 c_{1M}^i 都在均值－方差前沿 ε 上，便已足够。因为如果满足这一点，则总消费的可交易部分也是一个前沿收益。由于总消费的可交易部分等于总禀赋的可交易部分，而后者即为所定义的市场收益。于是，由此便可得出，市场回报是一个前沿回报。

为证明 $c_{1M}^i\in\varepsilon$，将 c_{1M}^i 投影到前沿平面上，进而将它分解为：

$$c_{1M}^i=c_{1\varepsilon}^i+c_{1I}^i \tag{19.11}$$

其中，$c_{1\varepsilon}^i\in\varepsilon$ 是位于前沿平面上的部分，而 $c_{1I}^i\in\varepsilon^\perp$ 则是 c_{1M}^i 中正交于前沿平面的部分（在这里，I 表示“无效部分”，而 $\varepsilon^\perp$ 则是 ε 在 M 上的正交补）。

198 运用反证法。对于某些个体 i，如果 c_{1M}^i 不在前沿平面上，则 $c_{1I}^i\neq 0$。于是存在另一个消费计划，使得：

$$\tilde{c}_1^i\equiv c_{1\varepsilon}^i+c_{1N}^i \tag{19.12}$$

其中，$\tilde{c}_1^i=c_1^i-c_{1I}^i$。由于个体的效用函数严格递增，故而在最优消费处预算约束以等式成立，这蕴涵着 $c_1^i-w_1^i\in M$。加之 $\tilde{c}_1^i-w_1^i=(c_1^i-w_1^i)-c_{1I}^i$，于是：

$$\tilde{c}_1^i-w_1^i\in M \tag{19.13}$$

因而，消费计划 $\tilde{c}_1^i$ 可通过资产张成上的某一净交易而获得。

由定理 18.2.1 可知，均衡时的定价核 k_q 位于前沿平面 ε 上。因而

$$q(c_{1I}^i)=E(k_q c_{1I}^i)=0 \tag{19.14}$$

而且净交易部分 $\tilde{c}_1^i - w_1^i$ 与 $c_1^i - w_1^i$ 有着相同的价格；也就是说，$q(\tilde{c}_1^i - w_1^i) = q(c_1^i - w_1^i)$ 。这一点再加上式（19.13），便蕴涵着 1 期消费计划 $\tilde{c}_1^i$ 和 0 期消费计划 c_0^i 满足个体 i 的预算约束。

由于期望核也在前沿平面上（定理 18.2.1），有：

$$E(c_{1I}^i) = E(k_e c_{1I}^i) = 0 \tag{19.15}$$

因此，$\tilde{c}_1^i$ 和 c_1^i 有着相同的期望。由于 $c_{1\varepsilon}^i$ 、c_{1I}^i 和 c_{1N}^i 相互正交且 $E(c_{1I}^i) = 0$ ，于是 $\text{cov}(c_{1\varepsilon}^i, c_{1I}^i) = \text{cov}(c_{1I}^i, c_{1N}^i) = 0$ 。运用式（19.12），有 $\text{cov}(\tilde{c}_1^i, c_{1I}^i) = 0$，进而有：

$$\text{var}(c_1^i) = \text{var}(\tilde{c}_1^i) + \text{var}(c_{1I}^i) > \text{var}(\tilde{c}_1^i) \tag{19.16}$$

在式（19.16）中，由于假定 $c_{1I}^i \neq 0$ ，故而最后一个严格不等式成立。

消费计划 $\tilde{c}_1^i$ 的方差比 c_1^i 更小，而且二者的期望相同。由于个体具有均值－方差偏好与严格方差厌恶，故而消费计划 $\tilde{c}_1^i$ 被严格偏好于 c_1^i ，而这与 c_1^i 是最优消费计划相矛盾。因此，任意个体的均衡消费的可交易部分 c_{1M}^i 均在均值－方差前沿平面上。由于均衡时的市场收益等于所有个体消费计划中的可交易部分之和，因而市场回报也在均值－方差前沿上。 □

由定理 19.3.1 和定理 19.2.1 可知，如果所有个体均以方差来度量其消费风险，则在均衡时，贝塔值（回报对市场回报的回归系数）便是最合适的风险测度指标。

19.4 均值方差偏好下的均衡资产组合

在证明定理 19.3.1 时，揭示了均值－方差偏好个体的 1 期均衡消费计划的可交易部 199
分位于均值－方差前沿上。而均衡消费计划的不可交易部分则等于其禀赋中的不可交易部分。为认清这一点，请注意由于 $c_1^i - w_1^i \in M$ ，等式（19.1）和（19.2）蕴涵着：

$$c_{1N}^i = w_{1N}^i \tag{19.17}$$

如果无风险收益在资产张成上，由于 c_{1N}^i 正交于资产张成，则 c_{1N}^i 的期望为 0。

加起来，于是 1 期的均衡消费满足：

$$c_1^i = c_{1M}^i + w_{1N}^i \quad ，其中 c_{1M}^i \in \varepsilon \tag{19.18}$$

令

$$w^i \equiv w_0^i + q(w_{1M}^i) \tag{19.19}$$

亦即假定个体的 0 期财富等于其 0 期禀赋和 1 期禀赋的可交易部分的价值之和。由于均值－方差前沿是由市场回报 r_m 和零协方差回报 r_{m0} 张成的，于是 1 期均衡消费计划的可交易部分可写为：

$$c_{1M}^{i}=a^{i}r_{m}+(w^{i}-c_{0}^{i}-a^{i})r_{m0} \tag{19.20}$$

其中，a^i 表示 0 期财富中投资于市场组合的部分。当无风险收益在资产张成上时，均衡投资 a^i 有一个非常简单的特征。此时，$r_{m0}=\overline{r}$ 且 1 期均衡消费计划的期望和方差可用式（19.18）和式（19.20）表示为：

$$E(c_{1}^{i})=(w^{i}-c_{0}^{i})\overline{r}+a^{i}[E(r_{m})-\overline{r}] \tag{19.21}$$

和

$$\operatorname{var}(c_{1}^{i})=(a^{i})^{2}\operatorname{var}(r_{m})+\operatorname{var}(w_{1N}^{i}) \tag{19.22}$$

将式（19.21）和式（19.22）代入式（19.9）中，并对 c_0^i 和 a^i 求最大化，便得到了均衡投资 a^i 和均衡消费计划 c_0^i（假定其为内点且方差严格为正）的一阶条件：

$$v_{0}'=\overline{r}\delta_{E}f \tag{19.23}$$

$$a^{i}=-\frac{[E(r_{m})-\overline{r}]\delta_{E}f}{2\operatorname{var}(r_{m})\delta_{v}f} \tag{19.24}$$

200 在这里，$\delta_E f$ 和 $\delta_v f$ 分别是在 1 期均衡消费处 f 对其第一个变量和第二个变量的偏导数；v_0' 是 v_0 在 0 期均衡消费处的偏导数。

式（19.23）的含义是：0 期消费与 1 期消费的期望的边际替代率正好等于无风险回报。式（19.24）则将对市场组合的均衡投资与市场回报的风险溢价和方差联系在了一起，同时也将其与期望回报与回报方差之间的边际替代率联系在了一起。

如果每个个体的均值－方差效用函数均对 1 期消费的期望严格递增，对 1 期消费的方差严格递减，则所有最优消费并非无风险消费的个体对市场组合的投资都将与市场回报风险溢价的（正负）符号相一致。这意味着市场风险溢价必须严格为正，因为不然的话，投资于市场组合的总财富将为负。因此有：

$$E(r_{m})>\overline{r} \tag{19.25}$$

因此，如果每个个体对市场组合的投资均严格大于或等于 0，就蕴涵着均衡投资的期望回报要大于无风险回报。由于所有期望大于无风险回报的均值－方差前沿回报都是均值－方差有效的，故而所有个体均衡投资的回报都是均值－方差有效的。

进一步的分析将会刻画出能产生个体 1 期禀赋中可交易部分的资产组合的均衡资产组合集的某些特征。个体的均衡资产组合等于上述资产组合与能产生 w_{1M}^i 的资产组合之差。

19.5 二次效用

如果某一个体偏好的期望效用表示是以下形式的二次冯·诺依曼－摩根斯坦效用函数：

$$v^i(c_0,c_s)=v_0^i(c_0)+v_1^i(c_s)=v_0^i(c_0)-(c_s-\alpha^i)^2\text{，}\quad c_s\leqslant\alpha^i \tag{19.26}$$

则消费 (c_0,c_1) 的期望效用为：

$$E[v^i(c_0,c_1)]=v_0^i(c_0)-\left\{\operatorname{var}(c_1)+[E(c_1)-\alpha^i]^2\right\} \tag{19.27}$$

与以前一样，假定所有个体都有着相同的概率预期。显然，个体的期望效用（式（19.27））仅依赖于 c_0 和 c_1 的期望及方差。因此，该个体具有均值－方差偏好且严格方差厌恶。于是，当所有个体的效用函数均为二次效用时，定理 19.3.1 正好适用。 201

在第 14 章中，作为 16 章的特殊形式，在个体效用函数均为二次效用（式（19.26））时给出了证券市场线的方程。不过，在 14 章中的二次效用需要满足一些附加假设，而这些在定理 19.3.1 中都已被去掉了，它们是：所有个体的禀赋均在资产张成上；无风险收益在资产张成上。在第 16 章中进一步证明了：在这两个假设之下，市场是有效完备的，并且均衡消费配置是帕累托最优的。

从本章的分析可知，即便个体禀赋和无风险收益中有一个（或者两个都）不在资产张成上，在个体具有二次效用函数时，证券市场线的方程在均衡时也依然成立。不过，在放松了这两条假设之后，均衡消费配置未必都是帕累托最优配置。

19.6　正态分布收益

如果证券收益和某一个体的禀赋服从多元正态分布[①]，则该个体的 1 期消费计划可由服从正态分布的资产组合而获得。由于正态分布通过期望和方差便能得到完整刻画，于是个体的效用函数仅依赖于 0 期消费 c_0 和 1 期消费计划 c_1 的期望及方差。如果该个体的效用函数是时序可分且严格单调的，则个体还具有均值－方差偏好（式（19.9））。

特别地，如果某一个体偏好的期望效用表示以时序可分的冯•诺依曼－摩根斯坦效用函数的形式存在，则当证券收益及个体的 1 期禀赋服从多元正态分布时，其偏好具有均值－方差表示。进一步，如果个体是风险厌恶的，则他必是方差厌恶的。为揭示这一点，请回忆一下 10.3 节。本节曾提过，如果两个随机变量均服从正态分布，则方差严格更大的一个将更具风险。因此，当证券收益和个体的 1 期禀赋服从多元正态分布且所有个体均风险厌恶时，定理 19.3.1 适用。

运用中心极限定理，便可以得出收益服从正态分布的结论。不过，这只有在证券收益不具有有限责任（limited liability）时方才可以。例如，当期权收益是基础证券（the

[①] 严格来说，收益的正态分布并不适用于本书中的模型，因为我们始终都假定只有有限个状态。不过，如果仅在这里暂时放宽该设定，亦无妨害。

underlying security）收益的缩减版本（a truncated version）时，便不能用中心极限定理得出期权收益服从正态分布的结论了。

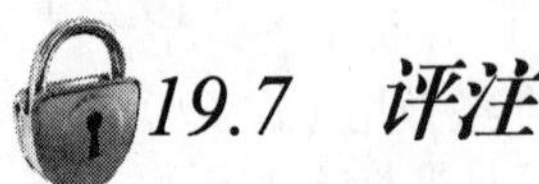

19.7 评注

定理 13.3.1 给出了风险－回报权衡（the risk-return trade-off）的第一个表达式。在一
202 个仅由风险厌恶投资者构成的世界里，期望回报越大，则风险也越大。由第 10 章可知，即便没有对效用函数的具体形式作出假设（除了风险厌恶），也有一个明确的指标可用于度量回报：期望回报。我们也曾注意到，在未作具体假设的情况下，方差并不可以用作风险度量指标；唯有当第 10 章中的偏序（partial ordering）得到了定义之后，方差才可以用作风险测度。与此相对，在 CAPM 中，风险与由贝塔值所诱导的回报分布的全序（complete ordering）紧紧相连，而且证券市场线蕴涵着期望回报和风险之间存在着线性关系。

如果无风险收益和所有个体的禀赋均在资产张成上，则在均衡状态下，CAPM 与线性风险容忍效用（LRT utilities）有着一个共同的性质：1 期消费计划位于总禀赋和无风险收益所张成的平面上。然而，CAPM 中的定价关系——证券市场线——并不适用于一般的线性风险容忍效用（LRT utilities）（当然了，二次效用除外）。

“所有个体均具有线性风险容忍效用，且具有斜率相同的风险容忍度”的假设并不蕴涵着市场收益是均值－方差有效的。正如在定理 19.3.1 中所揭示的，“市场收益是均值－方差有效的”乃是“所有个体均以方差来度量消费风险”的假设的结果。

在证明定理 19.3.1 时，假定所有个体的消费计划均是未受限的。当对消费存在限制时（如限制消费为正），如果均衡配置位于内点，则定理依然成立。不过，此时应对定理的证明过程稍作改变。这时，相对于 $\tilde{c}_1^i = c_1^i - c_{1I}^i$，要用 $\tilde{c}_1^i = c_1^i - \delta c_{1I}^i$ 作为替代消费计划，其中 δ 是一个大于零的微小量。尽管即便在 c_1^i 位于内点时，前一个消费计划也未必在消费集中，但在 δ 足够小时，后一个消费计划一定在消费集中。

均值－方差偏好下的资产组合理论最早由 Markowitz[1] 提出。CAPM 定价的结论则由 Sharpe[2]、Lintner[3]、Mossin[4] 和 Treynor（于其未出版的手迹中）分别独立提出。

未施加“市场上有无风险收益可供交易”假设时的 CAPM 的推导来自 Black[5]。Neilsen[6、7] 提出了当个体具有均值－方差偏好时（无论是否存在无风险证券），CAPM 均衡存在的充分条件。

CAPM 的可供验证的部分是 “市场回报是一个均值－方差有效回报”，这一结论蕴涵着证券市场线方程成立。在其评论中，Roll[8] 观察到如果将并非均值－方差有效的资产组合作为市场组合的代理变量，则测试贝塔值和风险溢价之间的关系便毫无意义。这是因为 CAPM 对这一关系的预测仅建立在参照资产组合具有均值－方差有效的前提之上。

正如 Ross[9] 所注意到的，如果市场组合的代理变量是均值－方差有效的，则无论 CAPM 是否成立，证券市场线的方程均满足。

Milne and Smith[10] 分析了有交易成本（transaction costs）存在时的 CAPM。

参考文献

1. Markowitz, H. Portfolio Selection: Efficient Diversification of Investments. Wiley, New 203
York, 1959.

2. Sharpe, W.F. Capital asset prices: A theory of market equilibrium under conditions of risk. Journal of Finance, 19:425-442, 1964.

3. Lintner, J. The valuation of risk assets and the selection of risky investments in stock portfolios and capital budgets. Review of Economics and Statistics, 47:13-37, 1965.

4. Mossin, J. Equilibrium in a capital asset market. Econometrica, 35:768-783, 1968.

5. Black, F. Capital market equilibrium with restricted borrowing. Journal of Business, 45:444-455, 1972.

6. Neilsen, L.T. Equilibrium in CAPM without a riskless asset. Review of Economic Studies, 57:315-324, 1990.

7. Neilsen, L.T. Existence of equilibrium in CAPM. Journal of Economic Theory, 52:223-231, 1990.

8. Roll, R. A critique of the asset pricing theory's tests: Part I. Journal of Financial Economics, 4:129-176, 1977.

9. Ross, S.A. Risk, return and arbitrage. In Irwin Friend and James Bicksler, editors, Risk and Return in Finance. Ballinger, Cambridge, Massachusetts, 1976.

10. Milne, F. and Smith, C.W. Capital asset pricing with proportional transaction cost. Journal of Financial and Quantitative Analysis, XV:253-266, 1980.

(3) [illegible]
[illegible]
[illegible]
[illegible]
Milne and Smith [illegible] transaction costs [illegible]

[illegible]

1. Markowitz, H. Portfolio selection: efficient diversification of investments. Wiley, New York, [illegible]

2. Sharpe, W.F. Capital asset prices: a theory of market equilibrium under conditions of risk. Journal of Finance, [illegible]

3. Lintner, J. [illegible] investments in stock portfolios and capital budgets. [illegible] Statistics, [illegible], 1965.

4. Mossin, J. Equilibrium in a capital asset market. Econometrica, 34:768-[illegible], 1966.

5. Black, F. Capital market equilibrium with restricted borrowing. Journal of Business, [illegible]:444-455, 1972.

6. Nielsen, L. [illegible] Review of Economic [illegible], 57(1):[illegible], 1990.

7. Vorst, [illegible] Journal of Economic Theory, [illegible]

8. Rolls, [illegible] Journal of Financial Economics, [illegible]

9. Ross, S.A. [illegible] In Irwin Friend and Jame Bicksler, editors, Risk and Return in Finance. Ballinger [illegible], Massachusetts, [illegible]

10. Milne, F. and Smith, C.W. Capital asset pricing with proportional transaction costs. Journal of Financial and Quantitative Analysis, [illegible] 1980.

第20章 因子定价

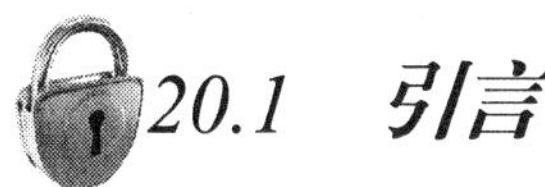20.1 引言

在 CAPM 中，贝塔值是证券回报对市场回报的敏感度的度量指标。证券市场线方 204
程（19.5）表明，风险溢价和贝塔值之间的关系是线性的。

CAPM 立足于对个体偏好或证券回报的严格假设之上，自然其经验结论（empirical implication）是得不到数据支持的。本章将考虑证券市场的另一类模型：它们也都给出了一个类似于 CAPM 的定价关系，但以一个（或多个）因子取代了 CAPM 中的市场回报。

这些因子一般可以作为诸如国内生产总值、通货膨胀率之类的宏观经济变量的代理变量。而期望回报与证券回报对因子风险的敏感度指标之间的关系，也类似于 CAPM 中的相应关系，是线性的。

20.2 精确因子定价

假定有 K 个被称作**因子（factors）**的依存权益 $f_1,\cdots,f_K$。所有的因子都经过了标准化，以确保其期望为 0。因子的数量 K 和证券的数量关系不大；因子既可以在资产张成上，也可以不在资产张成上。

由因子和无风险权益（risk-free claim）e 所张成的线性空间被称作**因子张成（factor span）**，用 $F\equiv \text{span}\{e,f_1,\cdots,f_K\}$ 表示。假定所有 K 个因子和无风险权益之间均相互线性独立。

将每个证券的收益 x_j（运用期望内积）投影到因子张成 F 上，对于每个 j，均有如下分解结果：

$$x_j = E(x_j) + \sum_{k=1}^{K} b_{jk} f_k + \delta_j \tag{20.1}$$

205 其中，δ_j 的期望为 0，并且对于所有的 k，δ_j 均与 f_k 不相关。式（20.1）中的系数 b_{jk} 是收益 x_j 的**因子承载（factor loading）**：它度量了该收益对因子 f_k 的暴露程度（敏感度）。

式（20.1）也可从收益形式改写为证券回报的形式。如果所有证券价格均不为 0，则：

$$r_j = E(r_j) + \sum_{k=1}^{K} \beta_{jk} f_k + \varepsilon_j \tag{20.2}$$

其中，$\beta_{jk} = b_{jk}/p_j$ 且 $\varepsilon_j = \delta_j/p_j$。式（20.2）中的系数 β_{jk} 是回报 r_j 的**因子承载（factor loading）**。

如果对于标量 $\tau_0, \cdots, \tau_K$，证券价格满足：

$$p_j = E(x_j)\tau_0 + \sum_{k=1}^{K} b_{jk} \tau_k \text{，} \quad \forall j \tag{20.3}$$

则称因子 $f_1, \cdots, f_K$ 满足**精确因子定价（exact factor pricing）**。式（20.3）给出了证券价格和因子承载之间的线性关系。

精确因子定价也可表示为期望回报的形式。在式（20.3）的两端同时除以 p_j，再将各项的位置重新排列一下，便得到了：

$$E(r_j) = \gamma_0 + \sum_{k=1}^{K} \beta_{jk} \gamma_k \tag{20.4}$$

其中，$\gamma_0 = 1/\tau_0$ 且 $\gamma_k = -\tau_k/\tau_0$。在这一形式下，精确因子定价表示的是期望回报和回报的因子承载之间的线性关系。

如果无风险权益和 K 个因子均在资产张成上，则余项 δ_j 也在资产张成上。如果式（20.1）中的余项 δ_j，或者式（20.2）中的 ε_j（这二者相等价）的价格为 0，则精确因子定价成立。亦即，如果

$$q(\delta_j) = 0 \tag{20.5}$$

则精确因子定价成立，其中 q 是与证券价格 p 相对应的收益定价泛函。为揭示这一点，将泛函 q 用于式（20.1）的两端，并运用式（20.5），便得到了式（20.3）。此时，系数

$$\tau_0 = \frac{1}{\overline{r}} \quad \text{和} \quad \tau_k = q(f_k) \tag{20.6}$$

即为因子价格。而回报精确因子定价的系数为：

$$\gamma_0 = \overline{r} \quad \text{和} \quad \gamma_k = -\overline{r} q(f_k) \tag{20.7}$$

如果无风险权益和 K 个因子均为证券收益，则资产张成可被分解为 $M = F + \text{span}$

$\{\varepsilon_1,\cdots,\varepsilon_J\}$。所有余项 δ_j 的价格均为 0 的假设蕴涵着 $k_q \in F$。于是，“定价核位于因子张成上”乃是“精确因子定价成立”的充分条件。无论无风险权益和因子是否位于资产张成上，这一结论都成立。 206

定理 20.2.1　如果定价核 k_q 位于因子张成上，则精确因子定价

$$E(r_j)=\gamma_0+\sum_{k=1}^{K}\beta_{jk}\gamma_k \tag{20.8}$$

成立；其中，$\gamma_0=1/E(k_q)$，$\gamma_k=-E(k_q f_k)/E(k_q)$。如果无风险权益也在资产张成上，则 $\gamma_0=\bar{r}$。

证明：在式（20.2）两端乘上 k_q 再取期望，得：

$$1=E(r_j)E(k_q)+\sum_{k=1}^{K}\beta_{jk}E(k_q f_k)+E(k_q\varepsilon_j) \tag{20.9}$$

在式（20.9）两端除上 $E(k_q)$，并重排各项顺序，得：

$$E(r_j)=\frac{1}{E(k_q)}+\sum_{k=1}^{K}\beta_{jk}\left[-\frac{E(k_q f_k)}{E(k_q)}\right]-\frac{E(k_q\varepsilon_j)}{E(k_q)} \tag{20.10}$$

由于 k_q 在因子张成 F 上，故而它正交于 ε_j。因此，$E(k_q\varepsilon_j)=0$。而且由式（20.10），有

$$E(r_j)=\frac{1}{E(k_q)}+\sum_{k=1}^{K}\beta_{jk}\left[-\frac{E(k_q f_k)}{E(k_q)}\right] \tag{20.11}$$

因此，精确因子定价（20.8）成立，且 $\gamma_0=1/E(k_q)$，$\gamma_k=-E(k_q f_k)/E(k_q)$。最后，如果无风险权益在资产张成上，则

$$E(k_q)=\frac{1}{\bar{r}} \tag{20.12}$$

且 $\gamma_0=\bar{r}$。 □

如果无风险权益位于资产张成上，则“定价核位于因子张成上”的一个充要条件是“均值－方差前沿收益平面被包含在因子张成之内”。为揭示这一点，请回想一下定理 18.2.1，均值－方差前沿平面其实是无风险收益和定价核的张成。故而，当且仅当 $\varepsilon\subset F$ 时，$k_q\in F$。

20.3　精确因子定价、贝塔定价和资本资产定价模型

假定只有一个因子 f，并且该因子是经标准化了的均值－方差前沿回报 r，故而其期

望为 0。于是，对于任意并非无风险回报的前沿回报 r，都有：

$$f = r - E(r) \tag{20.13}$$

207 假定无风险权益在资产张成上。于是均值－方差前沿收益平面可由因子 f 和无风险回报张成。进而，定价核在因子张成上。定理 20.2.1 蕴涵着精确因子定价成立：

$$E(r_j) = \overline{r} - \beta_j \overline{r} q(f) \tag{20.14}$$

由于式（20.14）中的 β_j 是回报 r_j 在因子张成上的投影的系数，它可由下式给出：

$$\beta_j = \frac{\operatorname{cov}(r_j, f)}{\operatorname{var}(f)} = \frac{\operatorname{cov}(r_j, r)}{\operatorname{var}(r)} \tag{20.15}$$

因而式（20.14）中的 β_j 与贝塔定价关系（18.25）中的 β_j 相同。更进一步，在式（20.13）两端乘上 k_q 再取期望，便得到：

$$q(f) = E(k_q f) = 1 - \frac{E(r)}{\overline{r}} \tag{20.16}$$

运用式（20.16），可以将式（20.14）改写为：

$$E(r_j) = \overline{r} + \beta_j [E(r) - \overline{r}] \tag{20.17}$$

而这便是贝塔定价关系（18.25）。因此，基于前沿回报 r 的贝塔定价与将回报 r（经过了标准化，以确保其期望为 0）作为唯一因子时的精确因子定价是一样的。

在第 19 章的 CAPM 中，市场回报位于均值－方差前沿上。而以

$$f = r_m - E(r_m) \tag{20.18}$$

作为唯一因子时的精确因子定价便等价于证券市场线的方程。

20.4 因子定价误差

尽管算不上十分精确，但因子定价关系（20.4）确实提供了一个定义定价误差（pricing errors）的起点。

证券的**定价误差（pricing error）**为：

$$\psi_j \equiv E(r_j) - \gamma_0 - \sum_{k=1}^{K} \beta_{jk} \gamma_k \tag{20.19}$$

其中，$\gamma_0 = 1/E(k_q)$ 且 $\gamma_k = -E(k_q f_k)/E(k_q)$。如果定价误差为 0，则精确因子定价成立。

运用式（20.10），有：

$$\psi_j = -\frac{E(k_q \varepsilon_j)}{E(k_q)} \tag{20.20}$$

如果无风险权益和 K 个因子均在资产张成上，则 $\varepsilon_j \in \mathrm{M}$。因而 $E(k_q\varepsilon_j)=q(\varepsilon_j)$，而 208
且通过式（20.12），有：

$$\psi_j = -\bar{r}q(\varepsilon_j) \tag{20.21}$$

式（20.21）意味着定价误差等于余项 ε_j 的价格与无风险回报（相反数）之积。

定价误差的一个边界可通过下列步骤求出：将 k_q 投影到因子张成 F 上，得到如下分解：

$$k_q = k_q^F + \eta, \tag{20.22}$$

其中，$k_q^F \in F$ 且 $\eta \perp F$。由于所有 ε_j 的期望均为 0，且均与各因子互不相关，进而有

$$E(k_q\varepsilon_j) = E(\eta\varepsilon_j) \tag{20.23}$$

运用柯西—施瓦茨不等式（17.2 节），有：

$$\left|E(k_q\varepsilon_j)\right| \leqslant \|\eta\|\|\varepsilon_j\| \tag{20.24}$$

运用式（20.20）、（20.22）和 $E(\varepsilon_j)=0$，于是得到了定价误差的下述边界：

$$\left|\psi_j\right| \leqslant \frac{1}{E(k_q)}\sigma(\varepsilon_j)\left\|k_q - k_q^F\right\| \tag{20.25}$$

其中，$\left\|k_q - k_q^F\right\|$ 度量了定价核 k_q 与因子张成之间的距离。因此，不等式（20.25）表明如果 k_q 非常接近因子张成，则证券 j 的定价误差将非常小。当定价核在因子张成上时，精确因子定价成立，这一点已在定理 20.2.1 中得到揭示。

20.5　因子结构

如果下列分解

$$r_j = E(r_j) + \sum_{k=1}^{K}\beta_{jk}f_k + \varepsilon_j \tag{20.26}$$

中的余项除了期望为 0 且与各因子互不相关之外，还满足

$$E(\varepsilon_i\varepsilon_j) = 0，\text{如 } i \neq j \tag{20.27}$$

那便说证券回报具有一个由因子 $f_1,\cdots,f_K$ 构成的**因子结构（factor stucture）**。

条件（20.27）是对证券回报和各因子的一个实质性限制。在一般情况下，并不要求
证券回报在因子张成上投影所得的余项保持互不相关。 209

当回报具有由式（20.26）和式（20.27）所给出的因子结构时，将各因子称作**系统风险（systematic risk）**，因为它们对所有证券回报均有影响。同时，将各余项称作**特定风险（idiosyncratic risk）**，因为每个证券的余项均由该证券确定，而且余项与因子风险和

其他证券的回报均不相关。

如果回报不具有因子结构（如此，则各余项相互相关），则“系统风险”和“特定风险”这两个名称便不太恰当了：因为在这种情况下，余项对各证券的影响的普遍性并不比各因子弱。

术语“系统风险”在 CAPM 中有时用以指代市场风险。这一用法与此处的用法是有区别的。因为 CAPM 并不需要证券回报具有如式（20.26）及式（20.27）所示的因子结构（市场回报也是其中的一个因子）。

当证券回报具有因子结构时，定价误差的平方和存在边界。

定理 20.5.1 如果证券回报具有某因子结构，则

$$\sum_{j=1}^{J}\psi_j^2 \leqslant \frac{1}{[E(k_q)]^2}\max_j[\sigma^2(\varepsilon_j)]\left\|k_q - k_q^F\right\|^2 \tag{20.28}$$

证明：可以假定所有 ε_j 均不为 0。如果有部分 ε_j 为 0，则只需对使得 ε_j 不等于 0 的证券加以证明即可。因为特定风险为 0 的证券的定价误差等于 0（参见式（20.20）），于是只要不等式（20.28）对特定风险非 0 的证券成立，则它对所有证券均成立。

定价核 k_q 位于资产张成 M 上，而 M 则是 $F+\text{span}\{\varepsilon_1,\cdots,\varepsilon_J\}$ 的一个子空间。由于式（20.22）中的余项 η 正交于 F，于是它一定在 $\text{span}\{\varepsilon_1,\cdots,\varepsilon_J\}$ 上。关于因子结构（20.26）和（20.27）的假定蕴涵着各特定风险 ε_j 相互线性独立（参见推论 17.4.2），因而它们是 $\text{span}\{\varepsilon_1,\cdots,\varepsilon_J\}$ 的一组基。因而，η 可以表示为：

$$\eta = \sum_{j=1}^{J} a_j\varepsilon_j \tag{20.29}$$

其中，$a_1,\cdots,a_J$ 为标量。于是，由式（20.22）和式（20.29），有

$$E(k_q\varepsilon_j) = a_jE(\varepsilon_j^2) \tag{20.30}$$

运用 $E(\varepsilon_j^2)=\sigma^2(\varepsilon_j)$，于是式（20.20）和式（20.30）蕴涵着

$$\psi_j = -\frac{1}{E(k_q)}a_j\sigma^2(\varepsilon_j) \tag{20.31}$$

210 进而，由定理 17.4.1 和式（20.29），有：

$$\sum_{j=1}^{J} a_j^2E(\varepsilon_j^2) = \|\eta\|^2 \tag{20.32}$$

运用式 $\eta = k_q - k_q^F$ 和 $E(\varepsilon_j^2)=\sigma^2(\varepsilon_j)$，则式（20.32）可改写为：

$$\sum_{j=1}^{J} a_j^2\sigma^2(\varepsilon_j) = \left\|k_q - k_q^F\right\|^2 \tag{20.33}$$

在式（20.33）两端乘上$\left\{1/[E(k_q)]^2\right\}\max_j[\sigma^2(\varepsilon_j)]$，并运用$\sigma^2(\varepsilon_j)\leqslant\max_j[\sigma^2(\varepsilon_j)]$，得

$$\sum_{j=1}^{J}\frac{1}{[E(k_q)]^2}a_j^2\sigma^4(\varepsilon_j)\leqslant\frac{1}{[E(k_q)]^2}\max_j[\sigma^2(\varepsilon_j)]\left\|k_q-k_q^F\right\|^2 \tag{20.34}$$

于是，由式（20.31）及不等式（20.34）便可得到所要证明的结果（20.28）。 □

定理 20.5.1 有几个非常重要的含义。首先，它蕴涵并验证了 20.4 节中的发现，亦即：如果定价核非常接近因子张成，则所有的定价误差都将非常小。另外，定理 20.5.1 也蕴涵着：如果证券的种数足够多，则绝大多数证券的定价误差都将非常小，这一点独立于定价核的具体位置。我们可以将这一结论表达得更为详细些：令$\rho>0$为一个很小的数字，令N_ρ为大于M/ρ的整数中最小的一个，用M表示不等式（20.28）右端的表达式。如果$J>N_\rho$，则至少有$J-N_\rho$种证券的定价误差的平方ψ_j^2要小于ρ。因为不然的话，则有多于N_ρ种证券的定价误差的平方要大于ρ，而这与不等式（20.28）相矛盾。

如果证券的数量J足够大，以至于$J-N_\rho$也都非常大，则必有大量证券的定价误差都很小。而这即为术语**近似因子定价（approximate factor pricing）**的内涵。

在极限状态下，如果证券市场上有无穷多种证券存在（这已超出本书中的有限设定了；有兴趣的读者可参见本章评注中的文献），而且市场具有使得所有特定风险的方差均有界的因子结构，则定理 20.5.1 蕴涵着：除有限种证券外，其他所有证券的定价误差的平方均为任意小的数值。而这即为套利定价理论（the Arbitrage Pricing Theory）的基本结论。

20.6　均值独立的因子结构

当以一种更为严格的方式定义因子结构时，精确因子定价将在证券市场均衡下成立。这一定义是用证券收益的方式加以阐述的。 211

余项δ_j由x_j在因子张成上的投影决定：

$$x_j=E(x_j)+\sum_{k=1}^{K}b_{jk}f_k+\delta_j \tag{20.35}$$

并且，余项与各因子均不相关。如果这一“不相关”还可进一步强化为“均值独立”，亦即对任意j，均有：

$$E(\delta_j\,|\,f_1,\cdots,f_K)=0 \tag{20.36}$$

则称证券收益具有一个**均值独立的因子结构（mean-independent factor structure）**。

在下面的定理中来考虑这样一个证券市场。在这个证券市场中，所有个体都具有以严格递增、可微的冯·诺依曼－摩根斯坦效用函数形式存在的期望效用表示，并且所有

个体的概率估计均相同。

定理 20.6.1 如果证券收益具有一个均值独立的因子结构，而且无风险收益、所有个体的 1 期禀赋和各因子均在资产张成上，1 期总禀赋位于因子张成上，并且所有个体均严格风险厌恶，则精确因子定价在任意均衡消费配置皆为内点的均衡下成立。

证明：令 $\{c^i\}$ 是一个证券市场均衡消费配置，由定理 16.2.1 可知，该配置必是受限最优的。先来证明 1 期消费配置 $\{c_1^i\}$ 位于因子张成 F 上。

因为无风险权益和各因子均在资产张成 M 上，于是有 $M = F + \text{span}\{\delta_1, \cdots, \delta_J\}$。并且由于所有个体的 1 期禀赋均在资产张成 M 上，于是它们的 1 期均衡消费计划 c_1^i 也在 M 上。因此，每个 c_1^i 均可被分解为：

$$c_1^i = \hat{c}_1^i + \Delta^i \tag{20.37}$$

其中，$\hat{c}_1^i \in F$ 且 $\Delta^i \in \text{span}\{\delta_1, \cdots, \delta_J\}$。又因为各余项 δ_j 均值独立于各因子，于是有

$$E(\Delta^i | f_1, \cdots, f_K) = 0 \tag{20.38}$$

运用式（20.38）和 $\hat{c}_1^i \in F$，有

$$E(\Delta^i | \hat{c}_1^i) = 0 \tag{20.39}$$

式（20.37）和式（20.38）表示消费计划 c_1^i 比 $\hat{c}_1^i$ 更具风险（如果 $\Delta^i \neq 0$，则是严格更具风险）。

由于

$$\sum_{i=1}^{I} c_1^i = \bar{\omega}_1 \in F \tag{20.40}$$

212 有

$$\sum_{i=1}^{I} \hat{c}_1^i = \bar{\omega}_1 \text{ 和 } \sum_{i=1}^{I} \Delta^i = 0 \tag{20.41}$$

因此，除非 $\Delta^i = 0$ 对所有 i 均成立，否则配置 $\{\hat{c}^i\}$ 将帕累托占优于 $\{c^i\}$。因此，必有 $\Delta^i = 0$，而这蕴涵着对任意 i 均有

$$c_1^i \in F \tag{20.42}$$

因为消费计划 c^i 位于内点且冯·诺依曼—摩根斯坦效用函数可微，因而边际替代率 $\partial_1 v^i / \partial_0 v^i$ 是良定义的并且是关于 1 期消费的一个函数。由命题 10.4.1 可知，边际替代率与余项 δ_j 互不相关，亦即对任意 j 均有

$$E\left(\frac{\partial_1 v^i}{\partial_0 v^i} \delta_j\right) = 0 \tag{20.43}$$

记得在 17.10 节中曾给出过：定价核等于边际替代率 $\partial_1 v^i / \partial_0 v^i$ 在资产张成上的投影。运用 $M = F + \text{span}\{\delta_1, \cdots, \delta_J\}$ 及式（20.43），有

$$k_q \in F \tag{20.44}$$

于是，定理 20.2.1 蕴涵着精确因子定价成立。 □

请注意，如果证券收益具有均值独立的因子结构，则舍去 δ_i 互不相关的假设，也能证明出精确因子定价关系。

20.7　由期权构成的因子

依存权益也可以形成均值独立的因子结构。关于这方面，有一个非常重要的例子，它就是由总禀赋的期权收益集合所形成的因子结构。令 n 为 1 期总禀赋 $\bar{\omega}_1$ 所能取到的不同数值的个数。用 $\bar{\omega}_{1k}$ 表示 1 期总禀赋的第 k 个值，使得 $\bar{\omega}_{1k}$ 满足对于任意 $1 \leqslant k < n$，均有 $\bar{\omega}_{1k} < \bar{\omega}_{1,k+1}$。用 S_k 表示状态集的一个子集，该子集满足 $\bar{\omega}_{1s} = \bar{\omega}_{1k}$。

假定 $1 < n$，于是 1 期总禀赋不是无风险的。我们来考虑 1 期总禀赋 $\bar{\omega}_1$ 上的 $K \equiv n-1$ 种非冗余买权（nonredundant call option）。需要注意的是，在这里，买权的种数正好要比非冗余期权的最大数目少 1 个。更具体一点，我们将 $k = 1, \cdots, K$ 时的执行价设定为 $a_k = \bar{\omega}_{1k}$，
并且将执行价为 a_k 的买权的收益标记为 z_k。于是有： 213

$$z_{ks} = \max\{\bar{\omega}_{1s} - a_k, 0\} \tag{20.45}$$

进而在 $s \in S_l$ 且 $l > k$ 时，z_{ks} 不等于 0。将因子 f_k 定义为：

$$f_k = z_k - E(z_k) \tag{20.46}$$

此时，1 期总禀赋位于由式（20.46）中的因子和无风险收益张成的空间（因子张成）上。为验证这一点，请先注意到 $\bar{\omega}_1 = a_1 + E(z_1) + f_1$，进而 $\bar{\omega}_1$ 位于因子与无风险收益的张成上。如果各因子和无风险收益均在资产张成上，则 1 期总禀赋位于资产张成上，并且 1 期总禀赋就是市场收益。进而，$\bar{\omega}_1$ 的所有期权的收益均在因子张成上。

命题 20.7.1　依存权益（20.46）构成一个均值独立的因子结构。

证明：令 δ_j 为收益 x_j 在因子张成上的投影（20.35）所产生的余项，其中的因子由式（20.46）给出。接下来需要证明对于任意 j，均有：

$$E(\delta_j | f_1, \cdots, f_K) = 0 \tag{20.47}$$

随机向量 $(f_1, \cdots, f_K)$ 在每个集合 S_k 所包含的所有状态下的取值均相等，在不同集合 S_k 所对应的状态上的取值均不同。后一结论是由 f_k 在 S_k 和 S_{k+1} 下取不同的值而得出的。

因此，对于任意k，式（20.47）均等价于：

$$E(\delta_j | S_k) = 0 \tag{20.48}$$

令e_k在集合S_k所包含的每个状态下均取值为1，在其他状态下均取值为0。于是，式(20.48)可改写为：

$$E(\delta_j e_k) = 0 \tag{20.49}$$

因为很显然，依存权益e_k位于因子张成F上（参见15.4节），进而式（20.49）可由$\delta_j \in F^{\perp}$的事实而得出。 □

如果各因子及无风险收益均在资产张成上，并且所有个体都严格风险厌恶，则由定理20.6.1可得，此时精确因子定价在均衡状态下成立。进而由16.4节可知，此时的均衡
214 配置是帕累托最优的。

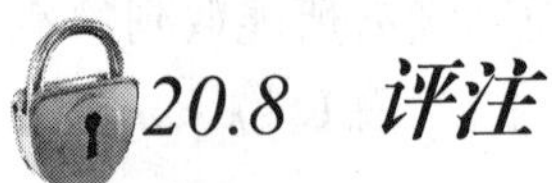

20.8 评注

本章20.2节和20.5节中的分析是基于一般希尔伯特空间的，只需稍加修改，便能扩展到具有无穷多种证券的情形中去。在具有无穷多种证券时，依然有：当且仅当定价核落在因子张成上时，精确因子定价关系成立。而此时的近似因子定价关系则是：除了有限多种证券之外，其他所有证券的定价误差均为任意小。关于这方面的详细探讨，请参见Chamberlain[1]、Chamberlain and Rothschild[2]和Gilles and LeRoy[3]。

Ross[4、5]最早对因子定价进行了系统的研究，Huberman[6]对此也有贡献。Ross开创了**套利定价理论（Arbitrage Pricing Theory，APT）**。不过，“套利定价理论”这一名称却有命名不当之嫌。因为在套利定价理论的推导过程（定理20.5.1）中，并不需要用到无套利，或者是无套利的等价条件“定价泛函严格为正”。只要证券回报具有一个因子结构，那么近似因子定价便成立。这一点，无论是否存在套利机会，都是成立的。

最早对以市场回报（经过标准化，以确保期望为0）作为唯一因子的因子结构进行分析的是Sharpe[7]。他将其命名为**市场模型（market model）**。市场模型下的精确因子定价等价于CAPM中的证券市场线。

20.6节中的模型由Connor[8]最先提出，他将其称为均衡APT模型。Milne[9]和Werner[10]中也有论及。加入了总禀赋期权的模型则来自Breeden and Litzenberger[11]。而Kim[12]则认识到这一模型其实是均衡APT模型在具有均值独立的因子结构时的一个特例。Kim还证明了由市场收益的期权构成的因子结构在精确意义下的最小因子结构。

在 20.7 节中，“期权”一词指的是依存权益，它们可能在资产张成上，也可能不在资产张成上。亦即市场上既有可能存在该期权以供交易，也可能没有。显然，只有在前一种情形下，这一术语才完全适用。

分散资产组合（portfolio diversification）的理念常常与因子定价相伴而生（Ross、Chamberlain、Chamberlain and Rothschild）。人们常常将分散化的资产组合想象为一个包含大量证券，并且每种证券的头寸都很小的资产组合。当证券回报具有因子结构时（参见 20.5 节），通过分散化，确实可以降低资产组合的特定风险（亦即资产组合的风险中反映证券收益的特定风险的那部分）。当然了，当资产组合只包含有限种证券时，分散化是无法完全消除特定风险的；但当资产组合包含无限多种证券时，是可以做到这一点的。我们甚至可以构造出一个仅包含因子风险的资产组合。

当具有无穷多种证券，并且证券回报具有某一因子结构时，如果有可能构造出一个完全排除了特定风险的资产组合，则各因子均位于资产张成上（参见 Werner）。 215

请注意，正如本章正文以及评注中所给出的，在近似因子定价关系的推导过程中，根本就无须假定个体进行分散投资。

参考文献

1．Chamberlain, G. Funds, factors and diversification in arbitrage pricing models. Econometrica, 51:1305-1323, 1983.

2．Chamberlain, G. and Rothschild, M. Arbitrage, factor structure and mean variance analysis in large asset markets. Econometrica, 51:1281-1304, 1983.

3．Gilles, G. and LeRoy, S.F. On the arbitrage pricing theory. Economic Theory, 1:213-229, 1991.

4．Ross, S.A. The arbitrage theory of capital asset pricing. Journal of Economic Theory, 13:341-360, 1976.

5．Ross, S.A. Risk, return and arbitrage. In Irwin Friend and James Bicksler, editors, Risk and Return in Finance. Ballinger, Cambridge, Massachusetts, 1976.

6．Huberman, G. A simple approach to arbitrage pricing theory. Journal of Economic Theory, 28:183-192, 1982.

7．Sharpe, W.F. A simplified model of portfolio analysis. Management Science, 1963.

8．Connor, G. A unified beta pricing theory. Journal of Economic Theory, 34:13-31, 1984.

9. Milne, F. Arbitrage and diversification in a general equilibrium asset economy. Econometrica, 56:815-840, 1988.

10. Werner, J. Diversification and equilibrium in securities markets. Journal of Economic Theory, 75:89-103, 1997.

11. Breeden, D. T. and Litzenberger, R. Prices of state-contingent claims implicit in option prices. Journal of Business, 51:621-651, 1978.

12. Kim, C. Stochastic dominance, Pareto optimality, and equilibrium asset pricing. Review of Economic Studies, 65(2):341-356, 1998.

第 7 篇

多期证券市场

第 21 章 多期证券市场中的均衡

21.1 引言

到目前为止，一直都在讨论两期证券市场模型。在两期模型下，在其收益被实现之前，证券只被交易一次。在分析证券的风险－回报关系及证券在风险的均衡配置中的作用时，两期模型便已足够了。

在两期模型中，只需一次便能将所有的不确定性都确定下来。不过，假定不确定性是逐步显现出来的，则要显得更为现实些。而随着不确定性的逐渐显现，个体会一次又一次地进行交易。

而多期模型正好允许不确定性的逐步显现，也允许个体随着证券价格和证券收益信息的逐步显现而对证券进行多次交易。在本章及后续章节中将分析多期模型。

21.2 不确定性和信息

在多期模型下，与在两期模型中一样，用状态集 S 来刻画不确定性。不过不同的是，此时每一个状态都是对各期（$t=0,1,\cdots,T$）经济环境的一个描述。在 0 期时，个体并不知道哪个状态会被实现。不过随着时光的流走，他们将会获得越来越多的与状态有关的信息。于是在 T 期时，实际状态对他们而言已经变成是已知的了。

正式地说，个体在 t 期的信息可以通过状态集 S 的一个分割 F_t 来描述。其中，S 的一个**分割（partition）**F_t 指的是 S 的一个子集族，该集族满足每个状态 s 仅属于 F_t 中的一个元素。因为在 t 期，个体已经知道了实际状态应该属于 t 期的分割 F_t 中的哪个元素。尽管他们还不知道真实状态是 t 期分割 F_t 的已知元素中的哪个状态，但他们已经知道不在 t 期

分割 F_t 的已知元素中的状态一定不会实现。假定这一分割对所有个体都一样。也就是说，假定所有个体都具有相同的信息。

在 0 期时，个体并不清楚状态的信息，因而 0 期的分割为平凡分割（trivial partition）
220 $F_0=\{S\}$。而在 T 期时，个体已经具备了完全信息，于是 T 期的分割即为完全分割 $F_T=\{\{s\}:s\in S\}$。而在 $1,\cdots,T-1$ 期时，个体掌握的信息介于两者之间。F_{t+1} 分割要比 F_t 更为细致（finer）；亦即，$t+1$ 期分割的元素包含的状态集是 t 期分割的元素包含的状态集的子集。

也就是说，如果两个状态分别属于 t 期分割 F_t 的两个不同元素，则它们将不可能属于 t 期之后的各期分割中的同一个元素。因而个体一旦获知了某一信息，便永远都不会忘；他们掌握的状态信息是非递减的。而分割的 $T+1$ 重元组（tuple）$\{F_0,F_1,\cdots,F_T\}$ 即为**信息滤子（information filtration）**。

信息滤子的另一个名称是**事件树（event tree）**（这里只给出了有限期的情形）（如图 21.1 所示）。分割 F_t 的每个元素都被称为一个 t 期**事件（event）**，它是事件树的一个**节点（node）**。而事件 $\xi_0=F_0$ 则被称为**根节点（root node）**。

220

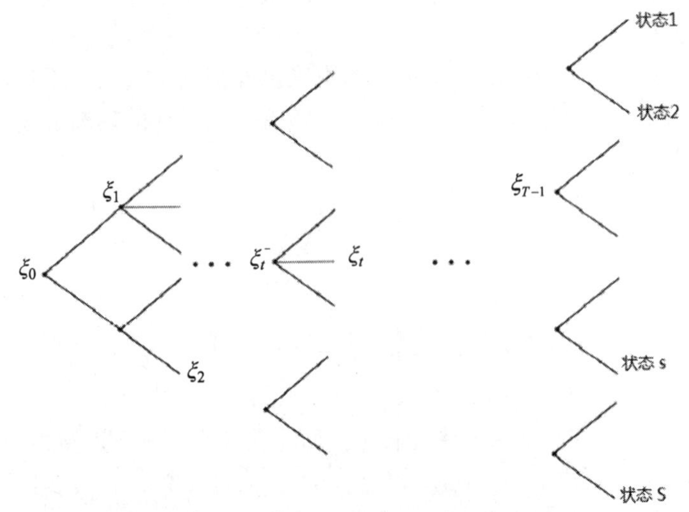

图 21.1

图 21.1 即为一个事件树。初始点用 ξ_0 表示；位于最终一期的节点与位于该期的状态相重合。而其他位于 1 期、t 期和 $T-1$ 期的一般节点则用 ξ_1、ξ_t 和 ξ_{T-1} 来表示。ξ_t 的前接节点则用 ξ_t^- 表示。

事件 ξ_t 的**后续事件（successors）**是满足 $\tau>t$ 和 $\xi_\tau\subset\xi_t$ 的事件 ξ_τ。而 ξ_t 的**紧接后续**

事件（**immediate successors**）则是满足$\xi_{t+1} \subset \xi_t$的事件ξ_{t+1}。

事件ξ_t的**前接事件**（**predecessor**）是满足$\tau < t$和$\xi_\tau \supset \xi_t$的事件ξ_τ。而ξ_t的**直接前接事件**（**immediate predecessor**）则是满足$\xi_{t-1} \supset \xi_t$的事件ξ_{t-1}，它是唯一的。有时也用ξ_t^-来表示ξ_t的直接前接事件。 221

将未来各期（$t = 1, \cdots, T$）的所有事件构成的集合标记为Ξ，将Ξ中的事件数标记为$k = \#(\Xi)$。于是，加上事件ξ_0，一共有$k+1$个事件。

例 21.2.1　假定市场上唯一的相关信息是两家公司的财务报告。每份报告都有两种结果：或好（G）或坏（B）。假定第一家公司在 1 期发布报告，第二家在 2 期发布。于是状态集S由这两份报告的四种可能结果构成：$\{GG, GB, BG, BB\}$。于是信息滤子为：

$$F_0 = \{\{GG, GB, BG, BB\}\} \tag{21.1}$$

$$F_1 = \{\{GG, GB\}, \{BG, BB\}\} \tag{21.2}$$

$$F_2 = \{\{GG\}, \{GB\}, \{BG\}, \{BB\}\} \tag{21.3}$$

因此，在 0 期时，个体什么都不知道；在 1 期时，个体只知道第一家公司的财务报告；在 2 期时，两家公司的财务报告个体都知道。

由于这个例子在后面还要用到，为求方便，采用一种更为紧凑一点的事件表示方法。用

$$\xi_{\mathrm{g}} \equiv \{GG, GB\}，\quad \xi_{\mathrm{b}} \equiv \{BG, BB\} \tag{21.4}$$

表示本例中的两个 1 期事件，用

$$\xi_{\mathrm{gg}} \equiv \{GG\}\ ,\quad \xi_{\mathrm{gb}} \equiv \{GB\}\ ,\quad \xi_{\mathrm{bg}} \equiv \{BG\}\ ,\quad \xi_{\mathrm{bb}} \equiv \{BB\} \tag{21.5}$$

表示本例中的四个 2 期事件。于是，所有未来事件构成的集合为$\Xi = \{\xi_{\mathrm{g}}, \xi_{\mathrm{b}}, \xi_{\mathrm{gg}}, \xi_{\mathrm{gb}}, \xi_{\mathrm{bg}}, \xi_{\mathrm{bb}}\}$。 □

个体的状态信息应该能反映所有的经济变量，如禀赋水平、证券价格、证券红利、资产组合头寸、消费计划，如此等等。具体而言，考虑一个在个体的t期信息下无法识别的t期消费计划或证券价格根本就毫无意义。通常，将这些变量视作状态集S上的函数，这就需要它们对于分割F_t是**可测的**（**measurable**）。如果t期消费由函数$c_t : S \to \Re$表示，并且在状态s下取值为$c_t(s)$，则c_t对F_t的可测性就要求：对于属于F_t中的元素ξ_t的任意两个状态s和s'，均有$c_t(s) = c_t(s')$。

当用事件而非状态来区分不同的函数值时，对可测性的要求就已经蕴涵在了所采用的标记符号之中了。因为如果c_t对F_t可测，则由定义可知，对于一个给定的t期事件ξ_t中的所有状态s和s'，均有$c_t(s) = c_t(s')$，因而可以将该一致相同的函数值标记为$c(\xi_t)$。请注意，在这里，将$c_t(\xi_t)$简记为了$c(\xi_t)$，以求简便。 222

有时也用c_t表示由所有t期事件$\xi_t \in F_t$的函数值$c(\xi_t)$构成的向量（其维数等于t期事件的个数）。因而，c_t对读者而言，有时表示作为F_t可测函数的消费计划，有时表示一个向量。通常情况下，这二者的区别一般无关紧要；当其区别确实比较重要时，一般也能根据具体的使用环境而识别出它表示的是哪种含义。与此相似，c也有两种含义：要么是F_t可测函数c_t的一个$T+1$维元组，要么是由所有$\xi \in \Xi$的值$c(\xi)$构成的一个$k+1$维向量。

当概率与状态密切相关时（参见第25章），函数和向量之间的差别就变得很重要了。否则，S上的可测函数将全都等同于一个随机变量。在需要进行矩阵变换时，也需要弄清楚，什么时候指的是作为一个标量的随机变量（scalar random variable），什么时候指的是随机变量的取值所构成的向量了。

如果$T+1$维元组c上的任意函数c_t均是F_t可测的，则称c**适应于**（**adapted to**）信息滤子F。

21.3 多期证券市场

假定存在J种证券，它们包括债券（bond）、股票（stock）、期权（option）和远期合约（future contract）等。每一种证券均以其各期的红利（dividend）来刻画。所说的红利指的是证券持有者所能获得的任何收益。对于股票，红利指的是上市公司向股东分配的利润；对于债券，红利指的是息票收益（coupon payments）和到期收益（payments at maturity）。

用$x_j(\xi_t)$表示证券j在事件ξ_t下的红利，用x_{jt}表示所有t期事件ξ_t下的红利$x_j(\xi_t)$所构成的向量，用x_t表示所有J种证券在全部的t期事件下的红利所构成的向量。假定在0期时没有红利发放。有可能有的证券只在特定的某期才有红利发放。例如，不附息票、到期日为t、面值为1的债券便是如此：它在t期的所有状态下的红利均为1，在其他各期下的红利均为0。

证券在除最后一期（the terminal date）T之外的各期均可被交易。将证券j在事件ξ_t下的价格表示为$p_j(\xi_t)$。为便于标记，也用$p_j(\xi_T)$表示证券j的T期价格，尽管在T期证券是无法交易的。将所有的$p_j(\xi_T)$均约定为0，用p_{jt}表示由所有t期事件ξ_t下的价格$p_j(\xi_t)$构成的向量，用p_t表示由所有J种证券在所有t期事件下的价格构成的向量。

证券j在事件ξ_t下的头寸用$h_j(\xi_t)$表示，由J种证券构成的事件ξ_t下的资产组合用向量$h(\xi_t)$表示。对于特定证券而言，其头寸有可能为正、为0或者为负（当然，施加了卖空限制时就不能为负了）。与前面一样，为了便于标记，用 $h(\xi_T)$ 表示 T 期的资产组合；当然了，也约定它为 0。用 h_t 表示所有的 t 期事件 ξ_t 下的资产组合 $h(\xi_t)$ 所构成的向量。用 $T+1$ 维元组 $h=(h_0,\cdots,h_T)$ 表示一个**资产组合策略（portfolio strategy）**。 223

资产组合策略 h 在事件 ξ_t 下的收益（payoff）用 $z(h,p)$ 表示，它是直接前接事件（immediate predecessor）ξ_t^- 下的资产组合的附息收益（cum-dividend payoff）与 ξ_t 下的资产组合价格之差。因此，有

$$z(h,p)(\xi_t)\equiv[p(\xi_t)+x(\xi_t)]h(\xi_t^-)-p(\xi_t)h(\xi_t) \tag{21.6}$$

用 $z_t(h,p)$ 表示由所有 t 期事件的收益 $z(h,p)(\xi_t)$ 所构成的向量。资产组合策略 h 在 0 期的价格为 $p(\xi_0)h(\xi_0)$。

下面给出关于资产组合策略及其收益的例子。

例 21.3.1　考虑这样一个资产组合策略：在 $t\geqslant 1$ 期的每一个事件 ξ_t 下均买入一单位的证券 j，并在 ξ_t 的每一个紧接后续事件下将它卖出。这一资产组合策略可以用向量来表示，它在与事件 ξ_t 下的证券 j 的头寸相关的分量上取值为 1，在其他分量上均取值为 0。它在 ξ_t 下的收益为 $-p_j(\xi_t)$，在每个紧接后续事件 $\xi_{t+1}\subset\xi_t$ 下的收益都是 $p_j(\xi_{t+1})+x_j(\xi_{t+1})$，在其他事件下的收益均为 0。这一资产组合策略的 0 期价格为 0。

而**买入并持有策略（buy-and-hold strategy）**则是在事件树的每个事件下均持有一单位的证券 j。它可以通过一个向量来表示，该向量在持有证券 j 的事件所对应的分量上均取值为 1（当然最后一期的事件所对应的分量除外），在其他事件下的取值均为 0。该资产组合策略的收益等于每个 $t\geqslant 1$ 时的事件 ξ_t 下的红利 $x_j(\xi_t)$ 之和。其 0 期价格等于证券 j 的 0 期价格，即为 $p_j(\xi_0)$。 □

正如 21.2 节所曾讨论过的，t 期红利 x_{jt}、价格 P_{jt}、资产组合 h_t 和收益 $z_t(h,p)$ 均可被视作是 F_t 可测的函数。

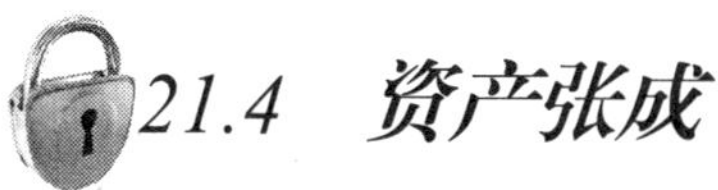

21.4　资产张成

通过证券交易而得到的收益构成的集合称为**资产张成（asset span）**。其定义为：

$$M(p)=\{(z_1,\cdots,z_T)\in\Re^k : z_t=z_t(h,p), t\geqslant 1\} \tag{21.7}$$

例 21.3.1 中的资产组合策略的收益便属于资产张成。其实，任意价格 p 下的任意证券 j 的红利 $(x_{j1},\cdots,x_{jT})$ 也都属于资产张成 $M(p)$。

两期模型与多期模型的一个重要差别便在于：两期模型下的资产张成是外生的，仅依赖于特定证券的收益；而多期模型下的资产张成则依赖于证券价格，因而是内生的。 224

如果未来各期（从 1 期到T期）的任意消费计划均可作为某一资产组合策略的收益而获得，则称证券市场（在价格p下）是**动态完备（dynamically complete）**的。此时，$M(p)=\Re^k$。如果$M(p)$是$\Re^k$的一个真子空间（proper subspace），则称证券市场是**不完备（imcomplete）**的。

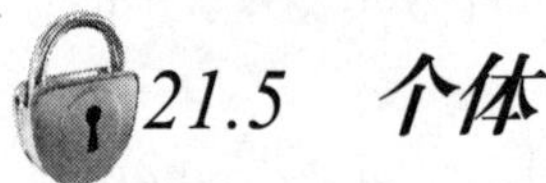

21.5 个体

消费$c(\xi_t)$、c_t和c的可测性已在 21.2 节中定义过了。

假定所有个体均具有定义在消费计划$c=(c_0,c_1,\cdots,c_T)$集合上的效用函数。与第 1 章中一样，在绝大多数场合下都假定消费为正。于是，个体i的效用函数为$u^i:\Re_+^{k+1}\to\Re$。另外，还假定效用函数是连续、递增的[①]。

个体i的禀赋为$\omega^i=(\omega_0^i,\cdots,\omega_T^i)\in\Re_+^{k+1}$。

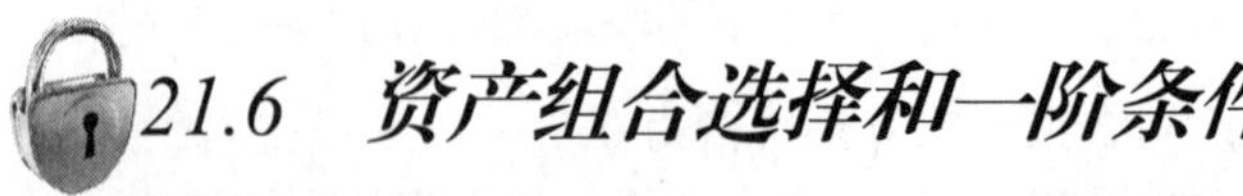

21.6 资产组合选择和一阶条件

效用函数为u的个体的消费－资产组合选择问题为：

$$\max_{c,h}u(c) \tag{21.8}$$

s.t

$$c(\xi_0)=\omega(\xi_0)-p(\xi_0)h(\xi_0) \tag{21.9}$$

$$c(\xi_t)=\omega(\xi_t)+z(h,p)(\xi_t)\quad \forall\xi_t\quad t=1,\cdots,T \tag{21.10}$$

当然了，如果消费被限定为正的话，还要把这一条件加上，即有：$c\geqslant 0$。由于假定效用函数是递增的，因此预算约束（21.9）和（21.10）可以写成等式形式。

预算约束（21.9）和（21.10）也可以写成：

$$c_0=\omega_0-p_0h_0 \tag{21.11}$$

和

$$c_t=\omega_t+z_t(h,p)\ ,\qquad t=1,\cdots,T \tag{21.12}$$

---

① 如果所有的$c=(c_0,\cdots,c_T)$对于任意$c_t'\geqslant c_t$，均有$u(c_0,\cdots,c_t',\cdots,c_T)\geqslant u(c_0,\cdots,c_t,\cdots,c_T)$，则称效用函数$u$在$t$期是递增（increasing）的。如果效用函数在各期均是递增的，便称效用函数u是递增的。更进一步，如果所有的$c=(c_0,\cdots,c_T)$对于任意$c_t'>c_t$，均有$u(c_0,\cdots,c_t',\cdots,c_T)>u(c_0,\cdots,c_t,\cdots,c_T)$，则称效用函数$u$在$t$期是严格递增（strictly increasing）的。如果效用函数在各期均严格递增，便称效用函数u是严格递增的。

如果效用函数 u 是可微的，则消费—资产组合选择问题（21.8）的一阶必要条件为：

$$\partial_{\xi_t} u - \lambda(\xi_t) = 0 \quad , \quad \forall \xi_t \quad t = 0, \cdots, T \tag{21.13}$$

$$\lambda(\xi_t) p(\xi_t) = \sum_{\xi_{t+1} \subset \xi_t} [p(\xi_{t+1}) + x(\xi_{t+1})] \lambda(\xi_{t+1}) \text{，} \quad \forall \xi_t \quad t = 0, \cdots, T-1 \tag{21.14}$$

在式（21.13）和式（21.14）中，$\lambda(\xi_t)$ 是预算约束（21.10）的拉格朗日乘子（Lagrange 225
Multiplier）；而 $\partial_{\xi_t} u$ 则表示：在最优消费处，u 对 $c(\xi_t)$ 的偏导数。如果效用函数还是拟凹（quasi-concave）的，则以上条件再加上预算约束（21.9）和（21.10）便构成了最优消费—资产组合选择问题的充分条件。

如果假定 $\partial_{\xi_t} u > 0$，则条件（21.14）将变为：

$$p(\xi_t) = \sum_{\xi_{t+1} \subset \xi_t} [p(\xi_{t+1}) + x(\xi_{t+1})] \frac{\partial_{\xi_{t+1}} u}{\partial_{\xi_t} u} \tag{21.15}$$

其典型方程为：

$$p_j(\xi_t) = \sum_{\xi_{t+1} \subset \xi_t} [p_j(\xi_{t+1}) + x_j(\xi_{t+1})] \frac{\partial_{\xi_{t+1}} u}{\partial_{\xi_t} u} \tag{21.16}$$

方程（21.16）表明：证券 j 在事件 ξ_t 下的价格，正好等于事件 ξ_t 的紧接后续事件 ξ_{t+1} 下证券 j 的附息收益（cum-dividend payoffs）与事件 ξ_{t+1} 及事件 ξ_t 下的消费的边际替代率之积。因而在多期模型下，在任何一期的证券价格与其下一期收益之间，也存在着与两期模型中相似的关系。

21.7　一般均衡

多期证券市场下的**均衡（equilibrium）**由价格向量 p、资产组合配置策略 $\{h^i\}$ 和消费配置 $\{c^i\}$ 构成，并且这三个构成要素要满足：（1）资产组合策略 h^i 和消费计划 c^i 是个体 i 的消费—资产组合选择问题（21.8）在价格 p 下的解；（2）市场出清，亦即有：

$$\sum_i h^i = 0 \tag{21.17}$$

和

$$\sum_i c^i = \sum_i \omega^i \tag{21.18}$$

将所有个体的预算约束加总，于是资产组合的市场出清条件（21.17）便蕴涵着消费市场出清条件（21.18）。如果没有冗余资产（亦即如果 $z(h, p) = 0$ 蕴涵着 $h = 0$ 的话），则

该命题的逆命题也成立。如果有冗余资产，则市场出清消费配置所对应的多个资产组合
226 配置中，至少有一个是市场出清的。

与两期模型中一样，正如条件（21.17）所示，在这里也假定证券的初始供应量为0。不过，资产组合头寸可以视作是证券的净交易量。因而，证券的初始供应量为正也是可以的。具体而言，可以假定每个个体均被赋予了一个初始资产组合 $\hat{h}_0^i$，并且其未来各事件下的消费禀赋均为0（简化设定，以便处理）。于是，在该禀赋设定下的最优资产组合策略 $\overline{h}_0^i$ 的市场出清条件为：

$$\sum_i \overline{h}^i(\xi_t)=\sum_i \hat{h}_0^i \quad , \quad \forall \xi_t \tag{21.19}$$

如果将 h^i 视作净交易量，亦即令 $h^i \equiv \hat{h}_0^i-\overline{h}_0^i$，则上式与式（21.17）保持一致。

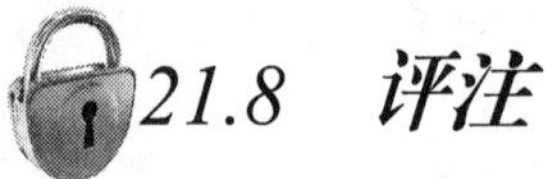

21.8 评注

当时间是连续的，且状态集是无限集时，事件树模型便不再能够用来处理不确定性的逐步显现了。在连续时间设定下，个体在 t 期的信息将由全体事件的一个 σ 代数或 σ 域（sigma-algebra，sigma-field）来刻画，而不再是一个分割了。

本章中关于多期证券市场一般均衡的内容取自 Radner[1]。Radner 将21.7节中的均衡称为一个**计划、价格及价格期望的均衡（an equilibrium of plans, price, and price expectations）**。这一称谓强调未来的证券价格可被视作是具有理性预期个体的价格预期。所有个体均有着相同的价格预期，如果某一事件实现时的均衡价格正好等于预期价格，则这些预期便是正确的。

与两期模型中一样，我们的模型也仅限定于只有单个商品存在的情形。我们的模型在多个商品设定下的推广即为不完备市场下的一般均衡模型（the general equilibrium model with incomplete markets GEI）。对该模型感兴趣的读者，可参见 Geanakoplos[2] 和 Magill and Quinzii[3]

与两期模型不同的是，在多期模型中，仅给出标准的假设，并不能保证一般均衡存在。原因便在于在多期设定下，资产张成依赖于证券价格。随证券价格的变化，资产张成的维数也可能随之而变，进而会带来个体资产组合和消费需求的不连续性。如果想看看不存在一般均衡的多期证券市场的例子，请参见 Magill and Quinzii。不存在一般均衡的例子一般是很难找的。对于一大类由个体禀赋和证券红利构成的集合，一般均衡都是存在的。这一结论是由 Duffie and Shafer[4] 给出的，Duffie[5] 中也有涉及。

参考文献

1．Radner, R. Existence of equilibrium of plans, prices and price expectations in a 227
sequence economy. Econometrica, 40:289-303, 1972.

2．Geanakoplos, J. An introduction to general equilibrium with incomplete asset markets. Journal of Mathematical Economics, 19:1-38, 1990.

3．Magill, M. and Quinzii, M. Theory of Incomplete Markets. MIT Press, 1996.

4．Duffie, D. and Shafer, W. Equilibrium in incomplete markets ii: Generic existence in stochastic economies. Journal of Mathematical Economics, 15:199-216, 1986.

5. Duffie, D. Stochastic equilibria with incomplete financial markets. Journal of Economic Theory, 41:405-416, 1987.

第22章 多期套利和正性

22.1 引言

在多期证券市场中，与两期市场一样，未来收益与当前价格之间也有两重关系：正 228
性（positivity）和线性（linearity）。本章就简单介绍一下，因为关于这两重关系的一些核心概念都已经在介绍两期模型时于第 2、3 章中给出过了。

22.2 一价法则和线性

如果任意两个收益相同的资产组合策略在 0 期的价格都相同，则说一价法则（the law of one price）成立；亦即：

$$\text{如 } z(h,p)=z(h',p)\text{，则 } p_0h_0=p_0h_0' \tag{22.1}$$

当且仅当对任意收益为 0 的资产组合策略 h 均有 $p_0h_0=0$ 时，条件（22.1）才成立。

与两期证券市场中一样（参见定理 2.4.1 和定理 2.4.2），如果所有个体的效用函数均在 0 期严格递增[①]，则一价法则在均衡的多期证券市场下成立。因而在这里，可以假定一价法则成立。

在多期市场下，**收益定价泛函（the payoff pricing functional）**是一个映射：

$$q:M(p)\to\Re \tag{22.2}$$

其定义为：

$$q(z)=p_0h_0 \tag{22.3}$$

---

① 另一个充分条件是：（1）存在一个收益为正且不等于 0 的资产组合策略；（2）效用函数在收益不为 0 的各期均严格递增。

其中，h 是对任意 $z \in M(p)$ 均有 $z = z(h, p)$ 资产组合。一价法则保证了任意收益为 z 的资
229 产组合 h 的 0 期价格 $p_0 h_0$ 均相同。

收益定价泛函 q 给每个资产组合策略的收益均赋予了一个 0 期价格。一价法则蕴涵着 q 是 $M(p)$ 上的一个线性泛函。

由于每一种证券的收益均可由一个买入并持有资产组合策略（buy-and-hold portfolio strategy）产生（请回忆一下例 21.3.1），于是对于任意 p 均有 $x_j \in M(p)$。买入并持有策略的 0 期价格为 p_{j0}，因而有：

$$q(x_j) = p_{j0} \tag{22.4}$$

22.3 套利和正定价

多期证券市场下的**强套利（strong arbitrage）**是一个收益 $z(h, p)$ 为正且 0 期价格 $p_0 h_0$ 严格为负的资产组合策略。而**套利（arbitrage）**则是一个要么是强套利，要么 0 期价格 $p_0 h_0$ 为 0 并且收益为正且不等于 0 的资产组合策略。

与两期市场一样，在多期市场下，也可能存在属于套利但并非强套利的资产组合策略。

例 22.3.1 在例 21.2.1 的设定下，假定存在一个在事件 ξ_{gg} 和 ξ_{gb} 下的 2 期红利为 1、在其他事件下的 2 期红利均为 0 的证券。该证券在 0 期是有风险的，但在 1 期的时候却是无风险的。如果该证券在各事件下的价格为 $p(\xi_0) = 0$、$p(\xi_g) = -1$ 和 $p(\xi_b) = 0$，则通过以下方法构建的资产组合策略是个套利，但并非强套利：在事件 ξ_g 下买入该证券，在 ξ_g 的两个后续事件下均卖出该证券，在其他事件下的头寸均为 0。 □

下面来回忆一下：如果对任意 $z \geqslant 0$、$z \in M(p)$，均有 $q(z) \geqslant 0$，则收益定价泛函 q 为正。如果对任意 $z > 0$、$z \in M(p)$，均有 $q(z) > 0$，则收益定价泛函 q 严格为正。在多期证券市场上，正（严格为正）收益定价泛函与无强套利（套利）之间的等价关系依然成立（与定理 3.4.2 和定理 3.4.1 相似）。

230 **定理 22.3.2** 当且仅当无套利时，收益定价泛函严格为正。

证明：排除了套利，便意味着当 $z(h, p) > 0$ 时，有 $p_0 h_0 > 0$。由于 $q[z(h, p)] = p_0 h_0$，因而该式表示的恰好是 q 在 $M(p)$ 上严格为正。 □

定理 22.3.3 当且仅当无强套利存在时，收益定价泛函为正。

下面的例子给出了一种收益定价泛函为正但不严格为正的情形。

例 22.3.4 由例 22.3.1 中的证券价格所给出的收益定价泛函将所有收益的价格均赋

值为 0。因而，此时收益定价泛函是个零泛函。零泛函是一个正泛函，但不严格为正。□

22.4　单期套利

两期模型中对套利、强套利的定义也适用于不存在最后一期事件时的多期模型。于是，这就将我们引向了单期套利、单期强套利的概念，它们均与 22.3 节中给出的概念有着非常密切的关系。

在 $t<T$ 时于事件 ξ_t 下的**单期强套利（one-period strong arbitrage）**指的是一个单期收益为正：

$$[p(\xi_{t+1})+x(\xi_{t+1})]h(\xi_t)\geqslant 0\text{，}\quad \xi_{t+1}\subset\xi_t \tag{22.5}$$

且价格严格为负：

$$p(\xi_t)h(\xi_t)<0 \tag{22.6}$$

的资产组合。而事件 ξ_t 下的**单期套利（one-period arbitrage）**则是一个资产组合 $h(\xi_t)$；它要么是一个单期强套利，要么是一个价格为 0、单期收益为正且不为 0 的资产组合。

在每一个非终点事件（nonterminal event）下均排除了单期套利便等价于 22.3 节中提出的无多期套利。不过，对于强套利，这一等价关系只有一个方向是成立的：在每一个非终点事件下均排除了单期强套利便蕴涵着无多期强套利；该命题的逆命题并不成立。例如，在例 22.3.1 中，便存在 ξ_g 下的单期强套利，但是此时并无多期强套利存在。

22.5　正均衡定价

与均衡证券价格相对应的收益定价泛函被称作**均衡收益定价泛函（equilibrium payoff pricing functional）**。如果个体的效用函数具有适当的单调性，则在均衡价格下将不存在套利或强套利。此时，均衡定价泛函严格为正或为正。

定理 22.5.1　如果所有个体的效用函数均严格递增，则在均衡价格下将不存在套利。进而，均衡收益定价泛函是个严格正泛函。 231

证明：假如存在一个构成套利的资产组合策略 h。则有 $z(h,p)\geqslant 0$ 且 $p_0h_0\leqslant 0$，并且这两个不等式有一个取严格不等号。令 h^i 和 c^i 是个体 i 的均衡资产组合策略和均衡消费计划。于是 h^i+h 和 $c^i+[-p_0h_0,z(h,p)]$ 也满足预算约束，并且由于效用函数 u^i 严格递增，因而相对于消费计划 c^i，个体 i 要严格偏好于消费计划 $c^i+[-p_0h_0,z(h,p)]$，于是便得出了矛盾。进而，由定理 22.3.2 可知，此时均衡收益定价泛函严格为正。□

定理 22.5.2 如果所有个体的效用函数均递增且在 0 期时严格递增，则在均衡价格下将不存在强套利。进而，均衡收益定价泛函是一个正泛函。

该定理的证明原理类似于定理 22.5.1。

有时为求便利，经常假设多期模型中的消费仅发生在最初一期和最终一期。在这种情况下，定理 22.5.1 便不再适用了，因为此时效用函数于中间各期并不严格递增。不过，有一稍加变换之后的版本适用于该情形：

定理 22.5.3 如果所有个体的效用函数均递增且在 T 期时均严格递增，如果还存在一个各期红利均为正且 T 期红利严格为正的证券，则在均衡价格下将无套利存在。进而，均衡收益定价泛函严格为正。

证明： 令证券 j 满足：在 $t\geqslant 1$ 时，均有 $x_{jt}\geqslant 0$；并且 $x_{jT}>0$。于是，在 $t<T$ 时的任意事件下，均衡价格 p_{jt} 均严格为正。因为不然的话，个体就可以在价格为负的事件下买入证券 j，并一直持有到 T 期，这样便能严格增加该个体在 T 期下的消费了。

令 h^i 和 c^i 是个体 i 的均衡资产组合策略和均衡消费计划。假定资产组合策略构成一个套利，于是有 $z(h,p)\geqslant 0$ 和 $p_0h_0\leqslant 0$，并且这两个不等式中至少有一个两端取严格不等号。如果 $z_T(h,p)>0$，通过与定理 22.5.1 相同的证明过程，便能得出一个与“h^i 和 c^i 构成一个最优配置”相矛盾的结论。

如果 $z_T(h,p)=0$ 并且 $p_0h_0<0$，则花费 $-p_0h_0$ 买入证券 j 并将其（还有资产组合 h）一直持有到 T 期，便能严格增加个体在 T 期的消费水平。特别地，对于资产组合 $\hat{h}=h+(0,\cdots,\alpha,\cdots,0)$（其中 α 为第 j 个分量，由式 $\alpha p_{j0}=-p_0h_0$ 所确定），有 $h^i+\hat{h}$ 和 $c^i+[-p_0\hat{h}_0,z(\hat{h},p)]$ 也同样满足预算约束，并且相对于消费计划 c^i，个体严格偏好于消费计划 $c^i+[-p_0\hat{h}_0,z(\hat{h},p)]$。

如果 $z_T(h,p)=0$ 且 $p_0h_0=0$，并且对于某些 ξ_t，有 $z(h,p)(\xi_t)>0$，则经由一个与 $p_0h_0<0$ 时相类似的论证过程（在事件 ξ_t 下购买证券 j 并将其（连同资产组合 h）一直持有到 T 期，即能提高个体的效用水平），也能得到一个矛盾。 □

232 于是将定理 3.6.3 和定理 3.6.1 由两期模型推广到了多期模型。请注意，例 22.3.1 中的证券价格也可以不是严格递增效用函数下的均衡价格。

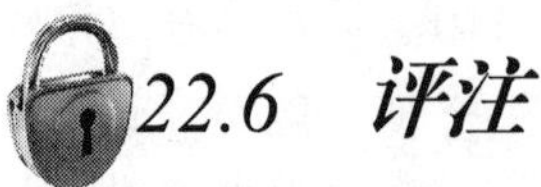

22.6 评注

与两期证券市场中一样，在多期证券市场中，无套利假设也处在核心的位置。让人们认识到套利重要性的极具影响的文章有 Ross[1]、Black and Scholes[2] 和 Harrison and

Kreps[3]。

参考文献

1．Ross, S.A. A simple approach to the valuation of risky streams. Journal of Business, 51:453-475, 1978.

2．Black, F. and Scholes, M. The pricing of options and corporate liabilities. Journal of Political Economy, 81:637-654, 1973.

3．Harrison, J.M. and Kreps, D.M. Martingales and arbitrage in multiperiod securities markets. Journal of Economic Theory, 20:381-408, 1979.

第23章 动态完备市场

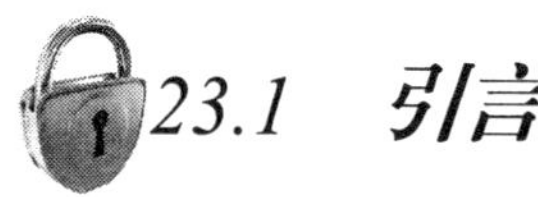

23.1 引言

正如第 11 章中所定义的，如果未来各期的任意消费计划均可作为一个资产组合策略的收益而得以实现（亦即如果 $M(p)=\Re^k$），则证券市场（在价格 p 下）是动态完备的。如果 $M(p)$ 是 $\Re^k$ 的一个真子空间，则证券市场是不完备的。

在第 1 章所给出的两期模型中，要想保证证券市场是完备的，则至少需要存在种数与状态个数相等的证券。在多期模型中，由于在未来各期也都可以交易，因而并不需要与状态个数相等的证券种数，便能确保证券市场是动态完备的了。

本章将要给出一个动态完备证券市场的刻画，并且还要证明动态完备市场下的均衡消费配置是帕累托最优的。

23.2 动态完备市场

有一组证券能保证证券市场在任意价格之下均是动态完备的，该组证券就是**阿罗证券（Arrow securities）**。与事件 ξ_t 相对应的阿罗证券是这样一种证券：该证券在事件 ξ_t 下的红利为 1，在 t 期的其他事件下的红利为 0，在其他各期的各个事件下的红利也都为 0。如果所有 k 种阿罗证券均可被交易，则 $\Re^k$ 上的任意消费计划均可通过一个买入并持有的资产组合策略来实现。

如果市场上存在阿罗证券，则市场必是完备的，哪怕证券交易仅能在 0 期进行。正如 23.1 节中所讲到的，未来各期也可交易这一事实大大降低了动态完备市场所需要的证券种数。通过两期模型下的完备市场（参见第 1 章）的一个扩展，便能得到动态完备市

场的一个简单刻画。

时期 t 时（$t<T$）事件 ξ_t 下的**单期收益矩阵（one-period payoff matrix）**指的是一个 $J\times k(\xi_t)$ 阶矩阵。该矩阵由全部 j 种证券在 ξ_t 的所有后续事件 ξ_{t+1} 下的收益
234 $p_j(\xi_{t+1})+x_j(\xi_{t+1})$ 构成；其中 $k(\xi_t)$ 表示事件 ξ_t 的紧接后续事件的个数。

定理 23.2.1 当且仅当每个非终点事件 ξ_t 下的单期收益矩阵的秩均等于 $k(\xi_t)$ 时，市场是动态完备的。

证明：当且仅当对于每个非终点事件 ξ_t 及其紧接后续事件下的任意收益，均存在一个恰能带来该收益的资产组合时，市场是动态完备的。当且仅当 ξ_t 下的单期收益矩阵的秩为 $k(\xi_t)$ 时，该资产组合存在。而这可以从两期完备市场模型中得到，正如定理 1.2.1 所给出的。 □

由上述定理可知，动态完备市场所需要的最少证券种数为“事件树的所有节点上的分支数中的最大值”。不过，是否拥有这一种数的证券，并不构成判断是否是动态完备市场的充分条件。因为某些事件下的证券价格有可能会使得该事件下的单期证券收益是冗余的，进而哪怕证券种数已达到了必要的数目，但市场依然是不完备的。

例 23.2.2 在例 21.2.1 中，除终点之外，每一个节点均有两个分支，因而此时证券市场是动态完备市场的必要条件是至少存在两种证券。

为揭示这一条件并非充分条件，假定存在两种证券，其在各个状态下的红利分别为：

$$x_1(\xi_{\mathrm{g}})=x_1(\xi_{\mathrm{b}})=0\ ,\ x_1(\xi_{\mathrm{gg}})=x_1(\xi_{\mathrm{bb}})=1\ ,\ x_1(\xi_{\mathrm{gb}})=x_1(\xi_{\mathrm{bg}})=0 \tag{23.1}$$

和

$$x_2(\xi_{\mathrm{g}})=x_2(\xi_{\mathrm{b}})=0\ ,\ x_2(\xi_{\mathrm{gg}})=x_2(\xi_{\mathrm{bb}})=0\ ,\ x_2(\xi_{\mathrm{gb}})=x_2(\xi_{\mathrm{bg}})=1 \tag{23.2}$$

显然，对于由这两种证券构成的证券市场而言，1 期事件下的单期收益矩阵的秩正好等于 2。不过，如果两种证券在两个 1 期事件下的证券价格都等于 $1/2$，则 0 期时的单期收益矩阵的秩便等于 1 了。因而，此时市场是不完备的。此时无法通过在 0 期买卖证券来获得两个 1 期事件下的互异单期收益。 □

23.3 双证券市场

二叉事件树（binomial event tree）指的是这样一个事件树：该事件树有任意期，并且除了最终一期，在该事件树的每个节点上都有两个紧接后续事件，或“上行”或“下
235 行”。21.2 节中有一个二叉事件树的最为简单的例子。下面给出另一个例子。

例 23.3.1 假如在每一期均有两种证券可供交易：一个是于 T 期到期的贴现债券 b，

另一个是带有风险的股票 a。债券在 T 期的红利为 1，其在 t 期的每个事件 ξ_t 下的价格为 $p_b(\xi_t)=(\bar{r})^{-(T-t)}$。

股票在 0 期的价格为 $p_{a0}=1$。在 1 期的两种可能事件下，股票的价格分别是 u 和 d（其中，$u>d$），具体出现哪个价格要依赖于是“上行”事件发生，还是“下行”事件发生。后续各期的股票价格也以相似的方法确定，其单期回报总是要么为 u，要么为 d。

于是在 t 期事件 ξ_t 下，股票价格为 $p_a(\xi_t)=u^{t-l}d^l$。其中，l 满足 $1\leqslant l\leqslant t$，它是从 0 期到 t 期的累计下行次数。而股票的红利仅在最终一期（T 期）时才不为 0，因而如果在 T 期之前的累计下行次数为 l，则 T 期事件 ξ_T 下的红利为 $x_a(\xi_T)=u^{T-l}d^l$。

这一双证券市场是动态完备的。对于该市场，所有各期的任意非终点事件下的单期回报矩阵均为：

$$\begin{bmatrix} \bar{r} & \bar{r} \\ u & d \end{bmatrix}$$

由于假定了 $u>d$，故而上述矩阵的秩为 2，因此得到了一个动态完备市场，该市场由两种证券构成，并且在最终一期（T 期）时有 2^T 个事件。

这里所给出的债券价格和股票价格是施加了一定限制的。例如，根本没有理由相信，在一般情况下，债券在所有事件下（最终事件除外）的单期回报均相等。其实，动态完备市场并不需要这一简化性质，它所需要的只是单期收益矩阵在最终事件之外的所有事件下均满秩而已。□

23.4　动态完备市场中的事件价格

如果债券市场是动态完备的，则收益定价泛函 q 是空间 $\Re^k$ 上的一个线性泛函。该泛函可通过 q 在 $\Re^k$ 中的单位向量上的值来确定。用 $e(\xi)$ 表示事件 ξ 所对应的单位向量，它是 ξ 所对应的阿罗证券的红利。我们用 $q(\xi)$ 表示事件 ξ 的**事件价格（event price）**，将 $q(\xi)$ 定义为 $q(\xi)\equiv q(e(\xi))$。

由于每个 $z\in\Re^k$ 均可表示为 $z=\sum_{\xi\in\Xi}z(\xi)e(\xi)$，于是有：

$$q(z)=q\left(\sum_{\xi\in\Xi}z(\xi)e(\xi)\right)=\sum_{\xi\in\Xi}q[e(\xi)]z(\xi)=\sum_{\xi\in\Xi}q(\xi)z(\xi) \tag{23.3}$$

式（23.3）给出了以事件价格的形式表示的收益定价泛函。如果用相同的符号表示泛函 q 和所有 $\xi\in\Xi$ 所构成的 k 维事件价格向量，则式（23.3）可表示为：

$$q(z)=qz \tag{23.4}$$

236 当且仅当收益定价泛函（严格）为正时，事件价格（严格）为正。定理 3.4.1 和定理 3.4.2 意味着：当且仅当无套利时，事件价格严格为正；当且仅当无强套利时，事件价格为正。因此，通过计算事件价格，并检验其是否严格为正（为正），便足以判断证券价格是否排除了套利（强套利）。

证券价格 p 所对应的事件价格，可通过找出一个在所有 ξ 下的收益均为 $e(\xi)$ 的资产组合策略而算出来。而事件价格 $q(\xi)$ 则是收益为 $e(\xi)$ 的资产组合策略在 0 期的价格。与两期证券市场中一样（参见第 2 章），将事件价格视作一个线性方程组的解看起来要方便许多。于是，对于任意事件 ξ_t、任意证券 j，令 $q(\xi_0)$ 等于 1，则 $t \geqslant 0$ 时的事件价格满足：

$$q(\xi_t)p_j(\xi_t) = \sum_{\xi_{t+1} \subset \xi_t} q(\xi_{t+1})[p_j(\xi_{t+1}) + x_j(\xi_{t+1})] \tag{23.5}$$

为证明上述方案是否可行，来考虑这样一个资产组合策略：在 $t \geqslant 1$ 时于事件 ξ_t 下买入一单位的证券 j，并在任意一个事件 ξ_t 的位于 $t+1$ 期的紧接后续事件 $\xi_{t+1} \subset \xi_t$ 下均将其卖出（参见例 21.3.1）。将该资产组合策略标记为 $\hat{h}$，则 $z(\hat{h}, p)(\xi_t) = -p_j(\xi_t)$；对于 $\xi_{t+1} \subset \xi_t$，有 $z(\hat{h}, p)(\xi_{t+1}) = p_j(\xi_{t+1}) + x_j(\xi_{t+1})$；对于其他事件 ς，则有 $z(\hat{h}, p)(\varsigma) = 0$。因为 $\hat{h}_0 = 0$，于是 $q[z(\hat{h}, p)] = p_0 \hat{h}_0 = 0$。运用收益定价泛函的事件价格表示形式（式（23.4）），于是便得到了式（23.5）。

$t = 0$ 时的式（23.5）对应着这样一个资产组合策略：在 0 期购买一单位的证券 j，并在所有的 1 期事件下都将其卖出。这一资产组合策略在所有的 1 期事件 ξ_t 下的收益均为 $p_j(\xi_1) + x_j(\xi_1)$，在其他情况下的收益均为 0；其 0 期价格为 $p_j(\xi_0)$。因而，此时式（23.5）成立。

通过方程组（23.5），可以解出给定证券价格 p 下的事件价格 q。求解时先从 1 期事件价格入手。在得到 1 期事件价格之后，便可通过与 2 期事件价格相对应的式（23.5）而解出 2 期事件价格。如此步步求解，便可以解出所有各期的事件价格。对于非 0 的事件价格，我们也可以将式（23.5）改写为相对事件价格（即为：$q(\xi_{t+1})/q(\xi_t)$）的形式，先求出相对价格，再由相对价格而解出事件价格。请注意，定理 23.2.1 所给出的单期收益矩阵的秩所满足的条件已经确保了式（23.5）的解是唯一的。

第 24 章中还会将这一节的结论推广到不完备市场。

23.5 双证券市场中的事件价格

通过式（23.5），很容易就能找到例 23.3.1 所给出的双证券市场的事件价格。对于任意事件 ξ_t，双证券市场中的两种证券均满足方程：

$$q(\xi_t)=uq(\xi_{t+1}^u)+dq(\xi_{t+1}^d) \tag{23.6}$$

和 237

$$q(\xi_t)=\overline{r}q(\xi_{t+1}^u)+\overline{r}q(\xi_{t+1}^d) \tag{23.7}$$

其中，ξ_{t+1}^u 和 ξ_{t+1}^d 乃是事件 ξ_t 的紧接后续事件。

对于每个 ξ_t，其相对事件价格为：

$$\frac{q(\xi_{t+1}^u)}{q(\xi_t)}=\frac{\overline{r}-d}{\overline{r}(u-d)} \tag{23.8}$$

和

$$\frac{q(\xi_{t+1}^d)}{q(\xi_t)}=\frac{u-\overline{r}}{\overline{r}(u-d)} \tag{23.9}$$

用 l 来表示 t 期事件 ξ_t 所对应的累计下行次数，则 ξ_t 的事件价格为：

$$q(\xi_t)=\left(\frac{u-\overline{r}}{\overline{r}(u-d)}\right)^l\left(\frac{\overline{r}-d}{\overline{r}(u-d)}\right)^{t-l} \tag{23.10}$$

当且仅当 $u>\overline{r}>d$ 时（亦即，当单期无风险回报的值介于风险证券的高低二单期回报之间时），事件价格 $q(\xi_t)$ 严格为正。此时，在双证券市场中不存在套利。

如果 $u\geqslant\overline{r}\geqslant d$，则事件价格为正，且不存在强套利。

23.6　动态完备市场中的均衡

多期证券市场下的个体消费－资产组合选择问题为：

$$\max_{c,h} u(c) \tag{23.11}$$

s.t

$$c_0=\omega_0-p_0h_0 \tag{23.12}$$

$$c_t=\omega_t+z_t(h,p)\quad,\quad t\geqslant 1 \tag{23.13}$$

由于资产组合策略 h 在 0 期的价格 p_0h_0 等于其收益在收益定价泛函 q 下的值，故而预算约束（23.12）可改写为：

$$c_0=\omega_0-q(c_{1+}-\omega_{1+}) \tag{23.14}$$

式（23.14）中的 c_{1+} 表示消费计划 c 中的 1 期及以后各期的消费，亦即 $c_{1+}=(c_1,\cdots,c_T)$，故而 $c=(c_0,c_{1+})$。于是，预算约束（23.13）可表示为：

$$c_{1+}-\omega_{1+}\in M(p) \tag{23.15}$$

238 因而可以将最优化问题（23.11）改写为：

$$\max_{c} u(c) \tag{23.16}$$

约束条件依然是式（23.14）和式（23.15）。如果市场是动态完备的，则 $M(p)=\Re^k$，且约束条件（23.15）是多余的。并且，此时预算约束（23.14）可改写为：

$$c_0 + qc_{1+} = \omega_0 + q\omega_{1+} \tag{23.17}$$

其中，q 是证券价格 p 所对应的事件价格向量。

于是，最优化问题（23.16）便变成了单一预算约束（23.17）下的效用最大化问题。后一个最大化问题即为个体 i 在面对完备依存商品市场（complete contingent commodity markets）时的消费选择问题。在价格 $q(\xi)$ 下，该个体可以在事件 ξ 下购买一单位的消费。此时，1 单位的 0 期消费的价格为 1。对于任意事件 ξ，预算约束（23.17）下的效用最大化问题的内点解的一阶条件为：

$$q(\xi) = \frac{\partial_{\xi} u}{\partial_{\xi_0} u} \tag{23.18}$$

最优化问题（23.11）和单一预算约束（23.17）下的效用最大化问题相等价的事实告诉我们：如果消费配置 $\{c^i\}$ 和证券价格 p 构成依存商品市场上的一个均衡，则配置 $\{c^i\}$ 和价格 p 也是（价格 p 下的）动态完备市场上的一个均衡。均衡证券价格 p 和依存商品价格 q 之间是通过式（23.5）而联系起来的，亦即 q 是与 p 相对应的事件价格。

23.7 帕累托最优均衡

在两期模型中，在某一消费配置下，如果不能在不严格降低某一些个体的效用水平的情况下，通过重新分配总禀赋来严格提高另一些个体的效用水平，便称该消费配置是**帕累托最优（pareto optimal）**的。也就是说，对于消费配置 $\{c^i\}$，如果不存在另一满足：

$$\sum_{i=1}^{I} c'^i = \sum_{i=1}^{I} \omega^i \tag{23.19}$$

的可行消费配置 $\{c'^i\}$，使得所有个体均弱偏好于 $\{c'^i\}$，亦即对于所有个体均有：

$$u^i(c'^i) \geqslant u^i(c^i) \tag{23.20}$$

而且至少有一个个体严格偏好于 $\{c'^i\}$（亦即，至少有某一个体 i 使得不等式（23.20）两
239 端严格不等），则消费配置 $\{c^i\}$ 是帕累托最优的。

在与两期模型中相同的假设下，也能得出多期模型中的福利经济学第一定理：商品

市场上的均衡配置一定是帕累托最优的。

定理 23.7.1　如果证券市场在均衡证券价格下是动态完备的，并且所有个体的效用函数都严格递增，则所有的均衡消费配置都是帕累托最优的。

证明：对本定理的证明类似于定理 15.3.1 的证明。如果市场是动态完备的，则所有的均衡消费配置同时也都是完备依存商品市场下的均衡配置（参见 23.6 节）。由福利经济学第一定理可知，后一配置是帕累托最优的。

位于内点的帕累托最优配置的一阶条件为：边际替代率 $\partial_{\xi}u/\partial_{\xi_0}u$ 对所有的个体都相等。在动态完备市场中的内点均衡下，边际替代率正好等于事件价格（参见式（23.18））。

□

23.8　评注

动态完备市场的概念最初源于期权定价方面的文献，有兴趣的读者可以参见 Black and Scholes[1]、Cox and Ross[2]、Rubinstein[3] 和 Harrison and Kreps[4]。完备证券市场下的均衡配置的帕累托最优性质最早由 Arrow[5] 在讨论两期模型时指出。而后，这一分析被 Guesnerie and Jaffray[6] 和 Kreps[7、8] 通过多期模型推广到了动态完备市场中。最早对双证券市场作出分析的是 Cox、Ross and Rubinstein[9]。 240

参考文献

1．Black, F. and Scholes, M. The pricing of options and corporate liabilities. Journal of Political Economy, 81:637-654, 1973.

2．Cox, J.C. and Ross, S.A. The valuation of options for alternative stochastic processes. Journal of Financial Economics, 3:145-166, 1976.

3．Rubinstein, M. The valuation of uncertain income streams and the pricing of options. Bell Journal of Economics, 7:407-425, 1976.

4．Harrison, J.M. and Kreps, D.M. Martingales and arbitrage in multiperiod securities markets. Journal of Economic Theory, 20:381-408, 1979.

5．Arrow, K.J. The role of securities in the optimal allocation of risk bearing. Review of Economic Studies, pages 91-96, 1964.

6．Guesnerie, R. and Jaffray, J.-Y. Optimality of equilibrium of plans, prices, and price

expectations. In J. Dr`eze, editor, Allocation Under Uncertainty. MacMillan, London, 1974.

7. Kreps, D.M. Multiperiod securities and the efficient allocation of risk: A comment on the Black-Scholes option pricing model. In John McCall, editor, The Economics of Uncertainty and Information. University of Chicago Press, 1982.

8. Kreps, D.M. Three essays on capital markets. Revista Espanola de Economia, 1987.

9. Cox, J.C., Ross, S.A, and Rubinstein, M. Option pricing: A simplified approach. Journal of Financial Economics, 7:229-263, 1979.

第24章 估价

24.1 引言

无论对于两期证券市场（参见第 5 章），还是对于多期证券市场，相对于仅在资产张 241
成 $M(p)$ 上，在整个依存权益空间 $\Re^k$ 上进行估价都要更为有用一些。

估价泛函（the valuation functional）是一个线性泛函：

$$Q:\Re^k \to \Re \qquad (24.1)$$

该泛函将收益定价泛函由资产张成 $M(p)$ 扩展到了依存权益空间 $\Re^k$ 上；亦即：

$$Q(z)=q(z) \quad , \quad z\in M(p) \qquad (24.2)$$

估价泛函为每一个多期依存权益都赋了一个价格。我们仅对严格为正（为正）的估价泛函感兴趣，因为这样一类估价泛函与无套利（无强套利）相对应。将在第 25 章中用严格为正（为正）的估价泛函来确定多期模型下的事件价格和风险中性概率。

24.2 金融学基本定理

金融学基本定理给出了严格为正（为正）的估价泛函的存在性。由于多期模型下的资产张成和收益定价泛函的性质与两期模型下的资产张成及收益定价泛函相同，因而估价泛函的存在性及其性质也都相同。

定理 24.2.1（金融学基本定理） 当且仅当存在一个严格正的估价泛函时，证券价格
排除了套利。 242

定理 24.2.2（金融学基本定理，较弱形式） 当且仅当存在一个正估价泛函时，证券价格排除了强套利。

正如曾指出的，第 5 章中对两期条件下的金融学基本定理的证明过程也适用于多期模型。在证明必要性时，也是将收益定价泛函一次延拓一个维度。选择一个并没有落在资产张成上的依存权益 z^*，并将收益定价泛函延拓到由 $M(p)$ 和 z^* 所张成的子空间上。于是，z^* 的价值将位于边界：

$$q_u(z^*) \equiv \min_h \left\{ p_0 h_0 : z(h,p) \geqslant z^* \right\} \tag{24.3}$$

和

$$q_l(z^*) \equiv \max_h \left\{ p_0 h_0 : z(h,p) \leqslant z^* \right\} \tag{24.4}$$

之间。

如果证券价格排除了强套利，则上述两个边界定义了一个区间 $\left[q_l(z^*), q_u(z^*) \right]$，并据此而确定了收益定价泛函的一个正线性延拓（a positive linear extension），该延拓之后的泛函将 z^* 映射为该区间上的一个值。如果证券价格排除了套利，则该区间的内部是非空的（has nonempty interior），并且每个位于该区间内部的值均都对应着收益定价泛函的一个严格为正的延拓。

下面的例子给出了这两个边界。

例 24.2.3 在例 21.2.1 中，假定存在两类证券，一类是于 1 期到期的折价债券（证券 1），另一类是于 2 期到期的折价债券（证券 2）。因此，证券 1 在 1 期时的红利为 $x_1(\xi_{\rm g}) = x_1(\xi_{\rm b}) = 1$，其在 2 期的所有事件 $\xi \in F_2$ 下的红利均为 $x_1(\xi) = 0$。对于证券 2，它在 1 期时的红利为 $x_2(\xi_{\rm g}) = x_2(\xi_{\rm b}) = 0$，在 2 期的所有事件 $\xi \in F_2$ 下的红利均为 $x_2(\xi) = 1$。假定：在 0 期时，证券 1 的价格为 $p_1(\xi_0) = 0.9$；证券 2 的价格则为 $p_2(\xi_0) = 0.75$、$p_2(\xi_{\rm g}) = 0.9$ 和 $p_2(\xi_{\rm b}) = 0.8$。

对于本例而言，市场是不完备的，因为定理 23.2.1 中关于秩的条件在 1 期的两个事件下均无法满足。本例中的资产张成 $M(p)$ 是四维的，而依存权益空间则是六维的。实际上，当且仅当 $z(\xi_{\rm gg}) = z(\xi_{\rm gb})$、$z(\xi_{\rm bg}) = z(\xi_{\rm bb})$ 时，依存权益

$$z = \left[z(\xi_{\rm g}), z(\xi_{\rm b}), z(\xi_{\rm gg}), z(\xi_{\rm gb}), z(\xi_{\rm bg}), z(\xi_{\rm bb}) \right] \tag{24.5}$$

可由一个资产组合策略而得出。

我们来考虑由 $z_1^* = (0,0)$ 和 $z_2^* = (2,1,1,0)$ 所给出的依存权益 z^*。很显然，$z^* \notin {\rm M}(p)$。z^* 的价值的上界由最小化问题（24.3）给出，有：

$$\min_h p_1(\xi_0) h_1(\xi_0) + p_2(\xi_0) h_2(\xi_0) \tag{24.6}$$

s.t.

$$z(h,p) \geqslant z^* \tag{24.7}$$

约束条件（24.7）蕴涵着： 243

$$h_2(\xi_g)\geqslant 2\ ,\quad h_2(\xi_g)\geqslant 1\ ,\quad h_2(\xi_b)\geqslant 1\ ,\quad h_2(\xi_b)\geqslant 0 \tag{24.8}$$

$$h_1(\xi_0)+0.9[h_2(\xi_0)-h_2(\xi_g)]\geqslant 0\ ,\quad 且\ h_1(\xi_0)+0.8[h_2(\xi_0)-h_2(\xi_b)]\geqslant 0 \tag{24.9}$$

线性规划问题（24.6）的解要求：如果证券 2 的 1 期财务报告较好，则在 1 期时，个体须持有 2 单位的证券 2，亦即 $h_2(\xi_g)=2$；如果证券 2 的 1 期财务报告较差，则在 1 期时，个体须持有 1 单位的证券 2，亦即 $h_2(\xi_b)=1$。这两个资产组合头寸要通过 0 期资产组合来进行融资。在 0 期时，买入 10 单位的证券 2，并卖出 7.2 单位的证券 1；亦即 $h_2(\xi_0)=10$，$h_1(\xi_0)=-7.2$。如果证券 2 的 1 期财务报告较好，这就能在 1 期得到 1.8 的收益；如果证券 2 的 1 期财务报告较差，这就能在 1 期得到 0.8 的收益，而这恰好能为 1 期的证券头寸提供融资。而这一资产组合策略的 0 期价格为 1.02。

该资产组合策略在 1 期的收益为 $(0,0)$，在 2 期的收益为 $(2,2,1,1)$。它是资产张成上大于 z^* 的依存权益中最小的一个。由于证券价格排除了套利，因而该资产组合策略的 0 期价格（1.02）一定是最小的。

在本例中，最优资产组合策略可通过以下方法找到：先找出资产张成上满足不等式（24.7）的最小依存权益，而后找出能带来该依存权益的资产组合策略。这一求解方法并不是通用方法，因为通常资产张成并不存在最小值。在一般情况下，还是要求出线性规划问题的显式解，无论是将该线性规划问题作为一个整体解出，还是用倒向推断的方法将其化为几个小型的线性规划问题而解出。

z^* 的价值的下界可通过求解最大化问题（24.4）而得出，有：

$$\max_h p_1(\xi_0)h_1(\xi_0)+p_2(\xi_0)h_2(\xi_0) \tag{24.10}$$

s.t.

$$z(h,p)\leqslant z^* \tag{24.11}$$

上述问题的解与最小化问题（24.6）的解相同，除了要将 0 期时所购买的证券 2 的数量由 10 单位改为 9 单位。该资产组合策略在 0 期的价格为 0.27。其收益为 $(0,0,1,1,0,0)$，它是小于等于 z^* 的收益中最大的一个。 □

与两期证券市场中一样，在多期证券市场下，严格为正（为正）的估价泛函也与某个由个体的 0 期消费与各期消费之间的边际替代率所确定的均衡收益定价泛函密切相关。如果个体的均衡消费位于内点，并且该个体的效用函数严格递增（递增），则边际替代率 244
所构成的向量 $\{\partial_\zeta u/\partial_{\zeta_0}u\}$ 定义了一个严格为正（为正）的估价泛函。该估价泛函将值 $\sum_{\zeta\in\Xi} z(\xi)(\partial_\zeta u/\partial_{\zeta_0}u)$ 赋给了一个依存权益 $z\in\Re^k$。

24.3 估价泛函的唯一性

由收益定价泛函延拓而成的估价泛函通常并不是唯一的。如果市场是不完备的，则对于任意不在资产张成上的依存权益，均存在一个值的连续统（continuum），该连续统上的任何一个值均对应着收益定价泛函的一个严格为正的延拓。如果市场是动态完备的，资产张成 $M(p)$ 便等于依存权益空间 $\Re^k$ ，而收益定价泛函也与估价泛函合而为一。于是有：

定理 24.3.1 假定证券价格排除了套利，则当且仅当存在唯一、严格为正的估价泛函时，证券市场是动态完备的。

曾在 24.2 节中指出过：当证券价格是均衡价格时，一个个体的边际替代率便定义了一个估价泛函。如果市场是不完备的，则对于不同的个体，这些边际替代率也都各不相同，随之也便确定了大量不同的估价泛函。如果市场是动态完备的，则由边际替代率只能得出唯一的估价泛函，因为所有个体的边际替代率都相等。 □

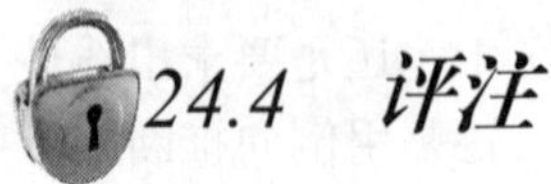

24.4 评注

估价泛函最早由 Harrison and Kreps[1] 引入到多期证券市场中（包括连续时间市场）。本章中据以得出估价泛函的方法与第 5 章中所给出的方法同出一辙，均源自 Clark[2]。

参考文献

1．Harrison, J.M. and Kreps, D.M. Martingales and arbitrage in multiperiod securities markets. Journal of Economic Theory, 20:381-408, 1979.

2．Clark, S.A. The valuation problem in arbitrage price theory. Journal of Mathematical Economics, 22:463-478, 1993.

第 8 篇

证券价格的鞅性质

第25章 事件价格、风险中性概率和定价核

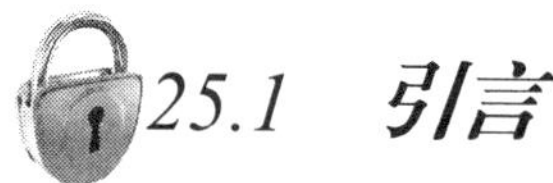

25.1 引言

本章将会给出两个密切相关的估价泛函的表达形式，一个通过事件价格，另一个通 247
过风险中性概率。除此之外，还要给出收益定价泛函的一个定价核表达式。这几个表达式均类似于第 6 章和第 17 章中所给出两期模型中的估价泛函和收益定价泛函的表达式。

多期模型中的事件价格正好对应于两期模型中的状态价格，严格为正（为正）的事件价格对应着无套利（强套利）。唯一的事件价格则对应着市场是动态完备的。多期模型中的事件价格可作为一个线性方程组的解而求出。一旦事件价格已知，则任意收益的价格都能确定，根本不必找出能带来该收益的资产组合策略。

风险中性概率其实是经折现因子重估之后的事件价格。而定价核的存在性则源自黎兹表示定理。

25.2 事件价格

如果证券市场是动态完备的，则收益定价泛函 q 定义在整个依存权益空间 $\Re^k$ 上，并且事件价格 $q(\xi)$ 可被定义为阿罗证券 $e(\xi)$ 的价格 $q[e(\xi)]$（参见第 23 章）。如果证券市场是不完备的，则资产张成是依存权益空间的一个真子空间，且总有一些阿罗证券是无法通过收益定价泛函来定价的。金融学基本定理 24.2.1（24.2.2）蕴涵着：如果证券价格排除了套利（强套利），则收益定价泛函可被延拓为一个严格为正（为正）的估价泛函；该
估价泛函定义在整个依存权益空间上，此时事件价格可通过估价泛函来定义。 248

令 Q 是一个估价泛函，并且令

$$q(\xi) \equiv Q[e(\xi)] \tag{25.1}$$

对于所有的 $\xi \in \Xi$ 均成立。其中 $e(\xi)$ 是事件 ξ 所对应的 $\Re^k$ 上的单位向量，亦即它是事件 ξ 所对应的阿罗证券的红利。而 $q(\xi)$ 则是事件 ξ 在估价泛函 Q 下的事件价格（event price）。如果 Q 是一个严格为正（为正）的泛函，则每个事件价格均严格为正（为正）。

由于每个依存权益 $z \in \Re^k$ 均可表示为 $z = \sum_{\xi \in \Xi} z(\xi)e(\xi)$，因而有：

$$Q(z) = \sum_{\xi \in \Xi} Q[e(\xi)]z(\xi) = qz \tag{25.2}$$

式（25.2）中的 q 表示的是一个事件价格向量。此时，方程

$$Q(z) = qz \tag{25.3}$$

是以事件价格的形式表示的估价泛函。对于收益 $z \in \mathrm{M}(p)$，有：

$$q(z) = qz \tag{25.4}$$

因此，无须找出某一收益所对应的资产组合策略，便能通过事件价格来给该收益定价。

与动态完备市场一样（参见 23.4 节），不完备市场下的事件价格也可视作是线性方程组式（23.5）的一组正解。为揭示这一点，来考虑这样一个资产组合策略：在 $t \geqslant 1$ 时的事件 ξ_t 下买入一单位的证券 j，并在随后的每一个 $t+1$ 期的紧接后续事件 $\xi_{t+1} \subset \xi_t$ 下均将其卖出。用 $\hat{h}$ 来表示该资产组合策略，于是有：$z(\hat{h}, p)(\xi_t) = -p_j(\xi_t)$；对于 $\xi_{t+1} \subset \xi_t$，有 $z(\hat{h}, p)(\xi_{t+1}) = p_j(\xi_{t+1}) + x_j(\xi_{t+1})$；对于所有其他事件 ς，均有 $z(\hat{h}, p)(\varsigma) = 0$。由于 $\hat{h}(\xi_0) = 0$，于是有 $q[z(\hat{h}, p)] = p(\xi_0)\hat{h}(\xi_0) = 0$。将式（25.4）运用于收益 $z(\hat{h}, p)$，有

$$q(\xi_t)p_j(\xi_t) = \sum_{\xi_{t+1} \subset \xi_t} q(\xi_{t+1})[p_j(\xi_{t+1}) + x_j(\xi_{t+1})] \tag{25.5}$$

在 $t \geqslant 1$ 的任意事件 $\xi_t \in F_t$ 下，式（25.5）对于所有的证券 j 均成立。如果令 $q(\xi_0)$ 等于 1，通过类似的论证过程，还能得出式（25.5）在 0 期时也成立。

式（25.5）与动态完备市场中的式（23.5）是一样的。如今有 J 个方程，其中有 $k(\xi_t)$ 个未知量 $q(\xi_{t+1})/q(\xi_t)$。我们刚刚论证了与估价泛函相对应的事件价格是式（25.5）的一组解。一个正估价泛函定义了一组正解，一个严格正的估价泛函定义了一组严格正的解。如果市场是不完备的，则有大量的估价泛函存在（参见定理 24.3.1），此时式（25.5）有
249 许多组解。

定理 25.2.1 当且仅当式（25.5）存在一组严格正的解时，存在一个严格为正的估价泛函。每一组严格为正的解 q 均通过 $Q(z) = qz$ 定义了一个严格为正的估价泛函 Q。

证明： 必要性的证明已在前面给出，现在来证明充分性。假如 q 是式（25.5）的一组严格为正的解。则由 $Q(z) = qz$ 所定义的泛函 Q 是一个严格为正的线性泛函。运用式（25.5），就能得出：如果 $z \in M(p)$，则存在某资产组合 h，使得 $z = z(h, p)$，于是有

$qz = p_0 h_0$。因而，$Q(z) = p_0 h_0$；也就是说，Q 和收益定价泛函在 $M(p)$ 上相重合。因而，Q 是一个估价泛函。 □

类似地还有：

定理 25.2.2　当且仅当式（25.5）存在一组正解时，存在一个正估价泛函。并且，每一组正解 q 均通过 $Q(z) = qz$ 定义了一个正估价泛函 Q。

定理 25.2.1 和定理 25.2.2 说明式（25.5）给出了事件价格的一个完整刻画。因此，事件价格可通过该方程组的一组正（严格为正的）解来等价定义。于是，金融学基本定理可被重新表述为：当且仅当式（25.5）存在一组严格为正（为正）的解时，证券价格排除了套利（强套利）。

如果证券价格是均衡价格，则位于内点的个体消费的边际替代率向量定义了一个（非常明确的）事件价格向量（参见 24.2 节）。

例 25.2.3　在例 24.2.3 中，式（25.5）可写为以下形式：

$$q(\xi_{gg}) + q(\xi_{gb}) = 0.9q(\xi_g) \tag{25.6}$$

$$q(\xi_{bg}) + q(\xi_{bb}) = 0.8q(\xi_b) \tag{25.7}$$

$$q(\xi_g) + q(\xi_b) = 0.9 \tag{25.8}$$

$$0.9q(\xi_g) + 0.8q(\xi_b) = 0.75 \tag{25.9}$$

这几个方程确定了唯一的一组 1 期事件价格：$q(\xi_g) = 0.3$，$q(\xi_b) = 0.6$。不过，此时 2 期事件价格则是以下两个由式（25.6）及式（25.7）变形而来的方程的任意正（严格为正的）解：

$$q(\xi_{gg}) + q(\xi_{gb}) = 0.27 \tag{25.10}$$

$$q(\xi_{bg}) + q(\xi_{bb}) = 0.48 \tag{25.11}$$

严格为正的事件价格的存在性对应着无套利。而不存在唯一的事件价格则对应着市场是不完备的。 □ 250

25.3　无风险回报和折现因子

证券 j 在事件 ξ_{t+1} 下的**单期回报（one-period return）**为该证券在事件 ξ_{t+1} 下的单期收益（附红利）与其直接前接事件 ξ_t（亦即 $\xi_t \equiv \xi_{t+1}^-$）的价格之商。

$$r_j(\xi_{t+1}) \equiv \frac{p_j(\xi_{t+1}) + x_j(\xi_{t+1})}{p_j(\xi_t)} \tag{25.12}$$

用 $r_{j,t+1}$ 表示证券 j 在 $t+1$ 期的单期回报。

如果对于 t 期前接事件相同的任意两个 $t+1$ 期事件，它们的单期回报均相同，便称该 ξ_{t+1} 期的单期回报是**无风险（risk-free）**的。用 $\overline{r}_{t+1}$ 表示于事件 ξ_{t+1} 下所实现的单期无风险回报。由 $\overline{r}(\xi_{t+1})$ 的定义可知，只要存在 ξ_t 使得 $\xi_{t+1}\subset\xi_t$，$\overline{r}(\xi_{t+1})$ 便不依赖于事件 ξ_{t+1}；不过，$\overline{r}(\xi_{t+1})$ 当然依旧依赖于 ξ_t。换句话说，作为一个关于状态的函数，$\overline{r}_{t+1}$ 是关于 F_t 可测的。

在 $t+1$ 期具有单期无风险回报的证券有：于 t 期发行的单期无风险债券，于 0 期发行并于 $t+1$ 期到期的折价债券。以后会经常假设在所有各期的任意事件下均存在一个具有单期无风险回报的证券（或资产组合）。

如果在所有各期的任意事件下，均存在一个具有严格为正的单期回报的证券（或资产组合），那就可以将事件 ξ_t 所对应的累积无风险回报定义为该事件的**折现因子（discount factor）**：

$$\rho(\xi_t)\equiv\prod_{\tau=1}^{t}[\overline{r}(\xi_\tau)]^{-1}\text{，}\quad t=1,\cdots,T \tag{25.13}$$

式（25.13）中的 ξ_τ 是事件 ξ_t 位于 τ 期的前接事件，亦即 $\xi_\tau\supset\xi_t$。请注意，对于任意两个 $t-1$ 期前接事件相同的 t 期事件，$\rho(\xi_t)$ 的值也相同；亦即，ρ_t 是关于 F_{t-1} 可测的。与前面一样，也令 $\rho(\xi_0)\equiv 1$。由式（25.13）可以得到：

$$\rho(\xi_t)=\overline{r}(\xi_{t+1})\rho(\xi_{t+1}) \tag{25.14}$$

后面会用到式（25.14）。

25.4 风险中性概率

将 T 期事件 ξ_T 的事件价格与折现因子之商定义为 T 期事件 ξ_T 的**风险中性概率（risk-neutral probability）**：

$$\pi^*(\xi_T)\equiv\frac{q(\xi_T)}{\rho(\xi_T)} \tag{25.15}$$

将 $t<T$ 时的 t 期事件 ξ_t 的风险中性概率定义为：

$$\pi^*(\xi_t)\equiv\sum_{\xi_T\subset\xi_t}\pi^*(\xi_T) \tag{25.16}$$

251 当且仅当事件价格严格为正（为正）时，风险中性概率才严格为正（为正）。

任意事件 ξ_t 的风险中性概率均满足：

$$\pi^*(\xi_t)=\frac{q(\xi_t)}{\rho(\xi_t)} \tag{25.17}$$

现在来证明这一结论。首先，由定义（25.15）可知，对于 T 期事件，式（25.17）显然成立。在 $t<T$ 时，将式（25.15）带入到式（25.16）的右端，可得：

$$\pi^*(\xi_t)=\sum_{\xi_T\subset\xi_t}\frac{q(\xi_T)}{\rho(\xi_T)} \tag{25.18}$$

将式（25.5）运用于事件 ξ_t 下的无风险证券，便能得到：

$$q(\xi_t)=\sum_{\xi_{t+1}\subset\xi_t}\bar{r}(\xi_{t+1})q(\xi_{t+1}) \tag{25.19}$$

将式（25.19）中的 $\bar{r}(\xi_{t+1})$ 替换为 $\rho(\xi_t)/\rho(\xi_{t+1})$（参见式（25.14）），并用式（25.19）进行不断迭代，便得到了：

$$q(\xi_t)=\sum_{\xi_T\subset\xi_t}\frac{\rho(\xi_t)}{\rho(\xi_T)}q(\xi_T) \tag{25.20}$$

由式（25.18）和式（25.20）即可得出式（25.17）。

对于 0 期事件 ξ_0，式（25.17）表示：

$$\pi^*(\xi_0)=\frac{q(\xi_0)}{\rho(\xi_0)}=1 \tag{25.21}$$

由于 $\pi^*(\xi_0)=\sum_{\xi_T\subset\xi_0}\pi^*(\xi_T)$，式（25.21）蕴涵着 π^* 实际上是一个概率测度。

式（25.17）告诉我们风险中性概率其实是经过重估之后的事件价格。严格为正（为正）的风险中性概率的存在性便等价于证券价格排除了套利（强套利）。而这些也都是金融学基本定理的另一种表述而已。更进一步有：当且仅当市场是动态完备市场时，风险中性概率具有唯一性。

如果风险中性概率严格为正，则事件 $\xi_{t+1}\subset\xi_t$ 所对应的条件概率可被定义为：

$$\pi^*(\xi_{t+1}|\xi_t)\equiv\frac{\pi^*(\xi_{t+1})}{\pi^*(\xi_t)} \tag{25.22}$$

由式（25.17）和（25.14）可知：

$$\pi^*(\xi_{t+1}|\xi_t)=\frac{q(\xi_{t+1})}{q(\xi_t)}\bar{r}(\xi_{t+1}) \tag{25.23}$$

将式（25.23）代入到式（25.5）中，便得到了： 252

$$p_j(\xi_t)=[\bar{r}(\xi_{t+1})]^{-1}\sum_{\xi_{t+1}\subset\xi_t}\pi^*(\xi_{t+1}|\xi_t)[p_j(\xi_{t+1})+x_j(\xi_{t+1})] \tag{25.24}$$

式（25.24）对于所有非终点事件 ξ_t 下的任何证券 j 均成立。它给出了风险中性概率的一

个完整刻画。它们可被用于计算条件风险中性概率。运用 $\pi^*(\xi_0)=1$，并对式（25.22）的变换形式 $\pi^*(\xi_{t+1})=\pi^*(\xi_{t+1}|\xi_t)\cdot\pi^*(\xi_t)$ 进行不断迭代，便能得出边际风险中性概率。

25.5 风险中性概率下的期望回报

与两期情形中一样，在给定了风险中性概率之后，便可以将状态集 S 视作一个概率空间。S 上的所有可测函数，例如 t 期消费计划、资产组合策略、证券价格、红利等（参见 21.2 节），均可看作是随机变量。

而随机变量的期望值，如证券 j 在 t 期的单期回报 r_{jt} 相对于风险中性概率 π^* 的期望值可表示为 $E^*(r_{jt})$。其中的星号“*”表示该期望是相对于概率 π^* 的期望。在后面的几节中也会用 $E(r_{jt})$ 来表示相对于“自然概率”π（它反映了各个个体对各状态的主观信念）的期望。

用 $E^*(r_{j,t+1}|\xi_t)$ 表示在概率 π^* 下，$r_{j,t+1}$ 相对于事件 ξ_t 的条件期望，它是一个标量。因此

$$E^*(r_{j,t+1}|\xi_t)\equiv\sum_{\xi_{t+1}\subset\xi_t}\pi^*(\xi_{t+1}|\xi_t)r_j(\xi_{t+1}) \tag{25.25}$$

用 $E_t^*(r_{j,t+1})$ 表示 $r_{j,t+1}$ 相对于 F_t 的条件期望，它是一个在事件 ξ_t 下取值为 $E^*(r_{j,t+1}|\xi_t)$ 的 F_t 可测随机变量。

运用条件期望的表示方式，可以将式（25.24）改写为：

$$p_{jt}=(\overline{r}_{t+1})^{-1}E_t^*(p_{j,t+1}+x_{j,t+1}) \tag{25.26}$$

因而，证券 j 的 t 期价格恰好等于经单期无风险回报折现之后的单期收益的条件期望，该期望是相对于风险中性概率的期望。式（25.26）也可以写为回报的形式：

$$\overline{r}_{t+1}=E_t^*(r_{j,t+1}) \tag{25.27}$$

因此，所有证券的单期回报的条件期望均等于单期无风险回报，该期望是相对于风险中性
253 性概率而求出的。

例 25.5.1 在例 24.2.3 中，单期无风险回报为：$\overline{r}_1(\xi_0)=1/p(\xi_0)=1.11$，$\overline{r}_2(\xi_g)=1/p(\xi_g)=1.11$，$\overline{r}_2(\xi_b)=1/p(\xi_b)=1.25$。折现因子为：$\rho(\xi_{gg})=\rho(\xi_{gb})=0.81$，$\rho(\xi_{bb})=\rho(\xi_{bg})=0.72$，$\rho(\xi_g)=\rho(\xi_b)=0.9$。

风险中性概率可通过式（25.24）而求出。因为已经在例 25.2.3 中算出了事件价格，

因而可以通过式（25.24）而由事件价格得出风险中性概率。例 25.2.3 中得出的事件价格集为：$q(\xi_{\mathrm{gg}})=0.05$，$q(\xi_{\mathrm{gb}})=0.22$，$q(\xi_{\mathrm{bg}})=0.18$，$q(\xi_{\mathrm{bb}})=0.3$，$q(\xi_{\mathrm{g}})=0.3$，$q(\xi_{\mathrm{b}})=0.6$。其对应的风险中性概率为：

$$\pi^*(\xi_{\mathrm{g}})=\frac{q(\xi_{\mathrm{g}})}{\rho(\xi_{\mathrm{g}})}=0.33 \quad , \quad \pi^*(\xi_{\mathrm{b}})=\frac{q(\xi_{\mathrm{b}})}{\rho(\xi_{\mathrm{b}})}=0.67 \tag{25.28}$$

$$\pi^*(\xi_{\mathrm{gg}})=\frac{q(\xi_{\mathrm{gg}})}{\rho(\xi_{\mathrm{gg}})}=0.061 \quad , \quad \pi^*(\xi_{\mathrm{gb}})=\frac{q(\xi_{\mathrm{gb}})}{\rho(\xi_{\mathrm{gb}})}=0.272 \tag{25.29}$$

$$\pi^*(\xi_{\mathrm{bg}})=\frac{q(\xi_{\mathrm{bg}})}{\rho(\xi_{\mathrm{bg}})}=0.25 \quad , \quad \pi^*(\xi_{\mathrm{bb}})=\frac{q(\xi_{\mathrm{bb}})}{\rho(\xi_{\mathrm{bb}})}=0.417 \tag{25.30}$$

请注意，下面三个式也成立：

$$\pi^*(\xi_{\mathrm{gg}})+\pi^*(\xi_{\mathrm{gb}})+\pi^*(\xi_{\mathrm{bg}})+\pi^*(\xi_{\mathrm{bb}})=1 \tag{25.31}$$

$$\pi^*(\xi_{\mathrm{gg}})+\pi^*(\xi_{\mathrm{gb}})=\pi^*(\xi_{\mathrm{g}}) \quad , \quad \pi^*(\xi_{\mathrm{bg}})+\pi^*(\xi_{\mathrm{bb}})=\pi^*(\xi_{\mathrm{b}}) \tag{25.32}$$

□

25.6　风险中性估值

将风险中性概率（25.24）代入到式（25.3）中，得

$$Q(z)=\sum_{t=1}^{T}E^*(\rho_t z_t) \tag{25.33}$$

式（25.33）对于任意依存权益 $z=(z_1,\cdots,z_T)\in\Re^k$ 均成立。它即为估价泛函在风险中性概率下的表达式。某一依存权益的价值等于其对风险中性概率的折现期望收益之和。特别地，对于 $z\in M(p)$，有：

$$q(z)=\sum_{t=1}^{T}E^*(\rho_t z_t) \tag{25.34}$$

例 25.6.1（二项期权定价）　23.5 节中曾指出过，在 0 期与 t 期之间的累计下行次数 254
为 l 的 t 期事件的事件价格为 $[\frac{u-\overline{r}}{\overline{r}(u-d)}]^l[\frac{\overline{r}-d}{\overline{r}(u-d)}]^{t-l}$，并且 t 期的折现因子 $\rho_t(\overline{r})^{-t}$ 是确定性的。于是，式（25.17）蕴涵着风险中性概率为 $[\frac{u-\overline{r}}{u-d}]^l[\frac{\overline{r}-d}{u-d}]^{t-l}$。由于在 0 期到 t 期之间共有 $\begin{pmatrix} t \\ l \end{pmatrix}$ 个状态是下行的，且有

$$\sum_{l=0}^{t}\binom{t}{l}\left(\frac{u-\bar{r}}{u-d}\right)^{l}\left(\frac{\bar{r}-d}{u-d}\right)^{t-l}=1 \tag{25.35}$$

故而对于任意的t期，所有t期事件的风险中性概率之和为 1。

由于双证券市场（binomial security markets）是动态完备的，因而所有的依存权益均在资产张成上，并且都可以通过收益定价泛函来加以定价。对于一个标的证券为股票、于T期到期执行价为k的欧式买权（European call option），其T期的收益为$\max\{u^{T-l}d^{l}-k,0\}$（它依赖于 0 期到T期之间的累计下行次数），它在其他各期的收益均为 0。运用式（25.34）以及 23.5 节所给出的风险中性概率，便可求出该期权的 0 期价格：

$$\sum_{l=0}^{T}\binom{T}{l}\frac{1}{(\bar{r})^{T}}\max\{u^{T-l}d^{l}-k,0\}\left(\frac{u-\bar{r}}{u-d}\right)^{l}\left(\frac{\bar{r}-d}{u-d}\right)^{T-l} \tag{25.36}$$

该式即为二项期权的定价方程式。 □

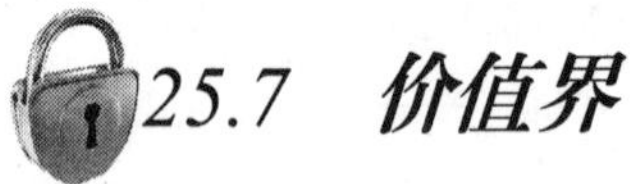

25.7 价值界

多期依存权益的价值的上界和下界（参见式（24.3）和式（24.4））可通过事件价格和风险中性概率而得出。对于依存权益$z\in\Re^{k}$，有：

$$q_u(z)=\max_{q}\{qz\} \tag{25.37}$$

和

$$q_l(z)=\min_{q}\{qz\} \tag{25.38}$$

其中，最大值和最小值是相对于所有“正事件价格向量”而求出的；亦即是相对于式（25.5）的正解的。如果z在资产张成$M(p)$上，则qz的值对于所有的正事件价格向量均相同，此时上界$q_u(z)$和下界$q_l(z)$都等于价格$q(z)$。

如果将事件价格替换为风险中性概率，便可以将价值界改写为：

$$q_u(z)=\max_{\pi^*}\sum_{t=1}^{T}E^*(\rho_t z_t) \tag{25.39}$$

255 和

$$q_l(z)=\min_{\pi^*}\sum_{t=1}^{T}E^*(\rho_t z_t) \tag{25.40}$$

式（25.39）和（25.40）中的最大值、最小值是相对于风险中性概率而求出的。

上面几个表达式与两期模型中的相应表达式相类似（参见 6.5 节）。

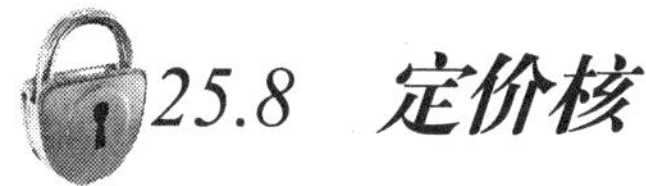

25.8 定价核

第 17 章中用黎兹表示定理给出了：在两期模型中，存在唯一可作为定价核的收益 k_q，使得任意收益 z 的价格均可表示为 $E(k_q z)$ 的形式，其中的期望是相对于自然概率 π 的期望。自然概率反映了各个个体对各状态的主观信念；特别地，它们可以通过期望效用的公理体系（the axioms of expected utility）而得出来。

与两期模型中一样，也用 π 表示多期模型中的自然概率，用 E 表示相对于自然概率的期望。在多期证券市场中，定价核乃是资产张成 $M(p)$ 上的收益定价泛函 q 在内积 $z \cdot y = \sum_{t=1}^{T} E(z_t y_t)$ 下的黎兹表示。因此，定价核 k_q 是 $M(p)$ 上的一个收益（亦即 $k_q \in M(p)$），该收益对于任意 $z \in M(p)$ 均满足：

$$q(z) = \sum_{t=1}^{T} E(k_{qt} z_t) \tag{25.41}$$

写成关于事件的形式，则式（25.41）可表示为：

$$q(z) = \sum_{\xi \in \Xi} \pi(\xi) k_q(\xi) z(\xi) \tag{25.42}$$

式（25.42）对所有 $z \in M(p)$ 均成立。

将式（25.42）应用于由“在事件 ξ_t 下买入 1 单位的证券，并在每个后续事件 ξ_{t+1} 下均将其售出”（参见 25.2 节）所确定的资产组合策略，于是有：对于事件 ξ_t 下的任意证券 j，定价核满足等式：

$$k_q(\xi_t) p_j(\xi_t) = \sum_{\xi_{t+1} \subset \xi_t} \pi(\xi_{t+1} | \xi_t) k_q(\xi_{t+1}) [p_j(\xi_{t+1}) + x_j(\xi_{t+1})] \tag{25.43}$$

与前面一样，式（25.43）也可表示为：

$$k_{qt} p_{jt} = E_t[k_{q,t+1}(p_{j,t+1} + x_{j,t+1})] \tag{25.44}$$

如果写成单期回报的形式，式（25.44）还可表示为：

$$k_{qt} = E_t(k_{q,t+1} r_{j,t+1}) \tag{25.45}$$

式（25.45）对于任意证券 j 都成立。特别地，如果存在一个具有单期无风险回报 $\bar{r}_{t+1}$ 的证 256
券（资产组合），则：

$$k_{qt} = \bar{r}_{t+1} E_t(k_{q,t+1}) \tag{25.46}$$

动态完备市场下的定价核为：

$$k_q(\xi)=\frac{q(\xi)}{\pi(\xi)} \tag{25.47}$$

为揭示这一点，可以将式（25.47）带入到式（25.42）的右端，于是得到$\sum_{\xi\in\Xi}q(\xi)z(\xi)$，而它正好等于$q(z)$。因此，在动态完备市场下，定价核等于经概率重估之后的事件价格。

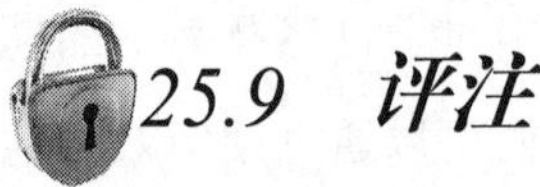

25.9　评注

事件价格、风险中性概率和定价核都可以用来计算收益价格，具体用哪一个，就看谁用起来方便了。不过，当遇到衍生证券时，如果用风险中性概率来算，那会方便很多。那是因为风险中性概率可直接用于计算“所求收益的复制资产组合”的价格。相比而言，在经验工作（empirical work）中，定价核却是最常用的方法。运用金融数据，我们可以构造出许许多多的估计量，例如自然概率下的回报的方差与协方差，这就意味着用这些估计量来计算要远比用风险中性概率来计算方便许多。

有时我们也会使用定价核的倒数，而不直接用它。这时，在求收益价格时，我们便要用所需定价的收益除以它（定价核的倒数），而不是乘以它（定价核）了。定价核的倒数的正式金融学术语是 **deflator**。不过，有些作者（如 Duffie[1]）用和我们一样的方法来定义定价核（而不是将它定义为我们所定义的定价核的倒数），却又通篇都将它视作是一个 deflator。

最早对风险中性概率和事件价格进行分析的有 Harrison and Kreps[2]、Cox and Ross[3]、Cox,Ross and Rubinstein[4] 和 Rubinstein[5]。

“在任意各期，均存在一个具有单期无风险回报的证券”的假设（参见 25.4 节）其实是无关紧要的。如果没有资产组合具有无风险回报，我们也可以用其他具有正的单期回报的任何（带有风险的）证券（或资产组合）来证明 25.4 节中的相关结论。此时，我们不能再用累积无风险回报来重估（rescale）事件价格，但我们可以将一个在所有事件下均具有严格为正的收益的资产组合策略定义为**随机贴现因子（deflator）**，并运用该随机贴现因子来重估（rescale）事件价格。每个不同的随机贴现因子，均各自定义了一个风险中
257 性概率集。不同的随机贴现因子所对应的风险中性概率集是互不相同的。

参考文献

1．Duffie, D. Dynamic Asset Pricing Theory, Second Edition. Princeton University Press, Princeton, N. J., 1996.

2. Harrison, J.M. and Kreps, D.M. Martingales and arbitrage in multiperiod securities markets. Journal of Economic Theory, 20:381-408, 1979.

3. Cox, J.C. and Ross, S.A. The valuation of options for alternative stochastic processes. Journal of Financial Economics, 3:145-166, 1976.

4. Cox, J.C., Ross, S.A., and Rubinstein, M. Option pricing: A simplified approach. Journal of Financial Economics, 7:229-263, 1979.

5. Rubinstein, M. The valuation of uncertain income streams and the pricing of options. Bell Journal of Economics, 7:407-425, 1976.

第26章 证券利得的鞅测度

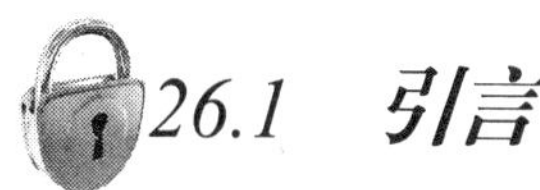

26.1 引言

证券和资产组合的红利有可能会非常的复杂。例如对于股票，上市公司的管理层便 258
对红利缩减有着极大的厌恶。这就意味着，只有在对红利的持续增长极具信心之时，管理层才会决定增发红利。这一决策模式所带来的结果是唯有在经历了很长一段时间的高盈利之后，红利才会开始增长。形同此类的复杂红利模式使得证券和资产组合的各期价格之间存在着非常复杂的跨期依赖关系。

本章将揭示，如果考虑证券或资产组合的利得（下面会给出定义），而非其价格，则这种复杂的跨期依赖关系将消失无踪：证券或资产组合的利得是一个鞅。

下面给出鞅的定义：如果 $\{y_t\}_{t=1}^{T}$ 是 S 上的一个随机变量序列，其中的每一个随机变量 y_t 相对于分割 F_t 都可测，且有：

$$E_t(y_\tau) = y_t \qquad \forall \tau \geqslant t \tag{26.1}$$

其中，E_t 指的是在概率 π 下对 F_t 的条件期望，则称随机变量序列 $\{y_t\}_{t=1}^{T}$ 是概率测度 π 下的一个**鞅（martingale）**。

证券和资产组合的鞅表示（martingale representation）有两种形式：一种是相对于风险中性概率的，另一种是相对于自然概率和定价核的。

在本章中假定对于每个事件，均存在一个具有严格为正的单期无风险回报的证券或资产组合。

26.2 利得和折现利得

于 t 期到期的关于证券 j 的买入并持有策略的收益为：在 $\tau < t$ 的各期时等于红利 $x_{j\tau}$，

在t期时等于$p_{jt}+x_{jt}$。将证券由0期一直持有到t期所获得的利得可通过最终所得到的t期消费的单位数来度量，将其定义为以下两项之和：其一为买入并持有策略在t期所获得的收益，其二为将该策略在t期以前各期的收益均连续不断地进行再投资（所获得的单
259 期回报为单期无风险回报）而获得的t期收益。红利$x_{j\tau}$经连续不断地再投资（以连续不断地赚取单期无风险回报）之后，其在t期的价值为$(\rho_\tau/\rho_t)x_{j\tau}$；其中，$\rho_\tau$是$\tau$期的折现因子。

正式地，将证券j在$t\geqslant 1$时的事件ξ_t下的**利得（gains）**$g_j(\xi_t)$定义为：

$$g_j(\xi_t)\equiv p_j(\xi_t)+[\rho(\xi_t)]^{-1}\sum_{\tau=1}^{t}\rho(\xi_\tau)x_j(\xi_\tau) \tag{26.2}$$

其中，ξ_τ是事件ξ_t在τ期时的前接事件。0期时的利得$g_j(\xi_0)$等于价格$p_j(\xi_0)$。当将事件符号略去之后，式（26.2）就变为：

$$g_{jt}=p_{jt}+\rho_t^{-1}\sum_{\tau=1}^{t}\rho_\tau x_{j\tau} \tag{26.3}$$

式（26.3）在$t\geqslant 1$时均满足，而$g_{j0}=p_{j0}$。

证券j在t期的**折现利得（discounted gain）**指的是：用0期消费的单位数（而非t期消费的单位数）来度量的证券j在t期的利得：

$$d_{jt}\equiv\rho_t g_{jt} \tag{26.4}$$

折现利得等于“t期价格的折现值”与“自0期到t期的所有红利的折现值”之和：

$$d_{jt}=\rho_t p_{jt}+\sum_{\tau=1}^{t}\rho_\tau x_{j\tau} \tag{26.5}$$

0期的折现利得等于p_{j0}。

式（26.5）蕴涵着：

$$d_{j,t+1}-d_{jt}=\rho_{t+1}(x_{j,t+1}+p_{j,t+1})-\rho_t p_{jt} \tag{26.6}$$

因此，在某一期时，折现利得的变化量等于“当期红利的折现值”与“折现价格在当期的变化值”之和。对于（未经折现的）利得有：

$$g_{j,t+1}-\overline{r}_{t+1}g_{jt}=x_{j,t+1}+p_{j,t+1}-\overline{r}_{t+1}p_{jt} \tag{26.7}$$

对于只有在最终一期T时才有红利的证券，其利得等于任意非最终一期的价格（其他各期的利得）或最终一期的红利（T期的利得）；其折现利得等于任意非最终一期的折现价格（其他各期的折现利得）或最终一期的折现红利（T期的折现利得）。

资产策略的利得和折现利得的定义与股票的利得和折现利得的定义是一样的。于是，某一资产组合策略在$t\geqslant 1$时的利得等于“t期收益”与“将以前各期的收益循环投资（以

获得无风险回报）所得价值”之和；亦即：

$$g_t(h) \equiv p_t h_t + \rho_t^{-1} \sum_{\tau=1}^{t} \rho_\tau z_\tau(h, p) \tag{26.8}$$

资产组合策略的折现利得为： 260

$$d_t(h) \equiv \rho_t p_t h_t + \sum_{\tau=1}^{t} \rho_\tau z_\tau(h, p) \tag{26.9}$$

0 期的利得及折现利得为 $g_0(h) = d_0(h) = p_0 h_0$ 。

如果存在风险中性概率或自然概率，则利得和折现利得还是适应于信息滤子 $\{F_t\}$ 的随机变量。

26.3　折现利得的鞅等价

证券和资产组合策略的折现利得是一个鞅。

定理 26.3.1　在风险中性概率下，任意证券的折现利得都是一个鞅。亦即：

$$E_t^*(d_{j\tau}) = d_{jt}, \quad \forall \tau \geqslant t \quad , \quad \forall j \tag{26.10}$$

进一步，在风险中性概率下，任意资产组合策略的利得依然是一个鞅。

证明：在式（25.26）两端同时乘以折现因子 ρ_t ，于是有：

$$\rho_t p_{jt} = \rho_{t+1} E_t^*(x_{j,t+1} + p_{j,t+1}) \tag{26.11}$$

由于 $E_t^*(\rho_t p_{jt}) = \rho_t p_{jt}$ ，于是式（26.11）蕴涵着：

$$E_t^*[\rho_{t+1}(x_{j,t+1} + p_{j,t+1}) - \rho_t p_{jt}] = 0 \tag{26.12}$$

由式（26.6）和式（26.12），对于任意 $\tau < T$ ，都有：

$$E_t^*(d_{j,t+1} - d_{jt}) = 0 \tag{26.13}$$

或

$$E_t^*(d_{j,t+1}) = d_{jt} \tag{26.14}$$

式（26.14）之所以成立，是因为 $E_t^*(d_{j,t}) = d_{jt}$ 。

经过迭代替换，便能由式（26.14）而得出式（26.10）。

上面所给出的关于式（26.10）的推导过程对资产组合策略也同样适用，而不仅仅只适用于单个证券。 □

由于 E_0^* 是 E^* 相对于 π^* 的无条件期望，因而对于任意 τ ，鞅性质（26.10）蕴涵着：

$$E^*(d_{j\tau}) = d_{j0} = p_{j0} \tag{26.15}$$

261 因此，当对风险中性概率取期望时，证券在任何一期时的期望折现利得（expected discounted gain）都等于该证券在 0 期时价格。这一结论对于任意资产组合策略也都成立。

对于只在最终一期 T 时才有红利的证券，式（26.10）意味着 $\tau < T$ 时的折现价格都有着鞅性质；亦即，$\rho_t p_{jt} = E_t^*(\rho_\tau p_{j\tau})$ 对于所有 $\tau \geqslant t$，$\tau < T$ 均成立。进而，对于任意 $t < T$，均有 $\rho_t p_{jt} = E_t^*(\rho_T x_{jT})$。

例 26.3.2 例 24.2.3 中的证券 1（1 期债券）在 1 期的两个事件下的折现利得为 $d_1(\xi_{\rm g}) = d_1(\xi_{\rm b}) = 0.9$，其在 2 期的折现因子为 $d_{12} = 0$。对于证券 2（2 期债券），其折现因子为：$d_2(\xi_{\rm gg}) = d_2(\xi_{\rm gb}) = 0.81$，$d_2(\xi_{\rm bg}) = d_2(\xi_{\rm bb}) = 0.72$，$d_2(\xi_{\rm g}) = 0.81$ 和 $d_2(\xi_{\rm b}) = 0.72$。读者可以自行验算一下，看看这两种证券的折现利得在风险中性概率（在例 25.5.1 中业已给出）下是否满足鞅性质（式（26.14））。 □

26.4 利得的鞅等价

证券或资产组合策略的利得与定价核的内积也是一个鞅。

定理 26.4.1 任意证券的利得与定价核在自然概率下的内积都是一个鞅，即：

$$E_t(g_{j\tau}k_{q\tau}) = g_{jt}k_{qt}, \quad \forall \tau \geqslant t, \quad \forall j \tag{26.16}$$

进一步，任意资产组合策略的利得与定价核在自然概率下的内积也是一个鞅。

证明：式（25.44）和式（25.46）蕴涵着：

$$E_t[k_{q,t+1}(x_{j,t+1} + p_{j,t+1} - \overline{r}_{t+1}p_{jt})] = 0 \tag{26.17}$$

运用式（26.7）和式（26.17）有：

$$E_t[k_{q,t+1}(g_{j,t+1} - \overline{r}_{t+1}g_{jt})] = 0 \tag{26.18}$$

由式（25.46）可知，式（26.18）蕴涵着：

$$E_t(g_{j,t+1}k_{q,t+1}) = g_{jt}k_{qt} \tag{26.19}$$

经过迭代替换，便能得到式（26.16）。

上述关于式（26.16）的推导也适用于任意资产组合策略，而不仅仅只适用于单种证券。

□

鞅性质（26.16）蕴涵着对任意 τ，均有：

$$E(k_{q\tau}g_{j\tau}) = g_{j0} = p_{j0} \tag{26.20}$$

262 由于 $E(k_{q\tau}g_{j\tau})$ 是利得 $g_{j\tau}$ 在 0 期的价格，式（26.20）意味着任意证券的利得在 0 期的价格均等于该证券在 0 期的价格。这一结论对资产组合策略的利得也一样成立。

26.5　评注

“折现利得是风险中性概率下的鞅”这一命题是由 Harrison and Kreps[1] 提出的。“定价核与利得在自然概率下的内积是鞅”则通常归功于 Hansen and Richard[2]。

在关于资本市场有效性的早期文献中，曾经有过这样的表述：当且仅当折现利得是鞅时，资本市场是信息有效的（亦即价格“完全反映了所有可获得的信息”）（可以参见 Samuelson[3]、Fama[4] 等）。

只有当自然概率与风险中性概率相重合时，折现利得才是自然概率下的鞅。而这恰恰就是公平定价时的情形，此时所有个体都是风险中性的。在所引述的文献中，一般都没有明确给出个体具有风险中性的限制条件。LeRoy[5] 给出了一个“个体具有风险厌恶，且证券利得不是自然概率下的鞅”的例子。Lucas[6] 在更一般的设定下给出了同样的结论。

关于资本市场有效性的文献的最新综述，请参见 Fama[7] 和 LeRoy[8]。

在本书中，还看不出将证券和资产组合的价格视作鞅有何作用。在离散时间的设定下，将其表示为鞅的形式其实并无任何显著优势。不过，在连续时间的设定下，鞅可就展现出无穷的威力来了。读者可以自行想象一下，在连续时间下，一个资产组合的利得可被视作历经无限次交易所得的收益之和，而且通常这些交易行为本身也都依赖于证券价格。此时，该资产组合策略的利得一般是通过随机积分（stochastic integration）来求出的，而这一计算过程完全基于以下事实：当无套利存在时，经过测度转换之后证券价格是一个鞅。

关于随机积分的严格处理，请参见 Chung and Williams[9]。连续时间金融方面的权威的教科书为 Duffie[10]。Merton 的论文集 Merton[11] 同样也是有关连续时间金融的一份很好的介绍资料。另外，Baxter and Rennie[12] 也是一本难得的既清晰又极具直观的介绍性的教科书。 263

参考文献

1. Harrison, J.M. and Kreps, D.M. Martingales and arbitrage in multiperiod securities markets. Journal of Economic Theory, 20:381-408, 1979.

2. Hansen, L.P. and Richard, S.F. The role of conditioning information in deducing testable restrictions implied by dynamic asset pricing models. Econometrica, 55:587-613, 1987.

3. Samuelson, P.A. Proof that properly anticipated prices fluctuate randomly. Industrial Management Review, 6:41-49, 1965.

4. Fama, E.F. Efficient capital markets: A review of theory and empirical work. Journal of Finance, 25:283-417, 1970.

5. LeRoy, S.F. Risk aversion and the martingale model of stock prices. International Economic Review, 14:436-446, 1973.

6. Lucas, R.E. Asset prices in an exchange economy. Econometrica, 46:1429-1445, 1978.

7. Fama, E.F. Efficient capital markets: II. Journal of Finance, 46:1575-1617, 1991.

8. LeRoy, S.F. Efficient capital markets and martingales. Journal of Economic Literature, 17:1583-1621, 1989.

9. Chung, K.L. and Williams, R.J. Introduction to Stochastic Calculus. Birkhauser, Boston, 1990.

10. Duffie, D. Dynamic Asset Pricing Theory, Second Edition. Princeton University Press, Princeton, N. J., 1996.

11. Merton, R.C. Continuous-Time Finance. Basil Blackwell, Cambridge, 1990.

12. Baxter, M. and Rennie, A. Financial Calculus. Cambridge University Press, Cambridge, 1996.

第 27 章 基于消费的条件证券定价

27.1 引言

基于消费的证券定价（consumption-based security pricing）将“每一种证券（或资产 264
组合）的风险溢价”与“其回报同某一个体的跨期边际替代率之间的协方差”联系在了一起。

在第 14 章中，在个体效用函数具有期望效用表示的前提下，曾在两期模型下给出了基于消费的证券定价。本章同样也在个体效用函数具有期望效用表示的前提下，给出多期模型下的基于消费的证券定价。

27.2 期望效用

当有多期消费存在时，假定存在一个函数 $V:\Re^{T+1}\to\Re$ 和状态集 S 上的一个概率测度 π，使得：

$$u(c)\geqslant u(c') \qquad \text{当且仅当} \sum_{s=1}^{S}\pi_s V[c(s)]\geqslant\sum_{s=1}^{S}\pi_s V[c'(s)] \tag{27.1}$$

式（27.1）中的消费计划 c 可被理解为 F_t 可测函数 c_t 的一个 $T+1$ 维数组（tuple），其实现值为 $c(s)=[c_0(s),\cdots,c_T(s)]$。如果式（27.1）成立，便称个体的效用函数 $u:\Re^{k+1}\to\Re$ 具有**状态独立的期望效用表示（a state-independent expected utility representation）**。

该期望效用表示中的概率 π 是自然概率。状态集 S 上的每一个可测函数均可被视作是 S 上的概率测度 π 下的一个随机变量。将相对于 π 的期望记为 E。

式（27.1）中的期望效用可以表示为：

$$E[V(c)] \equiv \sum_{s=1}^{S} \pi_s V[c(s)] \tag{27.2}$$

265 函数V是存在多期消费时的冯·诺依曼—摩根斯坦效用函数。V有一个常用的时序可分形式（time-separable form）：

$$V(y) = \sum_{t=0}^{T} \delta^t v(y_t) \tag{27.3}$$

其中，$y = (y_0, \cdots, y_T) \in \Re^{T+1}$，$v: \Re \to \Re$是一个时序不变的单期效用函数（a time-invariant period utility function），δ是一个时序不变的折现因子（a time-invariant discount factor），δ满足$0 < \delta$（通常情况下，δ还得满足$\delta < 1$）。时序可分的冯·诺依曼—摩根斯坦效用函数的期望效用为：

$$E[V(c)] = \sum_{t=0}^{T} \sum_{s \in S} \pi(s) \delta^t v[c_t(s)] \tag{27.4}$$

式（27.4）也可写成：

$$E[V(c)] = \sum_{t=0}^{T} \delta^t E[v(c_t)] \tag{27.5}$$

有时也将式（27.4）写作：

$$E[V(c)] = \sum_{t=0}^{T} \sum_{\xi_t \in F_t} \pi(\xi_t) \delta^t v[c(\xi_t)] \tag{27.6}$$

其中的$\pi(\xi_t) = \sum_{s \in \xi_t} \pi_s$，它是事件$\xi_t$发生的概率。

多期消费计划的偏好期望效用表示的公理体系，类似于 8.8 节中所给出的两期消费的偏好期望效用表示所需的公理体系。

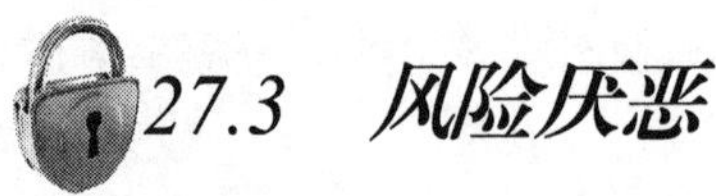

27.3 风险厌恶

我们说一个具有期望效用函数（27.1）的个体是**风险厌恶（risk averse）**的，如果对于任意消费计划c，均有：

$$E[V(c)] \leqslant V[E(c)] \tag{27.7}$$

其中，$E(c)$表示一个确定性的消费计划$[c_0, E(c_1), \cdots, E(c_T)]$。

如果对于任意消费计划c，均有：

$$E[V(c)] = V[E(c)] \tag{27.8}$$

便称该个体是**风险中性（risk neutral）**的。

如果对于任意非确定性的消费计划（nondeterministic consumption plan）c，均有

$$E[V(c)] < V[E(c)] \tag{27.9}$$

便称该个体是**严格风险厌恶（strictly risk averse）**的。 266

在 9.10 节中曾给出过以下结论：对于两期消费下的冯・诺依曼－摩根斯坦效用函数而言，“风险厌恶”便等价于“对于 0 期消费的每一个固定值，冯・诺依曼－摩根斯坦效用函数均是 1 期消费的凹函数”。对于多期消费下的冯・诺依曼－摩根斯坦效用函数，“风险厌恶”则等价于“对于 0 期消费的每一个固定值，冯・诺依曼－摩根斯坦效用函数是自 1 期到 T 期之间的所有各期消费的凹函数”。不过，在本书的后续章节中，我们所说的“风险厌恶”指的是：多期消费（当然也包括 0 期消费）的效用函数 V 相对于所有各期消费均是凹的。

类似地，“风险中性”便等价于“$V(y_0,\cdot)$ 对所有的 y_0 都是线性的”。不过，本书中也作类似处理：“风险中性”指的是 V 对所有各期消费都是线性的。于是，风险中性个体的冯・诺依曼－摩根斯坦效用函数可表示为：

$$V(y) = \sum_{t=0}^{T} \alpha_t y_t \tag{27.10}$$

其中，$y \in \Re^{T+1}$，并且对于所有各期，均有 $\alpha_t > 0$。如果存在时序不变的折现因子，还有 $\alpha_t = \delta^t$。

27.4　条件协方差和条件方差

多期市场中的基于消费的证券定价涉及回报的条件方差和条件协方差。其中，“证券 j 和 k 的单期回报 $r_{j,t+1}$ 与 $r_{k,t+1}$ 之间的条件协方差”便等于“它们的乘积的条件期望减去它们各自的条件期望的乘积”。亦即：

$$\text{cov}_t(r_{j,t+1}, r_{k,t+1}) \equiv E_t(r_{j,t+1} r_{k,t+1}) - E_t(r_{j,t+1}) E_t(r_{k,t+1}) \tag{27.11}$$

而 $r_{j,t+1}$ 与它自身的条件协方差即为 $r_{j,t+1}$ 的条件方差，用 $\text{var}_t(r_{j,t+1})$ 表示。$r_{j,t+1}$ 的条件标准差用 $\sigma_t(r_{j,t+1})$ 表示。

27.5　基于消费的证券定价

具有期望效用函数（27.1）的个体在事件 ξ_t 下的消费的边际效用为：

$$\sum_{s \in \xi_t} \pi_s \partial_t V[c(s)] \tag{27.12}$$

267 其中，$\partial_t V[c(s)]$ 表示冯・诺依曼－摩根斯坦效用函数 V 对 t 期消费的偏导数。表达式（27.12）揭示了：如果不具有时序可分性，则任意一期消费的边际期望效用均依赖于所有各期的消费。式（27.12）也可改写为：

$$\pi(\xi_t) E(\partial_t V | \xi_t) \tag{27.13}$$

其中，$\partial_t V$ 可被视作是一个取值为 $\partial_t V[c(s)]$ 的随机变量。

运用式（27.13），则对于任意证券 j 及 $t < T$ 时的任意事件 ξ_t，都可以将期望效用下的消费－资产组合选择问题的一阶条件（21.16）表示为：

$$p_j(\xi_t) E(\partial_t V | \xi_t) = E[(p_{j,t+1} + x_{j,t+1}) \partial_{t+1} V | \xi_t] \tag{27.14}$$

略去用以表示事件的符号后，式（27.14）就变为：

$$p_{jt} E_t(\partial_t V) = E_t[(p_{j,t+1} + x_{j,t+1}) \partial_{t+1} V] \tag{27.15}$$

对于任意证券 j，还可以将式（27.15）改写为回报形式：

$$E_t(\partial_t V) = E_t(r_{j,t+1} \partial_{t+1} V) \tag{27.16}$$

假定在 t 期（$0 \leqslant t \leqslant T$）的任意事件下均存在一个具有单期无风险回报 $\overline{r}_{t+1}$ 的证券（或资产组合），于是可以将式（27.16）用于该无风险证券，得：

$$\overline{r}_{t+1} = \frac{E_t(\partial_t V)}{E_t(\partial_{t+1} V)} \tag{27.17}$$

这一表达式完全类同于两期模型中的无风险回报的表达式（14.3）。

接下来给出证券 j 的**条件单期风险溢价（conditional one-period risk premium）**$E_t(r_{j,t+1}) - \overline{r}_{t+1}$ 的一个表达式。与两期模型中一样，先将 $r_{j,t+1}$ 和 $\partial_{t+1} V$ 之间的条件协方差写为：

$$\text{cov}_t(r_{j,t+1}, \partial_{t+1} V) = E_t(r_{j,t+1} \partial_{t+1} V) - E_t(r_{j,t+1}) E_t(\partial_{t+1} V) \tag{27.18}$$

由式（27.16）及式（27.17）可知（可参见 14.3 节），证券 j 的条件期望单期回报（conditional expected one-period return）满足：

$$E_t(r_{j,t+1}) = \overline{r}_{t+1} - \overline{r}_{t+1} \frac{\text{cov}_t(r_{j,t+1}, \partial_{t+1} V)}{E_t(\partial_t V)} \tag{27.19}$$

式（27.19）是式（14.6）在多期证券市场中的扩展，即为基于消费的**条件证券定价（conditional consumption-based security pricing）**方程。它的含义是：任意证券的条件单期风险溢价 $E_t(r_{j,t+1}) - \overline{r}_{t+1}$ 均和“该证券的单期回报”与“t 期消费与 $t+1$ 期消费之间的边际替代率之间的协方差的相反数”成比例。

268 与第 14 章中一样，严格来说，表达式 $\partial_{t+1} V / E_t(\partial_t V)$ 并不是期望效用下的边际替代率，因为该式中缺了条件概率（参见本章评注）。

与两期模型中一样，如果某一证券的收益主要分布在“消费量高于当前消费”的后续事件下，则该证券的期望单期回报要高于单期无风险回报（参见 14.3 节）。

如果个体的任何一期消费都是确定性的，则边际效用 $\partial_t V$ 在任何一期 t 下也都将是确定性的。并且，此时基于消费的证券定价（27.19）还蕴涵着**公平定价（fair pricing）**，亦即任何证券的单期期望回报均等于无风险回报。

27.6　时间可分性下的证券定价

在应用研究中，适用于所有各期的基于消费的跨期边际替代率的表达式（27.17）和（27.19）用起来并不是很方便，因此通常采用时序可分的期望效用函数（27.6）。

在式（27.6）中，事件 ξ_t 下的消费的边际期望效用为：

$$\pi(\xi_t)\delta^t v'[c(\xi_t)] \tag{27.20}$$

其中，v' 表示 v 的导数，它是一个单变量函数。通过式（27.20），可以将消费－资产组合选择问题的一阶条件（21.16）表示为：

$$p_j(\xi_t)v'[c(\xi_t)] = \delta \sum_{\xi_{t+1} \subset \xi_t} [p_j(\xi_{t+1}) + x_j(\xi_{t+1})] \frac{\pi(\xi_{t+1})}{\pi(\xi_t)} v'[c(\xi_{t+1})] \tag{27.21}$$

也可以将式（27.21）写成类似于式（27.14）的形式：

$$p_j(\xi_t)v'[c(\xi_t)] = \delta E[(p_{j,t+1} + x_{j,t+1})v'(c_{t+1}) | \xi_t] \tag{27.22}$$

其中，$v'(c_{t+1})$ 可以被理解为一个随机变量，它在事件 $\xi_{t+1} \in F_t$ 下的实现值为 $v'[c(\xi_{t+1})]$。如果将事件的符号略去，则式（27.22）可改写为：

$$p_{jt}v'(c_t) = \delta E_t[(p_{j,t+1} + x_{j,t+1})v'(c_{t+1})] \tag{27.23}$$

对于单期无风险回报，式（27.23）可化为：

$$\bar{r}_{t+1} = \delta^{-1} \frac{v'(c_t)}{E_t[v'(c_{t+1})]} \tag{27.24}$$

最后，如果具有时序可分性，则基于消费的证券定价方程（27.19）还可以化为：

$$E_t(r_{j,t+1}) = \bar{r}_{t+1} - \delta \bar{r}_{t+1} \frac{\text{cov}_t[v'(c_{t+1}), r_{j,t+1}]}{v'(c_t)} \tag{27.25}$$

如果个体是风险中性的（并且个体的消费位于内部），则基于消费的证券定价（27.25） 269
还蕴涵着公平定价。进一步，如果个体的折现因子是时序不变（time invariant）的，则单期无风险回报正好就等于折现因子的倒数。

27.7 跨期边际替代率的波动性

正如在两期模型中所揭示的（参见 14.4 节），运用基于消费的证券定价关系，可以推导出个体跨期边际替代率的标准差的下界。下面将在多期模型设定下给出类似的结论。

式（27.15）可被表示为单期回报的形式：

$$E_t(\partial_t V) = E_t[r_{j,t+1}\partial_{t+1}V] \tag{27.26}$$

式（27.26）对任意证券 j 均成立。将式（27.17）用于单期无风险回报，便能得到：

$$0 = E_t[(r_{j,t+1} - \overline{r}_{t+1})\partial_{t+1}V] \tag{27.27}$$

由边际效用 $\partial_{t+1}V$ 和单期超额回报（excess one-period return）$r_{j,t+1} - \overline{r}_{t+1}$ 之间的条件相关系数（conditional correlation）ρ_t 的表达式，以及 $|\rho_t| \leqslant 1$ 的事实（读者可自行与 14.4 节相参照比较），便能得到：

$$\sigma_t\left(\frac{\partial_{t+1}V}{E_t(\partial_t V)}\right) \geqslant \frac{\left|E_t(r_{j,t+1}) - \overline{r}_{t+1}\right|}{\overline{r}_{t+1}\sigma_t(r_{j,t+1})} \tag{27.28}$$

不等式（27.28）的含义是：“t 期消费与 $t+1$ 期消费之间的边际替代率的条件波动率（conditional volatility）”，在均衡状态下，要高于“任意证券的夏普比率（的绝对值）与无风险回报之商”。

不等式（27.28）不但对证券成立，对于资产组合也同样成立。对所有的单期回报取上确界，便能得到多期模型中的跨期边际替代率的条件波动率的下界。所得到的下界的表达式类与 14.4 节中的式（14.16）非常相似。

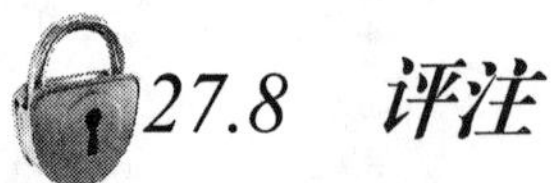

27.8 评注

严格来说，式（27.19）和式（27.28）中的 $\partial_{t+1}V/E_t(\partial_t V)$ 并不是 t 期消费和 $t+1$ 期消费之间的边际替代率。实际上，事件 ξ_t 与其后续事件 ξ_{t+1} 下的消费的边际替代率是一个关于边际效用的比率，其表达式为：

$$\frac{\pi(\xi_{t+1})E(\partial_{t+1}V \mid \xi_{t+1})}{\pi(\xi_t)E(\partial_t V \mid \xi_t)} \tag{27.29}$$

270 读者可以参见式（27.13）。因此，式（27.19）和式（27.28）中的表达式缺少了事件概率，并且其分子中还缺少了条件期望。

不过，条件期望的缺失仅是一个记号问题而已。因为 $r_{j,t+1}$ 是 F_{t+1} 可测的，故而“$r_{j,t+1}$ 和 $\partial_{t+1}V$ 之间的条件协方差”就等于“$r_{j,t+1}$ 与 $E_{t+1}(\partial_{t+1}V)$ 之间的条件协方差”。具体的推导要用到期望迭代法则（the rule of iterated expectations），具体步骤如下：

$$\text{cov}_t[r_{j,t+1},\partial_{t+1}V]=E_t(r_{j,t+1}\partial_{t+1}V)-E_t(r_{j,t+1})E_t(\partial_{t+1}V) \tag{27.30}$$

$$=E_t[E_{t+1}(r_{j,t+1}\partial_{t+1}V)]-E_t(r_{j,t+1})E_t[E_{t+1}(\partial_{t+1}V)] \tag{27.31}$$

$$=E_t[r_{j,t+1}E_{t+1}(\partial_{t+1}V)]-E_t(r_{j,t+1})E_t[E_{t+1}(\partial_{t+1}V)] \tag{27.32}$$

$$=\text{cov}_t[r_{j,t+1},E_{t+1}(\partial_{t+1}V)] \tag{27.33}$$

类似地，还能得到：

$$\sigma_t\left(\frac{\partial_{t+1}V}{E_t(\partial_t V)}\right)=\sigma_t\left(\frac{E_{t+1}(\partial_{t+1}V)}{E_t(\partial_t V)}\right) \tag{27.34}$$

当然了，由于缺少了事件概率，在表达上多少还是有些失之准确的。在两期模型中也存在类似的问题，已在 14.3 节中指出过。

最早对多期证券市场下的基于消费的证券定价关系加以清晰表述的是 Lucas[1] 和 Breeden[2]。不过，有许多学者，如 Beja[3] 和 Rubinstein[4]，都曾考虑过基于消费的证券定价问题，只不过他们对该问题的探索各有深浅罢了。消费边际替代率的波动率的下界最早是由 Hansen and Jagannathan[5] 提出的。

参考文献

1．Lucas, R.E. Asset prices in an exchange economy. Econometrica, 46:1429-1445, 1978.

2．Breeden, D.T. An intertemporal asset pricing model with stochastic consumption and investment opportunities. Journal of Financial Economics, 7:265-296, 1979.

3．Beja, A. The structure of the cost of capital under uncertainty. Review of Economic Studies, 38:359-369, 1971.

4．Rubinstein, M. The valuation of uncertain income streams and the pricing of options. Bell Journal of Economics, 7:407-425, 1976.

5．Hansen, L.P. and Jagannathan, R. Implications of security market data for models of dynamic economies. Journal of Political Economy, 99:225-262, 1991.

第28章 条件贝塔定价与条件资本资产定价模型

28.1 引言

在第 18 章和第 19 章中，曾在两期设定下给出过贝塔定价关系和资本资产定价模型。
本章将在多期设定下给出相应的结论。

第 18 章中的贝塔定价关系对应于多期市场下的条件贝塔定价关系（the conditional beta pricing relation）。条件贝塔定价的推导基于以下事实：每一个非终点事件与其紧接后续事件均对应于两期模型中的 0 期和 1 期状态，我们很难将其正式地辨别开来。因而只需采用同样的方法，便能得出与两期模型中的贝塔定价相似的定价关系。

在推导条件 CAPM 时，将视野限定在个体具有二次效用函数的情形。

28.2 t 期事件下的两期证券市场

如果把“非终点事件 ξ_t 下的变量”及其“紧接后续事件下的变量”相应视作两期模型中的“0 期变量”和“1 期变量”，便构造出了一个关于事件 ξ_t 的两期证券市场。

首先要注意到的是，在多期模型中，许多在两期模型中含义清晰的术语可能会有多种各不相同的理解。例如，资产组合收益便是其中的一个。在两期模型中，资产组合 h 的收益为 xh；但在第 21 章中所定义的资产组合策略 h 在事件 ξ_{t+1} 下的多期收益却是 $\left[p(\xi_{t+1})+x(\xi_{t+1})\right]h(\xi_t)-p(\xi_{t+1})h(\xi_{t+1})$。这两者是相对应的，因为两期模型中对应于 p_{t+1} 的价格为 0。不过，第 23 章中所定义的单期收益，在事件 ξ_{t+1} 下为 $\left[p(\xi_{t+1})+x(\xi_{t+1})\right]h(\xi_t)$，同样也对应于两期模型中的收益 xh。接下来，总是将多期模型中的单期收益视作两期模型中的收益 xh 的对应。后面还会看到，在多期设定下，市场组合也有两种不同的理解

272 方式。

假定由事件 ξ_t 所确定的两期证券市场中共有 J 种证券可供交易。每个个体均在事件 ξ_t 下选择一个资产组合策略和一个消费计划，该资产组合策略和消费计划同时适用于事件 ξ_t 的所有紧接后续事件。正如曾在前面讲过的，事件 ξ_t 所确定的两期证券市场下的资产组合策略 $h(\xi_t)$ 的收益即为 ξ_t 的后续事件下的单期收益。

将个体 i 在 ξ_t 及其紧接后续事件下的消费的效用函数定义如下：假定所有个体关于多期消费计划的效用函数均具有期望效用表示；该期望效用表示以时序可分的冯·诺依曼－摩根斯坦效用函数（27.3）的形式存在。也就是说有：

$$V^i(y)=\sum_{t=0}^{T}(\delta_i)^t v^i(y_t) \tag{28.1}$$

其中，$y=(y_0,\cdots,y_T)\in\Re^{T+1}$，$\delta_i>0$。假定所有个体对各个事件的主观概率预期均相同，于是可以将对应于多期消费计划 c 的个体 i 的期望效用可表示为 $E\left[V^i(c)\right]$。进而，可以将 ξ_t 及其紧接后续事件下的消费的效用函数定义为：

$$v^i[c(\xi_t)]+\delta_i E\left[v^i(c_{t+1})\middle|\xi_t\right] \tag{28.2}$$

现在来考虑一个多期证券市场均衡。该均衡由一个证券价格向量 p、一个资产组合配置策略 $\left\{h^i\right\}$ 和一个消费配置 $\left\{c^i\right\}$ 构成。在 ξ_t 下的两期证券市场中，令个体 i 在 ξ_t 下的禀赋为 $\omega^i(\xi_t)+\left[p(\xi_t)+x(\xi_t)\right]h^i(\xi_t^-)$，并令个体 i 在 ξ_t 的任意紧接后续事件下的禀赋全都等于 $\omega^i(\xi_{t+1})-p(\xi_{t+1})h^i(\xi_{t+1})$。在分析由 ξ_t 所确定的两期证券市场时，将这些禀赋视作是已经给定的。请注意，由于 $\sum_i h^i=0$，故而在两期证券市场中，ξ_t 下的总禀赋等于 $\bar{\omega}(\xi_t)$。类似地，每个 $\xi_{t+1}\subset\xi_t$ 下的总禀赋也都等于 $\bar{\omega}(\xi_{t+1})$。

于是，“证券价格向量 $p(\xi_t)$、资产组合配置 $\left\{h^i(\xi_t)\right\}$、消费配置 $\left\{c^i(\xi_t)\right\}$ 及每个 $\xi_{t+1}\subset\xi_t$ 下的消费配置 $\left\{c^i(\xi_{t+1})\right\}$”便构成了由事件 ξ_t 所确定的两期证券市场中的一个均衡。在该两期市场中，与在多期市场中一样，所有个体都会在事件 ξ_t 下选择同样的资产组合策略，并且他们还会在事件 ξ_t 及其紧接后续事件下选择同样的消费计划。

28.3 条件贝塔定价

本节将要给出一个或许你早已盼望已久的结论：在由每个 t 期事件所确定的两期证券市场中，18.5 节中所给出的贝塔定价关系依旧成立，将这一关系称作**条件贝塔定价**（**conditional beta pricing**）。

将由事件 ξ_t 下可供选择的资产组合的单期收益所构成的集合称作 ξ_t 的**单期资产张成（one-period asset span）**。用 $M_{\xi_t}(p)$ 来表示单期资产张成，它是 $\Re^{k(\xi_t)}$ 的子空间，其中 $k(\xi_t)$ 表示事件 ξ_t 的紧接后续事件的个数（与第 23 章中一样）。单期资产张成的正式定义为： 273

$$M_{\xi_t}(p) \equiv \left\{ z \in \Re^{k(\xi_t)} : z(\xi_{t+1}) = [p(\xi_{t+1}) + x(\xi_{t+1})]h(\xi_t) \ \forall \xi_{t+1} \subset \xi_t, h(\xi_t) \in \Re^J \right\} \tag{28.3}$$

单期收益定价泛函（one-period payoff pricing functional）给“每个单期资产张成 $M_{\xi_t}(p)$ 上的单期收益 z”赋予了一个“能带来该收益（z）的资产组合在事件 ξ_t 下的价格”。如果一价法则（the law of one price）在事件 ξ_t 下成立，则对于 $z \in M_{\xi_t}(p)$，泛函 $q_{\xi_t}: M_{\xi_t}(p) \to \Re$ 便可通过：

$$q_{\xi_t}(z) \equiv p(\xi_t)h(\xi_t) \tag{28.4}$$

来定义；其中，$h(\xi_t)$ 是一个资产组合，该资产组合对于任意 $\xi_{t+1} \subset \xi_t$，均满足 $z(\xi_{t+1}) = \left[p(\xi_{t+1}) + x(\xi_{t+1})\right]h(\xi_t)$。

将**条件期望内积（conditional-expectations inner product）**定义为：

$$y \cdot z \equiv E(yz|\xi_t) \tag{28.5}$$

其中，$y, z \in M_{\xi_t}(p)$，$E(yz|\xi_t) = \sum_{\xi_{t+1} \subset \xi_t} \pi(\xi_{t+1}|\xi_t) y(\xi_{t+1}) z(\xi_{t+1})$。

当装备了该期望内积之后，资产张成 $M_{\xi_t}(p)$ 便成了一个希尔伯特空间（Hilbert space）。由黎兹表示定理（the Riesz representation theorem）可知，必定存在一个可用以表示单期收益定价泛函的**单期定价核（one-period pricing kernel）**$k^q_{\xi_t} \in M_{\xi_t}(p)$；亦即对于任意 $z \in M_{\xi_t}(p)$，均有：

$$q_{\xi_t}(z) = E(k^q_{\xi_t} z|\xi_t) \tag{28.6}$$

类似地，可以找出与条件期望算子（the conditional expectations operator）相关的核 $k^e_{\xi_t}$。显然，核 $k^e_{\xi_t} \in M_{\xi_t}(p)$；亦即对于任意 $z \in M_{\xi_t}(p)$，均有：

$$E(z|\xi_t) = E(k^e_{\xi_t} z|\xi_t) \tag{28.7}$$

将 $k^e_{\xi_t}$ 称之为条件期望核（the conditional expectations kernel）。如果在事件 ξ_t 下，还存在一个具有单期无风险收益的证券或资产组合，则条件期望核必定是恰好等于 1 的单期无风险收益。

令 $\varepsilon_{\xi_t} \subset M_{\xi_t}(p)$ 为**条件前沿平面（the conditional frontier plane）**，亦即它是由“在价格和条件期望受约束的情况下，使得条件方差最小的单期收益”所构成的子空间。与两期情形中一样，ε_{ξ_t} 也是一个由 $k^e_{\xi_t}$ 和 $k^q_{\xi_t}$ 张成的平面（暂且假定 $k^e_{\xi_t}$ 和 $k^q_{\xi_t}$ 线性无关）。

单期定价核与条件期望核的回报为：

$$r_{\xi_t}^q \equiv \frac{k_{\xi_t}^q}{q_{\xi_t}(k_{\xi_t}^q)} \quad , \quad r_{\xi_t}^e \equiv \frac{k_{\xi_t}^e}{q_{\xi_t}(k_{\xi_t}^e)} \tag{28.8}$$

而事件 ξ_t 所对应单期条件前沿回报所构成的集合则是一条经过 $r_{\xi_t}^q$ 和 $r_{\xi_t}^e$ 的直线。因此，该集合中的每一个单期回报均可表示为：

$$r_\lambda = r_{\xi_t}^e + \lambda(r_{\xi_t}^q - r_{\xi_t}^e) \tag{28.9}$$

274 其中，λ 是一个参数。只要回报 r_λ 不是最小方差条件方差回报（the minimum-conditional-variance return)，则一定存在一个单期条件前沿回报 r_μ，使得该回报与 r_λ 的条件协方差为 0。运用这两个条件前沿回报，便能给出证券 j 的单期回报 $r_{j,t+1}$ 的条件贝塔定价关系（the conditional beta pricing relation)：

$$E(r_{j,t+1}|\xi_t) = E(r_\mu|\xi_t) + \beta_j(\xi_t)\left[E(r_\lambda|\xi_t) - E(r_\mu|\xi_t)\right] \tag{28.10}$$

其中，

$$\beta_j(\xi_t) = \frac{\operatorname{cov}(r_{j,t+1}, r_\lambda|\xi_t)}{\operatorname{var}(r_\lambda|\xi_t)} \tag{28.11}$$

略去事件符号之后，式（28.10）就变成：

$$E_t(r_{j,t+1}) = E_t(r_\mu) + \beta_{tj}\left[E_t(r_\lambda) - E_t(r_\mu)\right] \tag{28.12}$$

而这即为条件贝塔定价关系（参见 18.5 节）。

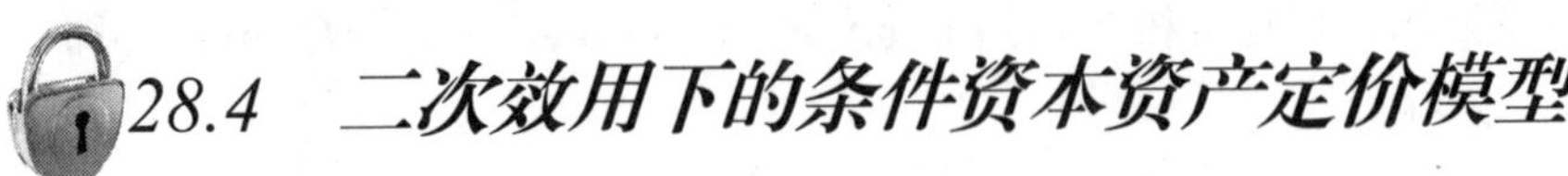

28.4 二次效用下的条件资本资产定价模型

在 28.4 节和 28.5 节中，在动态完备市场下分析了多期证券市场的均衡（当然了，此时的市场在任意非终点事件 ξ_t 下也都是单期完备的)。此时，总禀赋位于单期资产张成上，进而存在一个事件 ξ_t 下的资产组合 $\tilde{h}(\xi_t)$，使得 $\tilde{h}(\xi_t)$ 的单期收益正好等于总禀赋；亦即对于任意 $\xi_{t+1} \subset \xi_t$，均有：

$$\left[p(\xi_{t+1}) + x(\xi_{t+1})\right]\tilde{h}(\xi_{t+1}) = \overline{\omega}(\xi_{t+1}) \tag{28.13}$$

把资产组合 $\tilde{h}(\xi_t)$ 称为总禀赋资产组合（the aggregate endowment portfolio)。总禀赋资产组合在 ξ_{t+1} 下的单期回报为：

$$r_{\overline{\omega}}(\xi_{t+1}) = \frac{\left[p(\xi_{t+1}) + x(\xi_{t+1})\right]\tilde{h}(\xi_t)}{p(\xi_t)\tilde{h}(\xi_t)} \tag{28.14}$$

式（28.14）也可以等价地写成单期收益定价泛函的形式：

$$r_{\bar{\varpi}}(\xi_{t+1})=\frac{\bar{\varpi}(\xi_{t+1})}{q_{\xi_t}(\bar{\varpi}_{t+1})} \tag{28.15}$$

假定所有个体的效用函数均为以式（28.1）的形式存在的二次冯·诺依曼—摩根斯坦效用函数：

$$v^i(y_t)=-(y_t-\alpha^i)^2 \tag{28.16}$$

其中，对于任意t，均有$y_t<\alpha^i$。于是，事件ξ_t及其紧接后续事件下的消费的效用函数（式（28.2））可以表示为：

$$-[c(\xi_t)-\alpha^i]^2-E\left[(c_{t+1}-\alpha^i)^2\middle|\xi_t\right] \tag{28.17}$$

式(28.17)仅依赖于c_{t+1}在事件ξ_t下的条件期望和条件方差，于是还可以将式(28.17) 275
写为：

$$-[c(\xi_t)-\alpha^i]^2-\mathrm{var}(c_{t+1}|\xi_t)-\left[E(c_{t+1}|\xi_t)-\alpha^i\right]^2 \tag{28.18}$$

将定理 19.3.1 应用于由ξ_t所确定的两期证券市场，于是便能得到：单期回报$r_{\bar{\varpi},t+1}$其实是一个条件前沿回报。进而，它可以作为条件贝塔定价关系（28.10）中的参照回报（reference return）。如果进一步假定单期无风险回报位于单期资产张成上，便能得到**条件证券市场线（the conditional security market line）**：

$$E(r_{j,t+1}|\xi_t)=\bar{r}(\xi_{t+1})+\beta_j(\xi_t)\left[E(r_{\bar{\varpi},t+1}|\xi_t)-\bar{r}(\xi_{t+1})\right] \tag{28.19}$$

式（28.19）的含义是：条件单期风险溢价$E(r_{j,t+1}|\xi_t)-\bar{r}(\xi_{t+1})$与度量单期回报$r_{j,t+1}$及回报$r_{\bar{\varpi},t+1}$之间的条件协方差的系数$\beta_j(\xi_t)$成比例。略去事件符号之后，式（28.19）就变成了：

$$E_t(r_{j,t+1})=\bar{r}_{t+1}+\beta_{tj}\left[E_t(r_{\bar{\varpi},t+1})-\bar{r}_{t+1}\right] \tag{28.20}$$

式（28.16）中的二次效用函数可以扩展为“参数α^i和折现因子均依赖于时间，而且会随时间推移而改变”的情形。此时，我们在上面给出的结论依然成立，整个证明过程也依然适用。

28.5　多期市场回报

式（28.13）中所给出的总禀赋资产组合$\tilde{h}(\xi_t)$类似于两期模型中的市场组合。另一个类似于两期模型中的市场组合的资产组合是：其多期收益正好是总禀赋的资产组合策略$\hat{h}$；亦即对于任意$t<T$，均有：

$$(p_{t+1}+x_{t+1})\hat{h}_t-p_{t+1}\hat{h}_{t+1}=\bar{\varpi}_{t+1} \tag{28.21}$$

该资产组合的存在性源于关于动态完备市场的假设。我们将资产组合策略$\hat{h}$称作多期市场组合策略（**multidate market portfolio strategy**）。请注意，在$T-1$期的每一个事件下，总禀赋资产组合和多期市场组合都是重合的。特别地，如果$T=1$，则这两个资产组合策略是一样的，并且都等同于两期模型中的市场组合。

运用式（28.21），便能得出多期市场组合策略的单期回报：

$$r_{m,t+1}=\frac{(p_{t+1}+x_{t+1})\hat{h}_t}{p_t\hat{h}_t}=\frac{\bar{\omega}_{t+1}+p_{t+1}\hat{h}_{t+1}}{p_t\hat{h}_t} \tag{28.22}$$

由于有式（28.22）中最右端一式存在，故而回报$r_{m,t+1}$一般不在条件前沿（the conditional frontier）上。这就意味着我们不能用它来替换条件证券市场线（28.20）中的“关于总禀赋的回报”（the return on the aggregate endowment）。

28.6 不完备市场下的条件资本资产定价模型

276 在第 19 章中的两期 CAPM 中，并未假定市场是完备的。但在本章中，在讨论多期设定下的 CAPM 时，假定了市场是动态完备的。这是为了阐明：无论市场是否动态完备，多期市场组合策略的单期回报一般都不在条件前沿上。

为推导不完备市场下的条件证券市场线，我们需要将“总禀赋”替换为“总禀赋在单期资产张成上的投影”。我们用$\bar{\omega}_{t+1}^M$表示总禀赋$\bar{\omega}_{t+1}$在单期资产张成$\mathrm{M}_{\xi_t}(p)$上的投影。于是，单期回报$r_{\bar{\omega},t+1}$可以定义为$r_{\bar{\omega},t+1}\equiv\bar{\omega}_{t+1}^M/q_{\xi_t}(\bar{\omega}_{t+1}^M)$。如果所有个体的效用函数均具有二次形式（28.16），则在均衡状态下，回报$r_{\bar{\omega},t+1}$将位于条件前沿上，并且式（28.20）成立。

28.7 评注

28.4 节中关于条件 CAPM 的推导可以被推广到更为一般的“个体具有时序可分的条件均值－方差偏好”（time-separable conditional-mean-variance preferences)）的情形。用正态分布来推导条件 CAPM 是存在问题的，因为虽然假定了“证券红利服从正态分布”，但在一般情况下，这一假定并不意味着“证券价格，进而资产组合的单期收益，也服从正态分布”。

“市场组合策略的单期回报不能用于条件 CAPM 方程(28.20)”的发现要归功于 Duffie and Zame[1]。

式（28.20）中的贝塔系数既依赖于时期，也依赖于事件（both time-dependent and

event-dependent）。而 t 期的条件贝塔则很可能与条件风险溢价 $E_t(r_{\varpi,t+1})-\overline{r}_{t+1}$ 存在相关关系。关于条件 CAPM 的实证研究，可以参见 Fama and French[2]、Jagannathan and Wang[3] 和 Campbell,Lo, and MacKinlay[4]。

参考文献

1．Duffie, D and Zame, W. The consumption-based capital asset pricing model. Econometrica, 57:1279-1297, 1989.

2．Fama, E.F. and French, K.R. The cross section of expected stock returns. Journal of Finance, 47:427-466, 1992.

3．Jagannathan, R. and Wang Z. The conditional CAPM and the cross-section of expected returns. Journal of Finance, 51:3-53, 1996.

4. Campbell, J.Y., Lo, A.W., and MacKinlay, A.C. The Econometrics of Financial Markets. Princeton University Press, Princeton, NJ, 1996.

索引

译后记

金融经济学是连接金融学与经济学的桥梁。通过对金融经济学的学习，你将会了解到：金融学中所采用的无套利分析框架与经济学中所采用的均衡分析框架之间，其实有着非常紧密的联系。

作为一本成书较晚的金融经济学教材，本书充分吸收了金融经济学领域的现有研究成果，并在参照已有教材之后精心构造出了一个极佳的整体布局，确保读者能够以最为轻松的方式学到金融经济学领域内所有重要的基础知识，为读者在金融学领域的进一步学习打下了坚实的基础。

当然，金融经济学本身是一门内涵丰富的学科，故而尽管作者极尽努力地巧妙安排，要完整而透彻地学完本书仍非一件轻易之事。对于这一点，相信你在选择学习金融专业之时即已有所准备。其实在通过学习本书，对金融学领域内的许多概念、原理、分析方法有了透彻的理解和掌握之后，你会发现进一步的学习将会轻松不少。

求学多年，读了不少译著，其中不乏精品，也曾碰到过一些把人搞得晕晕乎乎之作。碰到后一种情况，只能于硬啃的同时痛骂自己怎没好好学英文，不然何苦来受这份罪！因而，从读者角度，对于译著的优劣，多少也算有所体会。

翻译此书，半为生计，半因兴趣。开始翻译之前，于其间困苦，虽有些许了解，实无充分准备。随翻译工作的日渐深入，逐渐发现非但受益甚微，便连乐趣其实也甚少，反而成了对意志的一项磨砺。

虽则如此，但为免读者生出“何苦来受这份罪”之叹，在漫长得让人心力俱疲的翻译过程中，我们始终将准确、恰当、通顺地转述原文作为工作的唯一目标，从未敢稍有懈怠，始终渴盼着能尽己所能达成此愿。当然，囿于能力所限，错误与不当在所难免，还望读者诸君不吝指正。若有建议，请将位置与更正内容列明，并惠赐尊名，一并发电子邮件至 wangjianxiong596_1@yahoo.com.cn。俟重印之时，我们将虚心改正，并一一谢过。

本书第 1、3、5、7、9、11、13、15、17、19、21、23、25、27 章由汪建雄翻译，第 2、4、6、8、10、12、14、16、18、20、22、24、26、28 章由何雪飞翻译。在翻译过程中，我们得到了中央财经大学中国经济与管理研究院的张定胜老师、张永力老师和曹睿老师的耐心指点，在此深表感激！在译完初稿之后，邹俊、汪国雄、方猷、方芳、党印、汪媛、钟金花、王桂忠、李晶、曹莉莉、胡滨、傅苏颖、柯如燕、李阳、邹俊伟、杨谷川、白晓超、李荣立、张怡圃、汪海涛、罗复苏、陈代军、李翔翔、左玲玲、谢徐婷、符小兵、周沁雪、吴爱萍、周慧、任伯琳、黄松、林莉、杨美、刘丹丹、唐金豆、贾波、龙兰辉、陈鹏、魏洁琼等人审核或校对了本书的部分译稿。当然，还要感谢予我们信任、委之重责并于翻译及出版过程中劳心劳力、忙前忙后的清华大学出版社的编辑们。

汪建雄　何雪飞
2011 年 7 月 11 日
于中央财经大学图书馆